DOMINIQUE BARBE

Kanada zu Pferd

DOMINIQUE BARBE

Kanada zu Pferd

Mein Abenteuer im Land der Bisons

Aus dem Französischen von Ulrike Bossert

Mit 40 Farbfotos

BUSSESEEWALD

Titel der französischen Originalausgabe:
»Le Canada à cheval«

22, rue Huyghens, 75014 Paris
Erschienen in der Reihe »Aventure au XXe siècle«

CIP-Titelaufnahme der Deutschen Bibliothek

Barbe, Dominique:
Kanada zu Pferd: mein Abenteuer im Land der Bisons /
Dominique Barbe. Aus d. Franz. von Ulrike Bossert. –
Herford: Busse Seewald, 1990
Einheitssacht.: Le Canada à cheval ⟨dt.⟩
ISBN 3-512-00975-1

Aus dem Französischen übertragen von Ulrike Bossert
Alle Fotos: Dominique Barbe
Lektorat: Bernhard Gurk
Die Übersichtskarten wurden der französischen Originalausgabe entnommen.
Satz und Druck: Busse Druck, Herford
Buchbinderei: Gehring, Bielefeld
Printed in Germany
ISBN 3-512-00975-1

INHALT

Britisch-Kolumbien

Meiner Mutter gewidmet

Am Klondike habe ich mich selbst entdeckt.
Dort redet niemand.
Alle denken.
Jeder ergreift seine wahre Perspektive.
Ich habe die meine gefunden.

JACK LONDON, 1915

Es gibt nur echte Freiheit,
wenn man seine Ketten zerreißt;
Ob diese nun von anderen auferlegt seien
oder von uns selbst kommen.

GILLES VIGNEAULT

Fortgehen, um zu entdecken

Ich bin noch nicht in den äußersten Norden Kanadas vorgedrungen. Aber seit drei Jahren durchstreife ich jetzt zu Pferd dieses unendliche Land: ausgehend von den östlichen Provinzen Québec und Ontario, wo ich der Grand-Route gefolgt bin, der alten Straße der Pioniere, durch die Prärien, wo ich, unter einem unendlich weiten Himmel und auf einem Boden, der sich sanft unter die Hufe meiner Pferde schmiegte, das »Land der Bisons« durchquert habe, um schließlich auf den schmalen Bergpfaden von Alberta und Britisch-Kolumbien meine Reise zu beenden. Hierher, in die Territorien des Westens, haben sich auch die Tierarten geflüchtet, die durch das Vordringen der Zivilisation nicht ausgerottet wurden.

Diese ist übrigens durchaus nicht überallhin vorgedrungen. Vor allem nicht über jenes natürliche Bollwerk, die Rocky Mountains, hinaus, wo unter anderem der Grizzlybär als uneingeschränkter Herrscher regiert. Weiter nördlich lebt sein Vetter, der Kodiak, der ihn an Größe noch um einiges überragt. Er ist der riesigste Bär, den es gibt.

Bevor ich durch ihr Territorium ziehe, werde ich all die Legenden in mich aufnehmen, die man sich besonders in der Prärie, aber auch schon in den wilden Gegenden Ontarios, wo sich der Wald bis ins Unendliche erstreckt, erzählt.

»Warum hast du dir nur ein so großes Land ausgesucht, das so weit entfernt ist von deinem eigenen?« hat man mich oft gefragt. Lange bevor ich sie kennengelernt habe, habe ich diese fernen, wilden Länder bereits geliebt: der Traum von der Weite, der Traum, sich darin zu verlieren und die Wirklichkeit, sich dort zu finden ...

Alles hat mit mehreren Schicksalsschlägen begonnen, die mich nach und nach auf einen neuen Weg gedrängt haben, in Begleitung einer frischen und munteren Gesellschaft Québequer Pferde. Und ein Telefonanruf hat alles ins Rollen gebracht, damals, in Frankreich, vor drei Jahren:

»Nein, endgültig. Ich habe lange darüber nachgedacht, Dominique;

diese Reise, das ist deine Sache, es ist deine Idee. Und ich habe keine Lust, das, was ich gerade mache, aufzugeben.« Mein Freund. Wir haben einen Großteil unseres gemeinsamen Lebens mit Reisen zugebracht. Wir zogen mit jenem großartigen Reisegefährten, dem Pferd, durch ganze Regionen, durch Länder ... Viele Monate haben wir fern vom normalen Leben der Allgemeinheit zugebracht.

Seine Entscheidung am anderen Ende der Leitung trifft mich mit der Wucht einer Kanonenkugel. Seit langem schon habe ich das unbestimmte Vorgefühl dieser Trennung gehabt. Und ich fühle auch, daß nichts mehr zu machen ist. Für mich ist diese Antwort wie eine Erleuchtung. Sie ist das auslösende Element. Diese Reise, die ich als eine Probe für uns gesehen hatte, werde ich also nur für mich machen. Ich werde versuchen, meinen eigenen Weg zu finden.

Wandern ist gesund. Mit einem Pferd das zweitgrößte Land der Erde zu durchqueren, soll der Versuch einer Regenerierung sein. Ich werde Zeit haben, nachzudenken, während ich an meiner Welt vorbeiziehe, ohne daran teilzuhaben. Und vor mir liegt die Straße. Je länger sie ist, umso mehr fühlt man sich zu einem neuen Universum gehörig, wo Raum und Zeit nicht mehr dieselben bekannten Größen sind. Seit langem fühle ich in mir eine Leere, und trotz all meiner Hoffnungen hat sich diese auch mit der Zeit nie gefüllt. Im Gegenteil, sie wird immer größer. Und so finde ich mich gegen meinen Willen in einer erschreckenden Situation wieder, der gewollten Einsamkeit.

Vom Québec bis nach Britisch-Kolumbien beträgt die kürzeste Entfernung 7700 Kilometer. Doch der Weg, den ich einschlagen werde, ist dehnbar, je nach Bedürfnis und Laune. Ich gehe nicht fort, um zurückzukommen, sondern vor allem, um zu entdecken. Ich will keinen Herrn, kein Gesetz anerkennen, nur die Verpflichtung, meine Pferde zu ernähren und darüber zu wachen, daß sie diesen Teil ihres Landes, der auch für sie anders ist, glücklich überstehen.

Diese Reise abseits von der Welt ist für mich schon die dritte dieser Art. Und dennoch habe ich immer noch das Gefühl, mich auf eine unendlich lange Zeit, ein unendliches Leben, ein unendliches Glück einzulassen. Vor allem auf Glück. Jeder findet sein Glück, wo er kann. Ich brauche Weite, die meine Grenzen niederreißt und eine täglich neue Herausforderung.

Wenn das Licht meiner Nachttischlampe mir immer wieder langweilig wird, so lockt ein Licht, das irgendwo im Unbekannten brennt, mich an und versetzt mich in leidenschaftliche Begeisterung. Es gibt so viel zu lernen außerhalb der eigenen Welt. Wenn ich an einem Ort bleibe, verkümmere ich, ich lasse mich von dem, was um mich ist, fertigmachen. Meine Freiheit und meine Wahrheit sind da, wo ich mit meinen Pferden unterwegs bin.

Ich springe ins erstbeste Flugzeug nach Montréal. Es ist April. Im Laderaum befindet sich mein ganzes Sattelzeug, ich selbst sitze in frühlingshafter Kleidung im Passagierraum; in Paris scheint strahlend die Sonne. Freunde haben mich mit einer Magnumflasche Champagner zum Flughafen begleitet. Wir sind so viele, daß man sich kaum einen Schwips antrinken kann. Und doch schwanke ich ein bißchen, als ich zum Zoll gehe, ich sehe nicht so recht, wohin ich meine Füße setze. Es ist idiotisch, zu weinen, aber manchmal kann man die Tränen einfach nicht zurückhalten. Noch ehe ich etwas dagegen tun kann, beginnen sie bereits zu fließen.

Als ich die Gruppe meiner Freunde verlasse, kommt es mir vor, als gehe ich einem ungewissen Nirgendwo entgegen.

In Frankreich hatte ich fieberhafte Vorbereitungen getroffen: Sieben Monate lang Besuche bei den verschiedenen Zeitschriften und bei möglichen Sponsoren. Meine Unterlagen wurden nach New York geflogen und gelangten in die Hände von sehr vielversprechenden Geschäftsleuten »mit sehr guten Beziehungen« . . ., sie sind mit der Post verschickt oder von mir persönlich vorbeigebracht worden, wobei ich mich für diese Gelegenheit als »businesswoman« verkleidet habe, wenn auch chaotische Details die eigentliche Vagabundin verrieten. Offensichtlich sind die meisten meiner Unterlagen und Empfehlungsschreiben in irgendwelchen Papierkörben gelandet, während andere in den Archiven verblieben. Vielleicht sind einige Akten auch in einer bestimmten Schublade verschwunden, wo sie, von Zeit zu Zeit, zum Träumen einladen . . .

Aber da mir dies alles nicht die Garantie gab, daß ich auch wirklich aufbrechen würde, habe ich die Ereignisse etwas vorangetrieben, indem ich einfach dieses Flugzeug genommen habe; die Ameisen, die mir anfangs nur in den Füßen gekribbelt hatten, begannen langsam, mir die Beine hochzusteigen.

Einige Stunden später, im Québec, Anfang Mai, ist alles noch verschneit.

Le Québec

Reisevorbereitungen

Ein Freund von Freunden hat mich mit einem hiesigen Bekannten zusammengebracht. Das zweite Glied in dieser Kette, die Leute, die mir die Begegnung mit Paul ermöglicht haben, sind die Rameau-Ballereaus, ein bekanntes Abenteurer-Ehepaar, das während seiner Flitterwochen quer durch Südamerika geritten ist.[1]

»Salut, bist du Paul? Ich bin Dominique. Wartest du schon lange? Das Flugzeug hatte schon ab Paris Verspätung.«

»Macht gar nichts!! Macht mir echt Spaß, eine Freundin von André kennenzulernen!«

Ach, dieser charmante Akzent, den die Leute im Québec haben! Das »r« ist leicht gerollt, einige Silben werden verschluckt und tauchen irgendwo im Wort wieder auf, andere werden ganz weggelassen ... Das ist genau der singende Tonfall der Künstler aus Québec, die in Paris seit Jahren Furore machen.

Paul verkauft Kartoffelchips; er fährt den ganzen Tag in einem riesigen Lastwagen herum und füllt die Regale der umliegenden Läden auf, die sich sogleich wieder leeren. Wir packen die Kisten mit meinen Sachen so gut es geht in seinen kleinen Wagen.

»Das ist wirklich toll, was du da vorhast; ich erinnere mich immer noch voller Sehnsucht an die herrliche Zeit, die ich mit André und seinen Pferden in Tunesien verbracht habe. Mein Vater war für zwei Jahre dorthin versetzt worden; es war die schönste Zeit meines Lebens.«

Paul lebt viel in seinen Erinnerungen. Er hat es sich so eingerichtet, daß sie seine Welt ausmachen. Er arbeitet, umgeben von seiner Familie, ist aber völlig unabhängig von ihr. Und doch kommt er einem mit seinen siebenundzwanzig Jahren nicht sehr glücklich vor; er zieht sich ganz in

1 Inzwischen ist die Geschichte ihres ungewöhnlichen Abenteuers in dem Buch LUNE DE MIEL À CHEVAL bei Arthaud erschienen.

eine vergangene Zeit zurück, um seinen Träumen nachzuhängen, und mit dem übrigen versucht er, irgendwie zurechtzukommen; in seinen Augen liegt tiefer Verdruß.

Vielleicht bringt meine Anwesenheit all das erneut zum Ausbruch. Meine geplante Reise in die Wildnis scheint zu bewirken, daß er sein eigenes Leben als gescheitert empfindet. Ich weiß nicht so recht, was ich ihm dazu sagen soll. Ich finde seine natürliche Gastfreundschaft und seine offene Kameradschaftlichkeit großartig. Aber kann man jemandem, der sich in seinem Leben langweilt, wirklich helfen? Man kann die Dinge nicht für die anderen tun. Ich spüre, daß er mich um Hilfe bittet, damit er seine eigenen Träume verwirklichen kann. Da ich die meinen verwirkliche, muß ich doch wissen, wie man das macht ...

Nicht für jeden liegt die Freiheit darin, mit Pferden umherzuziehen; jeder muß seinen eigenen Weg finden. Es ist nicht leicht, Paul klarzumachen, daß man etwas wirklich wollen muß, um es zu bekommen. Ich selbst bin davon überzeugt, daß es so ist, aber nicht deswegen ist das eine allgemeingültige Wahrheit.

Die amerikanischen Autos sind wirklich genauso groß und genauso langsam, wie ich sie mir vorgestellt habe. Alle Straßen in einer kleinen Stadt sehen genauso aus, wie ihre Hauptstraße: gerade und sehr breit, und man fährt nur ganz langsam. Für einen Pariser, der an die Verkehrsstaus während der Stoßzeiten gewöhnt ist, ist das beinahe frustrierend. Wir sind die einzigen, die sich in einem kleinen Auto, einem europäischen Modell in kanadischer Ausführung, fortbewegen und dabei ein bißchen aufs Gaspedal drücken ... wenn auch sehr zurückhaltend. Doch die Bullen verstehen keinen Spaß und halten jeden an, egal, um wen es sich handelt ...

»Was? Keine Möglichkeit, das Knöllchen untern Tisch fallen zu lassen?«

Die Québecer bezeichnen ihr Französisch als Argot ...

Eine Liebe ist der anderen wert.

»Wie machst du das, daß du uns verstehst?«

»Ich hör euch einfach zu; ich hör zu, was ihr sagt. Mein Hirn überträgt die Töne, die eure Worte über die Luftschwingungen hervorbringen, in Gedanken und so erfasse ich das Wesentliche von dem, was ihr sagt. So einfach ist das!«

Die Leute im Québec fühlen sich seit dem Rückzug der Franzosen vor den Engländern im Jahr 1760 psychisch vom Vaterland abgeschnitten. Und auf den Nummernschildern ihrer Autos, um wieder darauf zurückzukommen, steht vor der eigentlichen Nummer »Ich erinnere mich«, im Gedenken an diesen Augenblick ihrer Geschichte.

Durch die Sprache vom übrigen Kanada getrennt – obwohl französischsprachige Gruppen über die ganze Breite des Kontinents verstreut sind – besitzen die Bewohner des Québec eine ganz eigene Identität, und ihre Ideen brauchen immer ein bißchen lang, bis sie sich einen Weg in die Wirklichkeit des Alltags gebahnt haben. Ich werde später noch auf dieses franko-kanadische Phänomen zurückkommen.

Der Schwager von Paul ist Bärenjäger! Er erklärt mir die verschiedenen Taktiken, die ein guter Jäger anwendet:

»Zuerst der Ruf ... Egal, was man jagt, ob es jetzt ein Elch ist oder ein Bär, zuerst mußt du das Tier ›callen‹ ... Rufen, eben! Der Ruf des Weibchens lockt das Männchen an. Beim Elch zum Beispiel geht man am besten an eine Wasserstelle, wenn man weiß, daß das männliche Tier zu weit entfernt ist. Und man ›callt‹, so wie du's gleich auf der Kassette hörst, mit der ich gerade den Ruf übe, so lange, bis das Tier kommt!«

Er schaltet das Radio in seinem Truck ein und ich höre tatsächlich ein rauhes, langanhaltendes Brüllen, das zwischendurch aussetzt, so als ob das Tier versuchen würde, sich zu räuspern, um etwas, das ihm in die Kehle geraten ist, loszuwerden.

»So klingt es, wenn das Weibchen seine Jungen ruft,« sagt er mit seiner eigentümlichen Betonung der Silben.

Ein entzücktes Röcheln, könnte man sagen; vielleicht ist es in der Elchsprache eigentlich ein Gelächter, hervorgerufen durch den Anblick des Menschen, der sich den Erfordernissen der Sache gemäß so komisch ausstaffiert hat, wobei der Elch genau weiß, daß er der Verlierer sein wird ...

Die verschiedenen Rufe charakterisieren die unterschiedlichen Situationen, in denen sich das Tier befindet. Der gute Jäger erkennt am Ruf des Elchs, in welchem Gemütszustand er sich befindet, und er hat die entsprechende Antwort parat.

»Und warum in der Nähe von Wasser?«

»Weil sie dort die Triebe der Wasserpflanzen fressen, die aus dem Wasser herausragen. Und auch weil man nicht nur den Ruf des Weibchens nachahmen kann, sondern auch die Geräusche, die es macht ... Stell dir einmal vor: Es frißt gemütlich vor sich hin und pißt gleichzeitig ins Wasser. Das macht ein ganz bestimmtes Geräusch. Wenn du also ganz richtig ›callst‹, und wenn du dazwischen kleine Pausen einlegst und dann Wasser in den See gießt, dann hast du die Sache perfekt inszeniert!«

»Himmeldonnerwetter!«

Ich habe mir das ortsübliche, herzhafte Fluchen angeeignet.

»Und kriegst du jedesmal einen?«

»Na klar! Man muß die Sache nur richtig anpacken! Komm mit mir nach Hause, ich zeig dir ein paar Fotos.«

Paul und ich folgen ihm; der Frohsinn dieses Burschen ist ansteckend. Er ist der typische Québecois, optimistisch und offen, genauso wie ich ihn mir vorgestellt habe. Er holt ein paar Fotos in verschiedenen Formaten hervor, die den jeweiligen Ruhmestaten entsprechen, stellt stolz seine Beute zur Schau, indem er die Beweise auf den Tisch knallt. Gruppenaufnahmen der Jäger, auf denen die Burschen mit dem Gewehr in der Hand lächelnd neben dem erlegten Tier posieren, das zu ihren Füßen liegt oder schon auf den Truck geladen ist.

»Das ist aber ein Prachtstück!«

»Das kannst du laut sagen! So ein Tier liefert einer ganzen Familie das Fleisch für einen Winter ...«

»Und die Bären?«

»Das ist was anderes. Um die Bären anzulocken, bereitet man lange vorher und möglichst weit weg von zuhause das ›sweel‹ vor. In einen Topf tust du alles, von dem du meinst, daß es, nachdem es eine Zeitlang durchgezogen ist, so bestialisch stinkt, daß es den Vielfraß Bär bestimmt in der Nase kitzelt, zum Beispiel Hühnerköpfe, Schlachtabfälle, Eingeweide aller Art ... Man muß das ganze vor Gebrauch einige Monate gut durchziehen lassen. Dann bringt man es zu einer Stelle, wo man Bärenspuren ausgemacht hat. Und der Bär, angelockt von dem Geruch, gewöhnt sich an, immer wieder dorthin zurückzukehren ...«

Die Bäume ringsum sind noch winterlich kahl und die Wälder stehen als riesige, düstere Masse da. Nicht sehr einladend, diese so lang erträumten kanadischen Weiten, wenn sie gerade aus dem Winterschlaf erwachen ...

Genug der Überlegungen, ich muß jetzt finanzielle Unterstützung für meine Reitexpedition auftreiben. Ich habe bei weitem nicht die Mittel, um meine abenteuerliche Reise anzutreten. Zunächst muß ich die Idee von der Überquerung eines Kontinents zu Pferd so gut wie möglich verkaufen und der Abdruck in den französischen Zeitschriften, bei denen ich als freie Mitarbeiterin arbeite, muß gesichert sein. Amüsant und ärgerlich zugleich, dieser geschäftliche Aspekt des Unternehmens. Aber ebensogut kann man ihn auch von der guten Seite sehen.

In der Handelskammer in Paris hatte man mir zur Technik des »merchandising auf amerikanisch« geraten: mit dem Fuß in der Tür ... Ein freundschaftlicher Rat, versteht sich. Und in der Tat war das die einzig mögliche Art, meine Idee vorzubringen und sie den Geldgebern glaubwürdig erscheinen zu lassen: durch selbstsicheres Auftreten sollte ich erreichen, was ich wollte. Verdammt schweres Stück Arbeit! Während des ganzen Fluges über den Atlantik hatte ich versucht, mich in die Rolle hineinzufinden.

Nach zwei Tagen ohne feste Unterkunft in Montréal und zahlreichen Anrufen von Telefonzellen aus, um verschiedene Treffen zu vereinbaren, bietet mir die Union française eine Unterkunft in ihren Räumen an und lädt mich ein, ihre Einrichtungen in Anspruch zu nehmen. Dank der Belegschaft fühle ich mich in der städtischen Fauna von Montréal, ohne Bleibe und ohne Freunde, nicht mehr ganz so verloren. Einen knappen Monat lang renne ich herum wie eine Irre. Ich muß einige Firmen, die sich für meine Idee zu interessieren scheinen, dazu bringen, sich konkret zu äußern. Ich muß Pferde finden, aber vorher wissen, wovon ich sie bezahlen soll, Büros und immer wieder Büros aufsuchen, endgültige ... und ernstgemeinte Antworten abwarten! Denn es gibt eine Menge Rendezvous' »aus Neugier«, zu denen ich doch hingehen muß, weil ich, bevor ich den Menschen nicht gesehen habe, nicht weiß, ob ich es mit einem komischen Kauz zu tun habe oder mit jemandem, der das Angebot wirklich ernst meint.

Ich verliere also ziemlich viel Zeit mit solchen Besuchen, deren Nutzlosigkeit nicht vorhersehbar war. Immerhin gibt es dann schließlich doch moralische, technische und, wenn auch eine minimale, so doch tatsächliche finanzielle Unterstützung. Die Ergebnisse treffen vor allem nach einer ausgedehnten Pressekampagne ein, die ich als meinen Trumpf ausgespielt habe: Man muß eben mit dem jonglieren, was man hat. All das spielt sich innerhalb von drei Wochen ab. Letztendlich bringt es also doch etwas, wenn man sich bemüht, auch wenn man am Anfang meint, daß rein gar nichts geht. Jetzt muß ich nur noch das ungefähre Aufbruchsdatum festlegen, um mir damit selbst ein Ultimatum zu stellen.

An einem milden Nachmittag treffe ich auf dem Vorplatz von Radio Canada Jean Lapointe. Er erkennt mich sofort, obwohl er mich noch nie gesehen hat. Während seiner Tournee in Paris hatte ich ihn angerufen, weil ich wußte, daß er Pferde besitzt. Jetzt ist er da und beginnt sofort, mir kurz die Situation zu erläutern, vielleicht aufgrund meines Pariser Akzents. Er ist eine großartige Persönlichkeit, sehr menschlich, jemand, der sich wohlfühlt in seiner Haut. Er macht mir Mut, indem er mir mit ein paar Worten seinen eigenen Werdegang schildert:

»Weißt du, am Anfang hat auch kein Mensch nach mir gefragt. Glaub nur fest an dich selbst und dann schaffst du es auch, das zu tun, was du wirklich willst.«

Keine nutzlosen Ratschläge, keine Schaumschlägerei, die manche Leute, wie es sie überall in der Welt gibt, glauben, sich anmaßen zu dürfen. Jean Lapointes Ratschläge sind ehrlich und freundschaftlich gemeint, und die wenigen Worte, die ich mit ihm gewechselt habe, haben mir unheimlich gutgetan.

Die Dinge beginnen, Gestalt anzunehmen. Die Abteilung »Tourismus im Québec« sichert mir eine Vergütung zu, im Austausch gegen Artikel in den Blättern, für die ich in Frankreich arbeite. Purina stiftet das Futter für die Pferde und die Greyhound-Busgesellschaft den Transport der Futtersäcke und ihre Lagerung alle vierzig Kilometer. Ich mache mich also auf die Suche nach meinen vierbeinigen Gefährten.

Pferderassen, die in der Lage sind, eine regelmäßige Arbeit, wie einen Tagesmarsch von vierzig Kilometern, zu leisten, gibt es genug in Nordamerika. Und was die Ausdauer betrifft, so hängt alles vom Training ab. Bei sorgfältigem Training ist jedes Pferd mit kräftigen Gliedmaßen und in allgemein guter Verfassung dazu imstande. Ich sehe mich also bei allen widerstandsfähigen Rassen wie Morgan, Appaloosa, Quarter Horse und Canadian um und besuche einige Züchter und Reitzentren in der Umgebung von Montréal.

Die Bäume legen jetzt ihren Sommerschmuck an. Zartgrüne Büsche hellen die winterlich kahlen Wälder auf. Wunderbares Wiedererwachen der Natur nach sieben Monaten Schnee und einer reichlich feuchten Zwischensaison. Die Sonne erscheint jetzt zuverlässig Tag für Tag und fegt den hartnäckigen Tau aus der Atmosphäre ... Die Eichhörnchen in den Parks von Montréal streifen in der Nähe der Spaziergänger umher und schneiden entzückende Grimassen, wenn man ihnen ein Stückchen Brot zuwirft. Und dann eines Tages werden alle Wiesen endgültig grün. Die Tiere tollen wieder auf ihrer Weide im Freien herum. Jetzt ist wirklich Frühling! Die letzten Schneeflecken tauen weg.

Das Packpferd hat ein fuchsrotes Fell. Klein, gedrungen, mit kurzem Rücken und einem schalkhaften Schimmer in den Augen: TACO. Ich muß ihm einen neuen Namen geben, der seiner ehrenvollen Funktion eher gerecht wird. ROLLS paßt viel besser zu seiner Aufgabe: Ihm habe ich es schließlich zu verdanken, wenn ich mit allem Komfort reisen kann!

Das zweite Pferd, das man mir anbietet, ist eine Stute, deren offensichtlich bewegte Vergangenheit in ihrem empfindsamen und warmblütigen Appaloosa-Temperament Spuren hinterlassen hat. Ihr Name: SAVOYANE, eine Blume aus der Familie der Hahnenfußgewächse.

Als ich sie zum ersten Mal sehe, läuft sie auf einer Wiese umher, rastlos und angespannt. Ihr falbes Fell löst sich in großen Flecken ab, weil sie nach und nach das Winterfell verliert. Ihre Flanken sind mager, die Kruppe eingefallen, Mähne und Schweif sind so gut wie nicht vorhanden. Ihr Blick ist unruhig, sie sucht etwas; ein Pferd verhält sich so nicht ohne Grund.

Unzufrieden durchmißt sie mit großen Schritten den Raum, den man ihr zur Verfügung gestellt hat. Ich beobachte sie gut eine Viertelstunde. Ihr energische Art, sich zu bewegen, gefällt mir. Ich gehe näher zu ihr hin. Sie bleibt kurz stehen, als sie jemand Fremdes spürt, dann achtet sie nicht weiter auf mich und nimmt ihren Rundgang wieder auf.

Eigenartig, diese Besorgtheit, die nicht mir gilt.

Normalerweise wird ein Pferd, dem man sich in einem abgeschlossenen Pferch nähert, ein bißchen unruhig, oder zumindest interessiert es sich für das fremde Wesen oder geht ihm sogar entgegen.

»Komm her, meine Süße, komm her zu mir. Ich hab dir was mitgebracht, du wirst sehen, ich tu dir nichts Böses.«

Ich gehe noch näher heran. Jetzt muß sie mich einfach bemerken. Und sie läßt sich dazu herab, ein paar Schritte auf mich zu zu machen, eher aus einer Art »Verpflichtung« heraus als aus wirklichem Interesse.

Sie gefällt mir außerordentlich gut; ich spüre ihr Ungestüm und ihre Energie und die Unbezwingbarkeit in ihrer Haltung. Ich suche ein wachsames Pferd, das sich nicht vom Unbekannten einschüchtern läßt, und ein Tier, das den inneren Willen hat, sich durchzusetzen. Ich habe es gefunden. Aber man hat ihr gerade ihr Fohlen weggenommen und es wird ihr nicht leichtfallen, einem Menschen von neuem ihr Vertrauen zu schenken. Umso mehr, als das Fohlen erst drei Monate alt ist!

Ich werde ihr von Zeit zu Zeit nachgeben müssen, ich muß sie glauben lassen, daß sie manchmal gewinnen kann. Ich will ihr diesen Ausdruck von Freiheit nicht nehmen, der in ihrem Blick liegt, diesen Hauch von Wildheit, der mich gleich in sie verliebt gemacht hat. *Sie* will ich und keine andere. Man kann mir von nun an wohlgerundete Pferde vorführen, wie ich sie für gewöhnlich mag, zutrauliche, wie ich sie eigentlich sonst gern habe. *Sie* soll es sein, mit ihrer Magerkeit, die mich beunruhigt und mit ihrem unbezähmbaren Stolz.

Die Wahl eines Reisepferdes ist eine heikle Angelegenheit. Das Tier muß natürlich die körperlichen Voraussetzungen für ein solches Abenteuer erfüllen: Wir werden immerhin einige kühle Nächte ohne die Möglichkeit eines Unterstandes verbringen, Tage im Regen, bei einem Futter, das fast bei jeder Etappe wechselt. Dieses hier hat den Körperbau und auch den Willen eines ausdauernden Pferdes. Auch die psychischen Eigenschaften sind überaus wichtig.

Der Wille, sich nicht unterzuordnen, ist für mich der Beweis für einen beständigen Charakter. Unterwegs werden wir Freunde werden, da bin ich ganz sicher, trotz ihrer früheren Beziehungen zum Menschen. Das Wanderleben wird ihr gefallen, das täglich Neue, und sie wird schnell ihre alte körperliche Kondition wiedererlangen. Wir werden in aller Ruhe mit ganz kleinen Tagesetappen anfangen. Sie wird großzügig bemessene und schmackhafte Haferrationen bekommen.

Die Rebellin Savoyane beginnt einen neuen Abschnitt ihres Lebens.

Jetzt muß ich nur noch die Besitzer überreden. Bernard und Thérèse haben mir die beiden Tiere angeboten, aber das Geld für ihre Bezahlung ist noch nicht eingetroffen. Da es sich jedoch um Regierungsgelder handelt, kommt der Scheck bestimmt. Da können sie ganz gewiß sein. Bürokratie dauert ihre Zeit.

Die beiden Züchter vertrauen mir also und lassen mich meine Reise früher antreten.

»Halt, mein Pferd! . . . Langsam, langsam!«

Sie springt auf der Stelle, wie ein Floh. Versucht zwar nicht wirklich, mich abzuwerfen, aber doch beinahe.

»Langsam, Savoyane, langsam . . .«

Sie klammert sich am Gebiß fest, einem kräftigen Metallstück mit einem Röllchen in der Mitte, um die Fohlen zu amüsieren. Jetzt probieren wir's mal nur mit den Beinen. Hoppla! Dieses Vieh hat Dynamit im Leib.

Langsam gewinnen wir Abstand und nach und nach wird sie ruhiger, fällt von selbst in einen gleichmäßigen Rhythmus und macht nur hin und wieder ein paar unerwartete Sprünge.

Als der Tag zu Ende geht, gehorcht sie schon sehr viel besser und reagiert sofort auf den leisesten Druck meiner Schenkel. Die Aufforderung zum Stehenbleiben allerdings macht mehr Schwierigkeiten.

Das Packpferd dagegen versucht immer wieder, plötzlich stehenzubleiben, und als wir den ersten Tag hinter uns haben, sind meine Hände vom Festhalten der Leine bereits blutig.

Am Sankt-Lorenz schlage ich das Lager auf. Savoyane und Rolls sind in einer kleinen Koppel; hoffentlich werden sie das nicht ausnützen, um ihre Hierarchiekämpfe mit Gewalt auszufechten . . . Die Sonne versinkt über dem Strom und taucht Trois-Rivières am anderen Ufer in rotes Licht, während die Stechmücken mich umschwirren. Ich tröste mich mit dem Gedanken, daß ihre Stiche mich für die Zukunft abhärten werden.

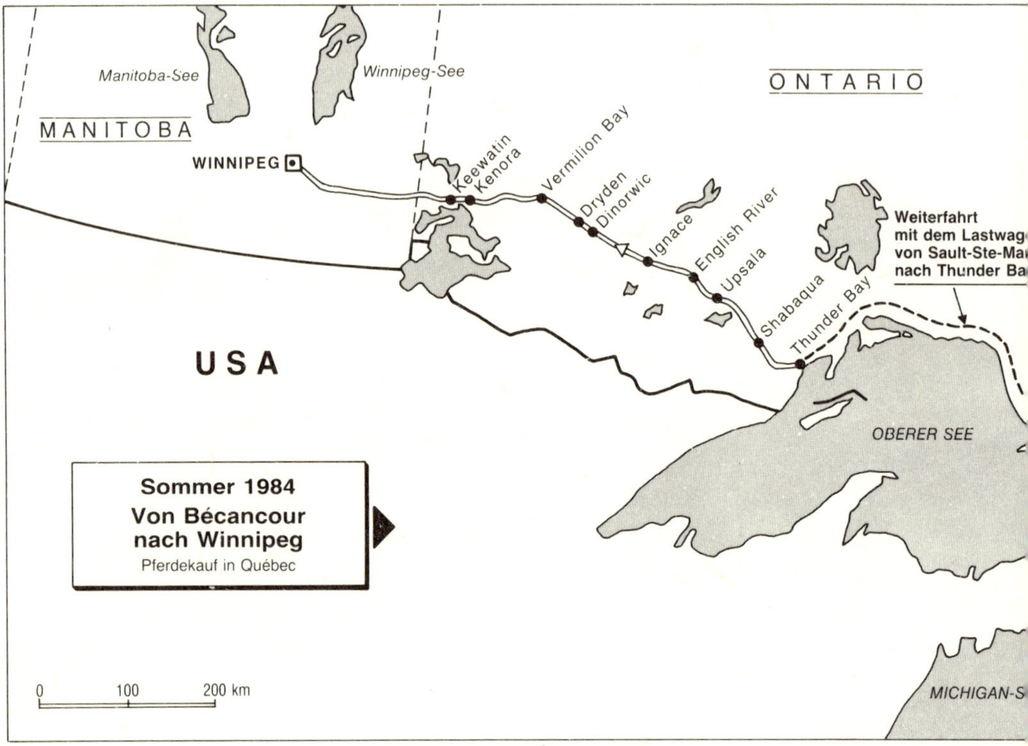
Manitoba-See
Winnipeg-See
ONTARIO
MANITOBA
WINNIPEG
Keewatin
Kenora
Vermilion Bay
Dryden
Dinorwic
Ignace
English River
Upsala
Shabaqua
Thunder Bay
Weiterfahrt mit dem Lastwag von Sault-Ste-Ma nach Thunder Ba
USA
OBERER SEE
Sommer 1984
Von Bécancour nach Winnipeg
Pferdekauf in Québec
0
100
200 km
MICHIGAN-S

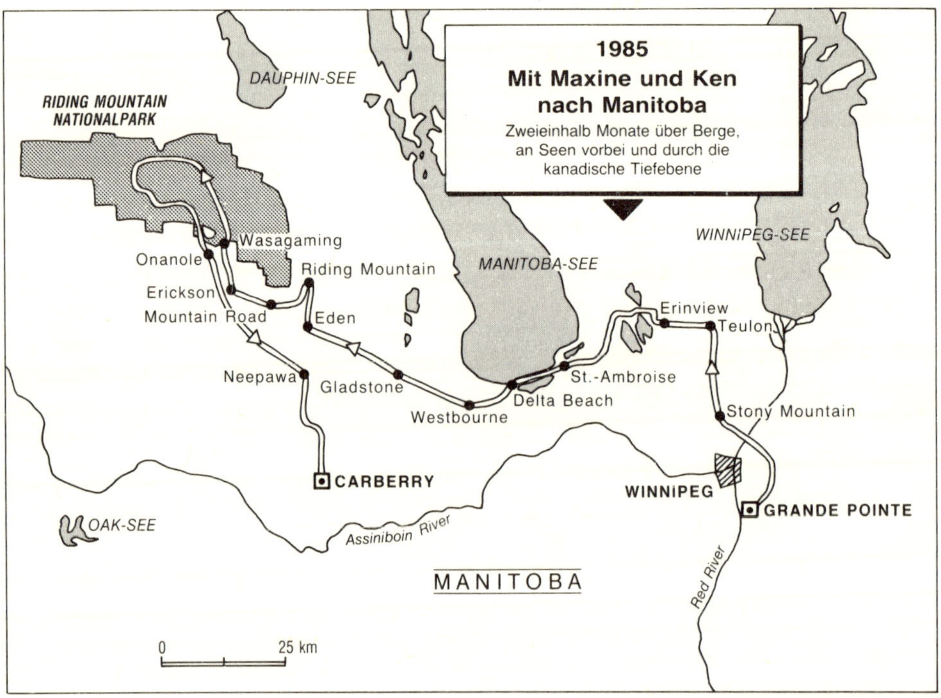
1985
Mit Maxine und Ken nach Manitoba
Zweieinhalb Monate über Berge, an Seen vorbei und durch die kanadische Tiefebene
DAUPHIN-SEE
RIDING MOUNTAIN NATIONALPARK
Wasagaming
Onanole
Riding Mountain
Erickson
Mountain Road
Eden
MANITOBA-SEE
WINNIPEG-SEE
Erinview
Teulon
Neepawa
Gladstone
Westbourne
St.-Ambroise
Delta Beach
Stony Mountain
CARBERRY
WINNIPEG
GRANDE POINTE
OAK-SEE
Assiniboin River
Red River
MANITOBA
0
25 km

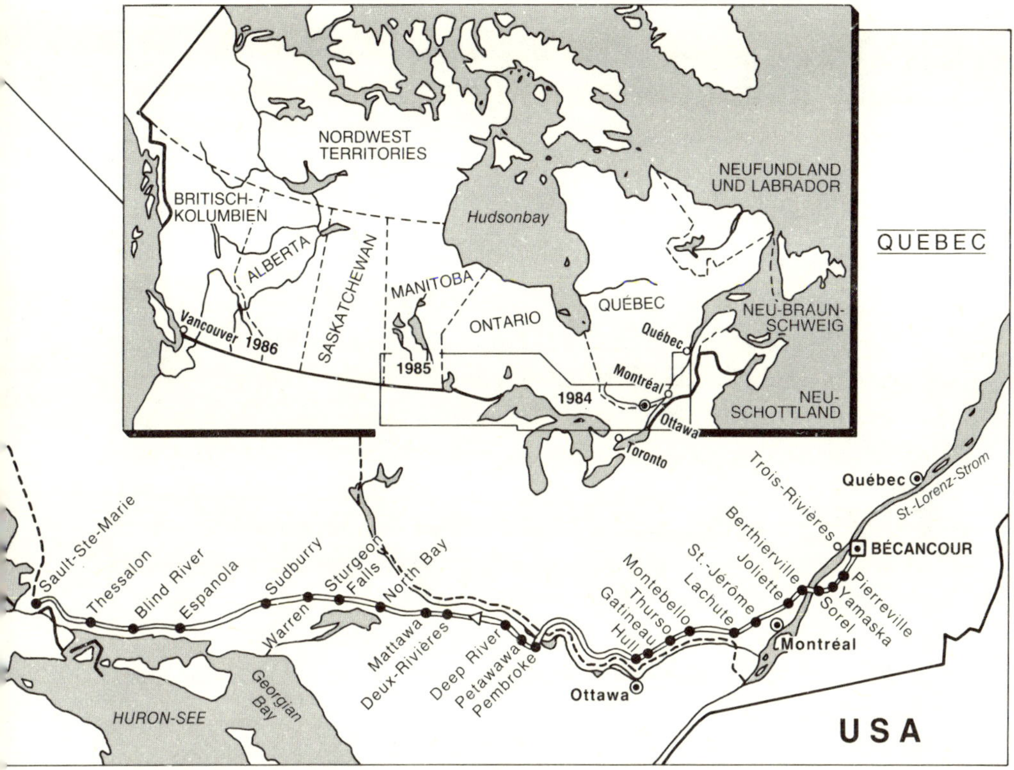
NORDWEST
TERRITORIES
BRITISCH-
KOLUMBIEN
ALBERTA
SASKATCHEWAN
MANITOBA
ONTARIO
QUÉBEC
Hudsonbay
NEUFUNDLAND
UND LABRADOR
NEU-BRAUN-
SCHWEIG
NEU-
SCHOTTLAND
Vancouver
1986
1985
1984
Québec
Montréal
Ottawa
Toronto
QUEBEC
Sault-Ste-Marie
Thessalon
Blind River
Espanola
Sudburry
Warren
Sturgeon
Falls
North Bay
Mattawa
Deux-Rivières
Deep River
Petawawa
Pembroke
Gatineau
Hull
Thurso
Montebello
Lachute
St.-Jérôme
Joliette
Berthierville
Trois-Rivières
Sorel
Yamaska
Pierreville
BÉCANCOUR
Québec
St.-Lorenz-Strom
Montréal
Ottawa
HURON-SEE
Georgian
Bay
USA

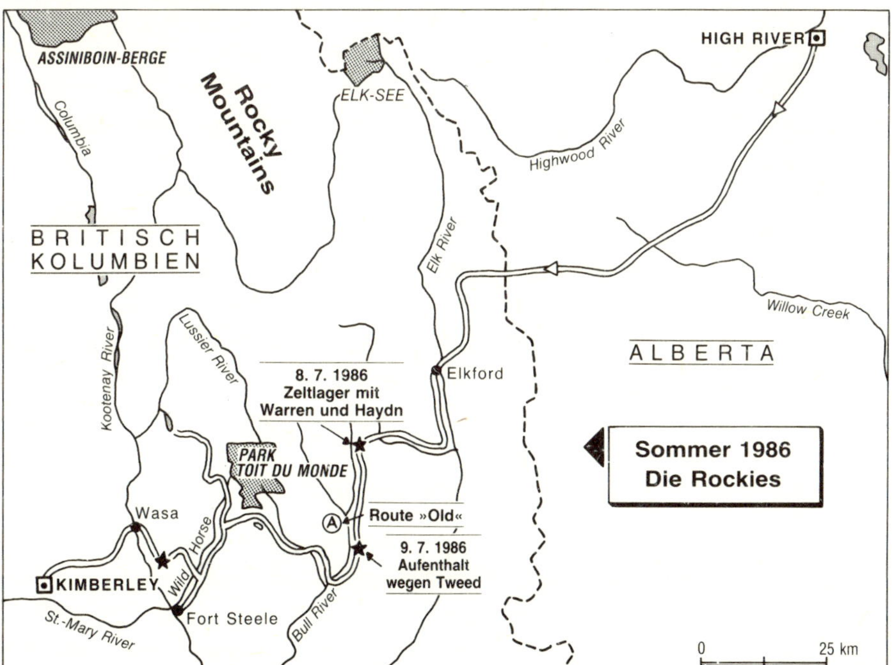
ASSINIBOIN-BERGE
Rocky
Mountains
Columbia
ELK-SEE
HIGH RIVER
Highwood River
BRITISCH
KOLUMBIEN
Elk River
Willow Creek
ALBERTA
Elkford
Kootenay River
Lussier River
8. 7. 1986
Zeltlager mit
Warren und Haydn
PARK
TOIT DU MONDE
Sommer 1986
Die Rockies
Route »Old«
9. 7. 1986
Aufenthalt
wegen Tweed
Wasa
Horse
Wild
KIMBERLEY
Fort Steele
St.-Mary River
Bull River
0
25 km

Begegnung mit den Abenaqui-Indianern

Odanak – Indianerreservat. Es ist mein vierter Tag zu Pferd. Am Ende eines RANG[1] teilt mir ein Schild mit, daß wir Indianergebiet betreten.

Die ersten Indianer, denen wir begegnen, geben mir Gelegenheit, festzustellen, daß sie, ganz anders, als die Reiseprospekte über das Land die Touristen glauben machen wollen, keineswegs im Federschmuck herumlaufen. Ich dachte mir das schon, seitdem ich versucht habe, mich etwas eingehender mit den Werbeslogans über Kanada zu befassen. Diese entsprechen übrigens durchaus der Wirklichkeit, doch sie beziehen sich auf ganz bestimmte Ereignisse im Jahr und werden dann leider so hingestellt, als ob es sich dabei um eine allgemeingültige Aussage über das Land handelte.

Wenn man solche Aussagen rasch überfliegt, ist man nur oberflächlich informiert, und der Tourist ist dann doch ziemlich enttäuscht, wenn er beim Blitzbesuch in einem Canyon nicht eine regelrechte Indianerattacke mit Pfeil und Bogen erleben durfte. Wird da der Mensch vielleicht zu etwas anderem benutzt als dem Zweck, die Lebensweise einer ethnischen Gruppe vorzuführen?

Bei unserer Ankunft ist das Dorf ruhig und verlassen. An den Fassaden der Häuser finden sich imposante Totems, die sicherlich eine religiöse Bedeutung haben. Ich frage mich – Ergebnis meiner durch die Werbung verformten Erwartung –, ob ich nicht soeben in ein Territorium eingedrungen bin, das den Touristen vorbehalten ist. Doch es gibt hier keinerlei mißbräuchliche Maskerade, der Ort atmet wirklich eine andere Luft als der, den ich soeben, einen RANG weiter unten, hinter mir gelassen habe. Niemand auf der Hauptstraße, von dem ich erfahren könnte, ob es im

1 Kanadische Bezeichnung für einen langgestreckten Acker, der senkrecht zu einem Fluß oder einer Straße verläuft.

Reservat einen Ort gibt, wo ich mit den Pferden biwakieren kann. Ah doch! Da, hinter einem Fenster, taucht eine Gestalt auf, und als sie meine Unschlüssigkeit bemerkt, tritt sie vor die Tür.

Dichtes, pechschwarzes Haar umrahmt ein braungegerbtes Gesicht mit schmalen Lippen und vorspringenden Backenknochen.

Der Mann bleibt auf der Türschwelle stehen, mit fragendem und doch freundlichem Gesicht, bereit, mich anzuhören. Die Entfernung zwischen dem RANG und seinem Haus ist zu groß, als daß er mich verstehen könnte. Ich lasse meine Pferde, die vor sich hindösen, stehen und gehe auf ihn zu. Natürlich wacht Savoyane auf und folgt mir auf dem Fuß. Das verärgert den Mann. Ich gehe zurück, um sie an der Reservatsgrenze zurückzuhalten. Der Mann kommt zu mir her.

»Gibt es einen Ort, wo ich mit meinen Pferden über Nacht bleiben kann?«

»Keine Ahnung. Frag den Häuptling, in der Mitte vom Dorf.«

Seine Antwort ist kurz. Er sieht nicht so aus, als ob er Lust hätte, mit mir zu diskutieren; als ich gehe, blickt er mir nach.

In der Mitte des Dorfes zeigt man mir das Haus des Häuptlings, gleich neben der Post. Und als ich darauf zugehe, laufe ich dem früheren Häuptling über den Weg, einem kleinen, etwa sechzigjährigen Mann mit stahlharten Muskeln und langem, weißem Haar, das ihm bis zum Gürtel hinabreicht. Er antwortet mit gutmütigem Lächeln:

»Ich bin nicht befugt, Ihnen die Erlaubnis zu geben, aber da gibt es sicher kein Problem. Fragen Sie beim dritten Haus rechts.«

»Geht es denn, daß man Häuptling war ... und es auf einmal nicht mehr ist?«

»Ich bin dieses Jahr nicht wiedergewählt worden. Nächstes Jahr vielleicht«, fügt er mit demselben Lächeln hinzu.

Dieser Mann strahlt eine tiefe und starke innere Ruhe aus, wie ich sie ähnlich bei dem ersten Mann gespürt habe, dem ich am Dorfeingang begegnet bin.

Wie kann man scheinbar so heiter und gelassen sein, wenn der Kern der eigenen Kultur von einer fremden, in jeder Beziehung anderen Zivilisation, der man sich gezwungenermaßen anpassen muß, gewaltsam usurpiert worden ist? Das ist wahrscheinlich eine Frage des Bewußtseins.

Ich gehe auf das dritte Haus rechts zu, doch offensichtlich soll ich dort nie ankommen: Eine neuerliche Begegnung scheint alle Regeln der Hierarchie über den Haufen zu werfen, denn der Pfarrer schlägt mir sofort das Stück Wiese unten am Fluß vor. Der Platz wird von einem echten Tipi überragt, das beste, was es als Schutz vor dem Wind gibt, durch ein Gerüst aus Holzstangen, die oben zusammenlaufen und sich gegenseitig überschneiden und an der Spitze mit einer Schnur zusammengebunden sind, die bis zum Boden herabhängt. Innen konnten die Indianer Feuer machen. Die Wand besteht aus festgespannten Tierhäuten, die je nach Region von Elchen oder Büffeln stammen.

An dem von dem frommen Mann vorgeschlagenen Ort wüten die Stechmücken und ich schlage wild um mich, um die Insekten zu verjagen.

Savoyane habe ich schon mit einer Fußfessel[2] festgebunden. Gerade mache ich die für Rolls fertig. Die zwei rupfen hungrig das Gras und schlagen dabei immer wieder heftig aus, um die lästigen Mücken zu verjagen. Die jedoch lassen sich's nicht verdrießen und setzen sich gleich darauf zu Hunderten wieder an derselben Stelle nieder.

Savoyane hat eine empfindlichere Haut als ihr Kumpan und die Beharrlichkeit der kleinen Biester bringt sie in Rage. Sie zieht an dem Seil, an dem die Fußfessel befestigt ist und zieht Stück für Stück den Pflock aus der weichen Erde. Als sie das Seil, das sie in ihren nervösen Bewegungen behindert, plötzlich nachgeben fühlt, zieht sie noch mehr daran. Der Pflock gleitet locker aus dem Boden. Und da ist sie frei, meine kleine Gazelle, und frohlockend schickt sie alle Stechmücken der Welt, alle Reiter mitsamt ihren Reisen und ihren Zähmungsversuchen zur Hölle!

Wie eine Rakete rast sie los, in die Richtung, die das Schicksal ihr vorherbestimmt hat, nämlich einfach geradeaus!

Ich muß sie einfangen ... Taco ... Rolls! ich springe nach Indianerart auf (er ist nicht groß), bohre ihm die Hacken in die Weichen und kurz darauf sind wir nach einer teils angstvollen, teils spielerischen Verfolgungsjagd wieder alle drei beisammen, nachdem wir haarscharf an dem Touristentipi vorbeigerast sind! Und bing! der Pflock ist mit metallischen Klang auf die gespannte Tierhaut aufgeschlagen. O Gott ... wie sieht sie jetzt aus, diese Haut? Sie ist immer noch da und noch genauso ge-

2 Ring mit einem Seil, der unten am Bein des Pferdes befestigt wird; das Seil wird an einen Pflock gebunden.

spannt wie vorher: ein Wunder. Hoffen wir, daß wir nicht noch eins nötig haben.

»Savoyane ... Komm her, mein Pferd.«

Sie ist ganz auf das Gras konzentriert, an dem sie zitternd kaut. Ich fange sie ein und immer noch auf dem blanken Rücken von Rolls sitzend reite ich langsam zu unserem Lager am Fuß des Hügels zurück, wo die untergehende Sonne jetzt endgültig in den Wellen versinkt ...

Sie sind nicht auszuhalten, unerträglich, diese Viecher! Sie stechen einen überall, ohne Unterlaß und ohne ein Stückchen Haut zu verschonen. Wenn jetzt auch noch die schwarzen Fliegen dazukommen, muß ich zu dem Ordensmann zurückgehen, um eine andere Lösung zu finden.

Er schlägt seine Garage vor, wo die Pferde für eine Nacht den Benzingeruch in den Duft der Misthaufen aus der Pionierzeit verwandeln dürfen. Dann schickt er die Dorfkinder Eimer mit Wasser und Strohballen holen. Meine vierbeinigen Kameraden kommen so in den Genuß eines wunderbar bequemen Stalles. Was mich betrifft, ich breite meinen Schlafsack auf dem Boden der Garageneinfahrt aus, und im Angesicht der Sterne schließe ich die Augen zu meiner ersten Nacht auf Indianerboden.

Am nächsten Morgen klopfe ich, verschwollen und ramponiert, noch einmal an die Tür des Herrn Pfarrer. Dieser lädt mich herzlich zum Kaffee ein.

»Nein danke, weder Zucker noch Milch.«

»Hier, nehmen Sie von den Keksen.«

Seine Haushälterin reicht mir einen Teller mit Plätzchen, die hausgemacht aussehen. Ich frage den Pfarrer:

»Wie haben die Indianer Sie aufgenommen, als Sie hierhergekommen sind?«

»Die Abenaquis sind schon seit mehreren Generationen Christen.« Und er erzählt: Dies ist ein Stamm aus der Familie der Algonquins. Er hat die aus Europa eingeführte Religion während der Kolonisation angenommen. Die Indianer haben mit den Franzosen Freundschaft geschlossen und ihnen immer geholfen, wo sie nur konnten. Die neuangekommenen Siedler waren froh, auf diese Weise von Meistern ihres Fachs zu lernen, wie man jagt und Fallen aufstellt und wie man quer durch das Land zieht.

Die Indianer sind ursprünglich Nomaden. Je nach Jahreszeit halten sie sich in ihren Sommer- oder Winterjagdgründen auf; sie kennen die

Gefahren, die einem drohen, wenn man durch feindliches Land zieht. Sie zeigen den »Reisenden« also den Weg, dienen ihnen gelegentlich auch als Führer, bringen ihnen bei, wie man in einem Land, das sich von dem, aus dem sie herkommen, grundlegend unterscheidet, überlebt.

Die Abenaquis waren die treuesten Verbündeten der Franzosen. Jetzt leben sie zwar im Stil des 20. Jahrhunderts, in festen Häusern mit allem modernen Komfort, doch einst richtete sich ihr traditioneller Lebensstil nach dem Rhythmus ihrer natürlichen Bedürfnisse, nach Jagd und Ernte.

Heute verurteilt sie das moderne Leben zur Untätigkeit. Die kanadische Regierung unterstützt sie voll, sobald sie hundertprozentig als Indianer anerkannt sind, sie kauft ihnen Häuser und alles, was sie brauchen, einschließlich des Motorschlittens. Gewissermaßen, um sie dafür zu entschädigen, daß sie sich in ihrem Gebiet angesiedelt hat.

»Die beste Art, einen Menschen zu töten, ist, ihn dafür zu bezahlen, daß der nichts tut«, sagte Félix Leclerc. Unter allen Lebewesen ist der Mensch vielleicht dasjenige, das sich am besten Veränderungen anpassen kann, physisch und auch intellektuell. Doch diese hier war gewaltsam und einschneidend, und das erklärt die Schwierigkeiten, die manche damit haben, unserer Zivilisation entsprechend zu leben. Der Alkohol ist dann ein leicht zugängliches Mittel, um sich abzulenken, denn Geld stellt ja kein unüberwindliches Problem dar ... Und obwohl dieser Plage nicht alle erliegen, richtet sie doch ernsthafte Schäden an, innerhalb der Indianerbevölkerung ebenso wie bei den Inuits[3] im Norden.

Indianische Kultur und Identität werden von einigen wenigen streng bewahrt, doch die ersehnte »Rückkehr in die Vergangenheit« ist jetzt für die Gesamtheit des Volkes unmöglich geworden. Nur wenige von ihnen fischen und jagen noch und ernähren sich gemäß ihrer Tradition, obwohl Jagd und Fischfang für die Indianer nicht gesetzlich geregelt sind.

Kanada bleibt also ein Land mit multikulturellen Aufgaben; es versucht, sie in der Praxis zu realisieren. Die eingeborenen Kanadier am Fortschritt teilhaben zu lassen ist eins seiner Ziele. Aber das ist nicht so leicht ...

3 Inuit oder Eskimo: Eskimo ist ein abwertender Begriff für das Volk im Norden. Er wurde in die Bezeichnung Inuit umgewandelt. »Eskimo« bedeutet für die Waldindianer, die Nachbarn der Bewohner des Packeises, in der Cree-Sprache »die, die Rohes essen«. Die Inuits hatten aufgrund ihrer natürlichen Lebensbedingungen in der Tat nichts, womit sie das Seehundfleisch garen konnten.

oben: *Sommer '84. Die Landschaft entlang dem Trans-Canada Highway. Zwei Monate lang abwechselnd Wälder, Sümpfe und Seen. Es gibt keine andere Wahl: Man muß der Asphaltstraße folgen bis nach Manitoba.*

Mitte: *Savoyane im Frühjahr: Ihr dickes Winterfell löst sich in großen Flecken ab.*

unten: *Maxine, Ken und Tara, meine Reisegefährten in den großen Ebenen, im Sommer '85.*

oben: *Um das »Land der Bisons« zu durchqueren, brauchen die Pferde nicht beschlagen zu werden; wir müssen nur hin und wieder die Hufe zurechtfeilen.*

rechts: *Nördlich vom Trans-Canada Highway reiten wir in die unendliche Weite der Prärien, wo kleine Dörfchen und einsame Farmen die einzigen Zeichen von Zivilisation sind.*

Am Ufer des Winnipeg-Sees, der sich bis ins Unendliche erstreckt.

Selbst wenn die sommerliche Temperatur das Übernachten im Freien erlaubt, verlangt die Allgegenwart der Insekten nach einem Moskitonetz.

Meine Reise ins westliche Québec

Auf der Straße nach Yamaska möchte ich gegen Mittag halt machen. Längs des RANG gibt es zahlreiche Farmen, keine Menschenseele ist zu sehen. Ich halte meinen Konvoi vor einem der Häuser an und klopfe an die Tür. Keine Antwort, und doch kommt es mir vor, als ob ich drinnen ein Geräusch gehört hätte. Ich klopfe noch zweimal, diesmal etwas zaghafter, an den Türrahmen. Schweigen.

Im Erdgeschoß bewegt sich ein Vorhang am Fenster; ich sehe hin und glaube, einen Gewehrkolben zu erkennen, den ein bartloser Junge in der Hand hält . . . Na gut! Gehen wir eben weiter. Es gibt hier nur eingefriedete Weiden, am Wegrand wächst so gut wie kein Gras und ich kann auch meine Begleiter nirgends festbinden.

Einige Häuser weiter rufe ich einen Mann an, der gerade auf seine Scheune zugeht. Er kommt näher, sieht sich meine Pferde an, lädt mich dann ein, sie das herrlich grüne Gras in seinem Garten weiden zu lassen. Ich nehme Rolls die zwei Packkisten ab und löse die Sattelgurte. Meine beiden Tiere rupfen hingebungsvoll Gras, als mein Gastgeber wenig später zurückkommt und mir seinen Gaskocher anbietet, damit ich mein Essen aufwärmen kann.

». . . Guten Tag, Madame.«

»Bedienen Sie sich. Er geht von selbst an.«

Ich stelle mein Kochgeschirr aus Aluminium auf, knirsche mit den Zähnen, wie jedesmal, wenn ich die Suppe hineingieße. Eines Tages werde ich mausegrau sein von diesem verdammten Zeug! Und ich drehe mich zu der Dame um.

Stillschweigen im Raum. Die Worte zögern, sie finden keinen Weg, da bricht die übliche Konversation das Eis:

»Woher kommen Sie?«

»Aus Frankreich.«

»Wohin gehen Sie?«

»Nach Westen.«

Erneutes Schweigen, diesmal, um Betrachtungen über die Entfernung anzustellen.

»Na, da haben Sie's aber noch ganz schön weit . . .«

Das regelmäßige Ticken der großen Küchenstanduhr gibt der Zeit im Haus ihren Rhythmus und scheint auch das Leben seiner Bewohner zu skandieren. Es beherrscht die Atmosphäre. Der Mann ist groß und dem Umfang seines Bauches nach zu urteilen, liebt er die Freuden des Lebens. Die Frau ist von mittlerer Statur; sie läßt nichts von ihrem Wesen erkennen. Keinerlei besondere Bedürfnisse, wie zum Beispiel, daß sie in diesem Augenblick mit mir reden wollte. Sie scheint von einer Art dumpfer, resignierter Gleichgültigkeit beherrscht.

Nichts bewegt sich oder stört das tägliche Einerlei. Fromme Bilder im Rahmen, häßliche und anmutige, nehmen den Platz ein, der idealerweise Kindern oder Enkelkindern vorbehalten wäre.

»Gehen Sie zur Heiligen Messe?«

Schwierig, die Frage sofort zu verneinen, ohne die gute Frau vor den Kopf zu stoßen.

»Nun ja, sagen wir mal, zu Pferd ist das ein bißchen schwierig, wissen Sie; wegen der Pünktlichkeit.«

»Oh ja! Ich verstehe.«

Trotzdem erkenne ich eine gewisse Mißbilligung in ihrem Blick. Ohne daß ich ganz begreifen kann, ob diese aus ihr selbst kommt oder von der unerwarteten Begegnung, die sie mit einer ungewohnten Welt in Berührung bringt. Sie ist einsam.

Hier gibt es keine deftigen Flüche. Wo sind sie, die Québecois meiner Träume, die mit dem warmen Herzen und den schlagfertigen Antworten, die, die sogar über den Fernsehschirm solch außergewöhnliche Lebensfreude ausstrahlen. Vielleicht vermitteln uns diejenigen, die wir in Frankreich von den Medien her kennen, ein vom Rampenlicht etwas verzerrtes Bild.

In Charlebois, Dufresne und Vigneault erscheint uns der Mensch des Québec als eine starke Persönlichkeit, ohne besondere Probleme. Als ein kraftvoller, echter Individualist.

Die Ankunft der ersten Künstler aus Québec in Paris war vielleicht nicht sofort ein großer Erfolg, doch je populärer sie wurden, umso mehr erkannten die Franzosen, daß die »Vettern aus Amerika« mit ihrem Witz und ihrer außerordentlichen Gabe der Kommunikation, die sie zu besonders mitreißenden Unterhaltern macht, ihnen viel zu bieten haben.

Die, denen ich hier täglich begegne, sind meist warmherzig und gastfreundlich. Natürlich gibt es auch Ausnahmen. Eine ihrer ersten Fragen lautet immer, ob ich sie überhaupt verstehe ... Ihrer Meinung nach ist das richtige Französisch das, das wir sprechen, wir, die »Franzosen aus Frankreich«. Ihres ist »slang«, Argot. Weil einige ihrer Ausdrücke jenseits des Atlantik nicht mehr gebräuchlich sind.

Sicher, das echte »joual« (das Französisch, das sich im Québec entwikkelt hat) ist denen vorbehalten, die diese Sprache fließend sprechen ... Während die Mischung aus »joual« und Französisch nur einen unverständlichen Dialekt ergibt!

Die meisten Menschen, denen ich auf meiner Reise begegne, haben diesen Komplex, zunächst aufgrund der Dualität der Kulturen und dann, weil ihr Mutterland sie im 17. Jahrhundert, als Frankreich sich zurückgezogen hat, im Stich gelassen hat.

Die französischen Kolonisten, die damals geblieben sind, haben sich verraten gefühlt, und seitdem haben sie gekämpft, um ihre kulturelle und sprachliche Identität zu bewahren, trotz des Jochs eines britischen Empire, das sich immer mehr ausdehnte. Bis 1970 war Montréal englischsprachig, von den großen Kaufhäusern über die Hauptstraßen und öffentlichen Einrichtungen bis hin zur Geschäftswelt. Die meistgelesenen Zeitungen waren in englischer Sprache geschrieben und die meistgehörten Radiosender waren anglophon. Letztere zahlten übrigens auch sehr viel höhere Honorare als die der Franzosen.

Québecs Premierminister, damals Robert Bourassa, hat ein Gesetz erlassen, das Französisch zur einzigen Sprache im Québec erklärte. Beide Seiten hielten das nicht für gut und Trudeau bezeichnete es sogar als schweren diplomatischen Fehler.

Der Stein war ins Rollen gebracht und die Bewohner des Québec sind dadurch plötzlich ins Licht der Öffentlichkeit gerückt. Sie selbst fanden, daß der Erlaß in keiner Weise die Vormachtstellung der Englischsprachigen beeinträchtigte, die Engländer dagegen haßten das Gesetz, weil es sie in ihren Freiheiten einengte. Mit der Zeit sahen die Québecois dann doch, daß ihre Provinz langsam wieder französischsprachig wurde und diese Tatsache war für sie wichtiger als alles andere! Und so sind die französisch-englischen Beziehungen heute noch in bestimmten Augenblicken und für manche Puristen unverändert im Vergleich zu denen, die zwischen den beiden Nationen während des Hundertjährigen Krieges herrschten ... Nichtsdestotrotz scheint Trudeaus Traum von der Zweisprachigkeit jetzt langsam Früchte zu tragen: In den großen Städten gibt es vornehmlich französischsprachige Schulen, und immer mehr Eltern schreiben ihre Kinder dort ein. Man muß sagen, daß das Leben in einem zweisprachigen Land eine hervorragende Gelegenheit ist, die intellektuellen Fähigkeiten der jungen Generation von Geburt an zu fördern!

Eisenbahn ... Ich folge den Spuren des Stahlrosses, jenes volkstümlichen Pioniers, der ebenfalls viel zur Geschichte Kanadas beigetragen hat. Dies hier sind übrigens nur noch die Überreste der Eisenbahnlinie, die zwischen Montréal und Québec am Sankt-Lorenz-Strom entlangführte. Ich brauche mir also keine Sorgen zu machen, daß plötzlich das schwarze, dicken Rauch speiende Ungetüm auftauchen und meine Karawane gefährden könnte.

Savoyane folgt mir nach oder geht an meiner Seite; sie zieht die Holzschwellen den runden Kieselsteinen des Bahndamms vor. Rolls folgt brav hinterdrein. Bis er plötzlich stehenbleibt, uns ansieht, um dann kehrtzumachen und mit ebenso gleichmäßigem und sicherem Schritt in der entgegengesetzten Richtung wegzulaufen. Ich rufe, schreie seinen Namen: »Rolls! Taco! ...«

Nichts. Nicht das geringste Aufhorchen, nicht die kleinste Reaktion; er entfernt sich immer weiter, so als ob es uns gar nicht gäbe. In diesem Augenblick dringt ein Funken der Erkenntnis durch meine Wut und meine Hilflosigkeit ... natürlich! Sein abruptes und wiederholtes Stehenbleiben, trotz meines ausdrücklichen Befehls, trotz Savoyane, die ihn unermüdlich vorwärts zieht, zum Verdruß meiner Hüfte, die die häufigen Rucks auch zu spüren beginnt.

Und jetzt diese entschiedene Verweigerung. Ich muß eine Lösung finden. Offensichtlich behagt ihm das Wanderleben nicht. Nachdem ich Savoyane an einem Zaunpfahl festgebunden habe, fange ich ihn wieder ein: Vielleicht müssen wir beide hinter ihm hergehen, damit er vor uns wegläuft! Ich packe ihn, ohne ein Wort zu sagen, an der Leine. Und führe ihn zu der Stute zurück, die ungeduldig schnaubt.

Ich führe den Konvoi durch das Gatter und mache es hinter uns zu. Die Tiere sind immer noch hinter mir, Savoyane schlägt mit ihrem spärlich behaarten Schwanz matt nach den Fliegen. Wir gehen jetzt durch das hohe Gras am Ufer eines Baches. Da bricht der Boden unter unseren Füßen weg. Savoyane weicht entsetzt zurück und weigert sich, noch einen Schritt weiterzugehen. Ich brauche viel Zeit, Überzeugungskraft, Worte und Liebkosungen. Wir müssen weiter, und das einzige, was ich ihr nicht durchgehen lasse, ist der winzigste Schritt zurück. Sie darf solange stehenbleiben wie sie braucht, um sich zu einem Schritt vorwärts zu entschließen; wenn sie zurückweicht, werde ich böse. Schnell begreift sie die zwei Möglichkeiten, die für sie am bequemsten sind. Ich kann mich nicht mit ihr schlagen, um sie zum Weitergehen zu bewegen. Sie ist starrköpfig genug, um sich dann vollständig zu sperren, und immerhin ist sie die Stärkere, wenn man die zur Verfügung stehenden Kräfte gegeneinander mißt . . .

Ganz plötzlich ist es dann vorbei. Und zwar so schnell, daß die Leine, die immer noch um meinen Finger gewickelt ist, sich im selben Moment löst, als die Stute . . . über den Bach setzt! Ich stehe mit den Füßen im Wasser, den Finger in ungewöhnlicher Haltung in die Luft gereckt, doch ich habe ein Pferd, das sein erstes Hindernis überwunden hat, und wie!

Sie steht am anderen Ufer und grast und zittert ein bißchen. Ich gehe zu ihr hinüber und streichle sie ausgiebig. Bemerkenswert, was ein Tier manchmal stolz auf sich selbst macht. Solche schwierigen Momente stärken mein Vertrauen in sie und sie beweisen mir auch, daß ich mich nicht geirrt habe, als ich bei unserer ersten Begegnung in ihren Augen eine Botschaft zu lesen meinte. Mein Pferd ist zweifellos das schönste Pferd der Welt. Sogar sein Schwanz und seine Mähne geben ihr etwas Besonderes . . . etwas Undefinierbares, das die übrigen Pferde auf der Welt nicht haben!

Ihre Appaloosa-Augen sind nicht so stark weiß umrandet, wie man das sonst bei dieser Rasse findet. – Ich beglückwünsche Mutter Natur zu der klugen Auslese, die sie bei diesem so ungewöhnlichen Pferd getroffen hat! – Statt dessen breitet sich die helle Färbung auf ihrem Gesicht zu einer breiten weißen Blesse aus. Der »Faustschlag«, den wertvolle Pferde zwischen den Augen haben, ist bei meinem also sehr ausgeprägt.

Beim Gehen passen sich unsere Schritte einander an ... wenn ich schnell gehe. Den Finger in die Luft gestreckt, biege ich in den berühmten Weg ein, der geradewegs nach Süden führt. Rechts von uns beginnt die Sonne ihren Lauf nach Westen. Die Luft ist gut und die Stechmücken beginnen, uns zu eskortieren, als wir an einem langgestreckten, modernen Gebäude entlangreiten, neben dem ein Dressurplatz liegt.

Die Tür des Gebäudes ist angelehnt, ich strecke meine Nase hinein. Ein Mann und eine Frau sind gerade dabei, ihre Pferde zu füttern: Es ist die »Stunde des Zuges«, nicht die des Canadian National, der nationalen Eisenbahngesellschaft, sondern, nach einer Québecer Ausdrucksweise, der Zeitpunkt, wo man das Futter austeilt.

Murielle und Michel bieten mir an, Savoyane und Rolls in einer großzügig mit Stroh ausgelegten Box unterzustellen. Hier bekommen meine braven Rösser eine große Ration Heu und Hafer zugeteilt.

Meine Gastgeber sind Lehrer in Sorel und haben neben ihrer beruflichen Tätigkeit eine Reitschule gegründet. Ohne viel Worte zu verlieren, laden sie mich genauso selbstverständlich ein, als ob ich eine alte Freundin gewesen wäre. Murielle sieht sich meinen Finger an, der dick angeschwollen und seltsam blau verfärbt ist. Sie bringt mich beinahe mit Gewalt ins Krankenhaus von Sorel, wartet mit mir, begleitet mich zum Arzt ... Ich komme mit einer Schiene wieder heraus. Die Beweglichkeit wird unterwegs von alleine wiederkommen.

Spontane Hilfeleistung und Freundschaft. Murielle lebt seit zwei Jahren mit nur einer Niere und wartet täglich auf den Anruf, der ihr sagt, daß ihr endlich eine zweite eingesetzt werden kann. Trotz der Dialyse, zu der sie dreimal wöchentlich gehen muß, der notgedrungenen Unterbrechung ihrer beruflichen Tätigkeit, der Probleme, die ihr das alltägliche Leben, aufgrund ihrer labilen Gesundheit, bringt, behält sie ihr Lächeln bei und sie lebt bestimmt intensiver als mancher gesunde Mensch. Sie sorgt sich nur um das wirklich Wichtige. Sie läßt sich von den Wechselfällen des Schicksals nicht belasten und hat ihre schwere Behinderung in ihr Leben integriert.

Früh am nächsten Morgen gehe ich aus dem gemütlichen Zimmer, lege das Nachthemd, das Murielle mir geliehen hat, zusammen, stelle die

Hausschuhe neben das Bett . . . Die Sonne steht schon hoch am Himmel. In der Küche ist der Kaffee bereits fertig.

»Willst du Eier und Speck?«

Ich fühle mich sauber, munter, ausgeruht und voller Energie, als ich mich am Vormittag wieder auf den Weg mache. In Sorel angekommen, erkundige ich mich nach der Straße, die mich zur Fähre bringt, und als ich diese erreicht habe, ordne ich mich mit meinem vierbeinigen Vehikel in die Reihe derer mit vier Rädern ein.

Der Sankt-Lorenz-Strom ist breit und trübe, er führt Industriewässer mit sich. Autos und Lastwagen fahren über die Metallbrücke, dann sind wir an der Reihe. Savoyane zögert ein bißchen, dann folgt sie mir nach, als ob sie auf Eiern ginge. Rolls schreitet kräftig aus und wir gehen über den Gitterrost, der auf beiden Seiten der Brücke entlangläuft. Unter uns das Wasser.

Die kleinen Zapfen aus Wolframstahl, die hervorragend geeignet sind, um im Straßenteer zu greifen und die Hufeisen zu schützen, erweisen sich auf metallischen Oberflächen als nicht sehr standfest . . . Als sie die Brücke verläßt, rutscht Savoyane aus und schlägt der Länge nach hin. Sie springt sofort wieder auf, bleibt jedoch ein paar Sekunden lang verstört stehen.

In diesem Augenblick höre ich hinter mir unterdrücktes Glucksen. Als ich mich umdrehe, sehe ich zwei dicke Burschen, die das Schauspiel offensichtlich sehr erheitert hat. Da kann ich meinen Schreck unerhofft abreagieren! Ich beschimpfe sie so heftig und voller Wut, daß es ihnen die Sprache verschlägt, obwohl sie ganz offensichtlich Lust haben, sich mit mir anzulegen.

Meine Stute setzt vorsichtig erst die Vorderbeine, dann die Hinterbeine auf und es gelingt ihr, sich geschickt von diesem Ort des Unglücks zu entfernen. Ich lasse sie lange grasen und streichle sie. Gottseidank ist sie nicht verletzt. Aber ich bin voller Schuldgefühle. Ich hätte unbedingt Stofflappen für die Hufe besorgen müssen!

Madame Brault ist entzückt. Sie überholt mich mit ihrem dicken, amerikanischen Wagen am Ufer des Flüßchens Bayonne und reicht mir einen symbolischen Dollar durchs Wagenfenster.

»Sie sind die Französin, die zu Pferd durch Kanada zieht? Wie aufregend! Kommen Sie zu mir, damit wir ein bißchen plaudern können. Ich würde mich sehr freuen! Ich habe von Ihnen im Radio oder im Fernsehen gehört, ich weiß nicht mehr, wann das war. Ich erwarte Sie. Mein Haus steht hier am Flußufer, etwas weiter vorn. Sie können es nicht verfehlen. Bis gleich! ...«

Und all das im unwiderstehlichen Québecer Dialekt. Wie soll man da ablehnen ...

Das nördliche Ufer der Bayonne ist mit dicken Bäumen bestanden, die vor einigen Generationen von den allerersten Einwohnern von Berthierville gepflanzt wurden. Der Name des Ortes kommt von seinem ersten Besitzer, Alexandre de Berthier, der im 17. Jahrhundert von Ludwig XIV. geschickt worden war, um die schrecklichen Indianer vom Stamm der Irokesen zu befrieden.

Diese Epoche war entscheidend für die Besiedelung von Neu-Frankreich.[1] Die Bayonne ist ein Nebenfluß des Sankt-Lorenz. Zur Zeit der ersten Siedler, teilten sich Kirche und Staat, die gemeinsame Interessen an der Eroberung hatten – die einen an neuem Land, die anderen an den Seelen, die zum Evangelium zu bekehren waren – das Land auf und verteilten die einzelnen Parzellen an die zukünftigen Farmer, deren Aufgabe es auch war, dieses unwirtliche Land bewohnbar zu machen, indem sie es rodeten und urbar machten.

Die Region von Berthiervielle ist jetzt ein Industriegebiet, aber an manchen Stellen ist sie wild und sumpfig geblieben, und hier gibt es die vielseitigste Wasserfauna im ganzen Québec. Bevor ich mich zu Madame Brault begebe – und auf ihren Rat hin – bringe ich die Pferde zu Alain und Pierre, die mir helfen, die unbenutzte Scheune auszuräumen, damit ich sie darin unterstellen kann. Sie haben sogar ihre Froschjagd verschoben, um mir behilflich sein zu können.

Alain ist ein Pferdenarr und wir sind zusammen ohne Sattel den Weg hinter der Farm entlanggeritten. Savoayne ist beim Traben sehr unbequem, und als ich sie galoppieren lasse, rennt sie los und rast wie eine Verrückte davon. Ich klammere mich an ihre dürftige Mähne, versuche, wenigstens mit den Knien Kontakt zu ihrem Körper zu halten,

1 Ein riesiges Gebiet, das sich in der Zeit, als nach und nach die französischen Siedler eintrafen, von Québec bis Ontario erstreckte.

während ich bei jedem Stoß immer weiter nach hinten auf ihre Kruppe rutsche.

Sie gerät völlig außer Rand und Band, ist glücklich, wird nur durch das Halfter gezügelt. Die Geschwindigkeit treibt mir die Tränen in die Augen; ich will sie nicht zurückhalten, das Tempo gefällt ihr zu sehr, doch das Wäldchen da vorn kommt immer näher. Ich muß eine Entscheidung treffen. Ich versuche, mehr schlecht als recht, mich wieder aufzurichten und ihr in ihrem wilden Galopp verständlich zu machen, daß sie anhalten soll. Es dauert mehrere Galoppsprünge, bis der Befehl zu ihr durchdringt, dann verlangsamt sie ihr Tempo und fällt in ihren schnellen Trab zurück, der mich erneut auf und nieder wirft, bis sie stehenbleibt.

»Na, alles klar?«

»Ja, es geht schon. Einen Augenblick habe ich nicht gewußt, was mich mehr angezogen hat, der Boden oder der Pferderücken.«

»Willst du es nochmal versuchen, in der anderen Richtung?«

»Auf geht's!«

Nach einer kurzen Ruhepause sind auch die Pferde wieder soweit. Und auch der Rückweg ist ganz schön munter. Festgeklammert an allem, was mir von meiner fröhlichen, wilden Stute unter die Finger kommt, springe ich wieder auf und ab und jauchze vor Vergnügen. Dahinten erwarten uns die Freunde; sie haben ein Seil über den Weg gespannt, für alle Fälle. Savoyane sieht es beinahe im letzten Augenblick, setzt mich sanft gerade so weit darüber ab, daß ich das Rennen mache! Wir haben mit ein paar Halslängen gewonnen ... Die Bremsen fallen über uns her. Was für ein Leben! ...

»Willst du mitkommen heute nacht? Wir fahren mit dem Boot raus, um Frösche zu fangen.«

»Madame Brault hat mich eingeladen. Ein andermal ...«

Da sitze ich nun in einem Vibrationsmassageschaukelstuhl bei Raymonde Brault, die mir von ihrem Leben, ihrer Musik erzählt. In ihrem Zuhause sind alle möglichen Gegenstände angehäuft. Nippes, Puppen und eine Unzahl von Accessoires, die vielleicht mal zu irgendetwas nützlich gewesen sind, bevölkern das Haus. Ein fröhliches Durcheinander bei einer einsamen Frau, die jedoch ein äußerst aktives Gesellschaftsleben führt.

Sie hat mich zum Abendessen bei einem befreundeten Ehepaar eingeladen, das ein Restaurant betreibt. Es wird ein netter Abend.

»Schreib uns mal von unterwegs, damit wir wissen, wie es dir auf deiner Reise ergeht!«

Ich verspreche es. Da habe ich eine ganz schöne Korrespondenz vor mir ...

Der RANG bringt mich zu Claude, Joan und ihrem Sohn Jonathan. Ich komme völlig durchnäßt an. Meine Stiefel sind bis oben hin voll Wasser. Die Mähnen von Savoyane und Rolls stehen wie Hahnenkämme in die Höhe.

Das Gewitter ist innerhalb von Sekunden losgebrochen. Der Himmel war ganz plötzlich bedeckt, auf dem klaren, durchsichtigen Blau ballten sich düstere, graue Wolken zusammen. Und bevor ich noch meinen Umhang aus dem Gepäck nehmen konnte, ergoß sich ein Schauer über uns, mit Hagelkörnern, groß wie eine Faust.

Wie ein Häufchen Elend stehen wir an der Tür der Farm. Claude kommt herbeigestürzt. Er scheint gerade der Hippiezeit entsprungen mit seinem langen Bart, den langen Haaren und den großen, verträumten Augen.

Wir bringen die Pferde in die Scheune. Es ist Fütterungszeit und ich besichtige die Kühe, Kälber, Hühner und Schweine der Familie. Eine Sau hat gerade geworfen und die Ferkelschar wimmelt um ihren riesigen, lang hingestreckten, hechelnden Körper herum.

Der Regen hat die Luft gereinigt und von den Millionen Staubkörnchen befreit, die einen zu ersticken drohten. Ein schöner und friedlicher Augenblick nach dem weiten Weg.

Savoyanes Fell wird von Tag zu Tag dichter und ich kann bereits sehen, daß der tägliche Marsch den Muskeln meiner beiden Kumpane, die sich deutlich auf ihrem Hinterteil abzeichnen, guttut. Die Kruppe meiner Stute ist spitz, genauso wie ihr Charakter. Es ist schön zu sehen, daß ihre Ecken im Laufe der Zeit runden und neue, harmonische Formen annehmen.

Bei Claude und Joan fühle ich mich willkommen und gleich zu Hause. Ihre Gastfreundschaft ist einfach und selbstverständlich. Ihr Lebensstil ist angenehm locker. Joan erweist sich als hervorragende Köchin. Sie weckt das ganze Jahr über die Früchte aus ihrem Garten ein, natürlich rein biologisch. Die eingelegten Rote Bete sind köstlich. Die Sahne von der Milch ihrer Kühe verfeinert die herrlichen, hausgemachten Nachspeisen. Ein kulinarisches Fest voller Lebensfreude. Am Abend greift Claude zu seiner Gitarre und übertönt die Grillen mit Geschichten, die das Québec besingen.

Ich habe Glück: Guy Chevrette hat mich im Fernsehen gesehen ... Und ich habe noch mehr Glück, daß er gerade in seinem Büro in Joliette ist, als ich anrufe, um einen Termin beim Minister für Jagd und Fischfang im Québec zu bitten; ich hab nämlich nur noch ein paar Dollars in der Tasche.

Der Herr Minister empfängt mich an einem schönen Montag. Ich habe mein bestes Hemd angezogen; es ist zwar nicht gebügelt, aber wenigstens sauber.

»Also Sie sind die Frau, die den Spuren der Pioniere folgt?«

Ein freundschaftlicher Empfang von diesem doch immerhin vielbeschäftigten Mann. Oft wundere ich mich, wieviel Interesse manche Leute dem entgegenbringen, was ich manchmal selbst als eine Verrücktheit ansehe: diese Reise zu einem ganz bestimmten geographischen Ziel ... übrigens das einzige, was sicher ist.

»Wie sind Sie auf die Idee gekommen, einfach so loszuziehen, und warum gerade Kanada? Es gibt kleinere und sicherere Länder für einen Spazierritt!«

»Es gibt viele Gründe dafür; zum Beispiel den, daß ich mit etwas Neuem konfrontiert werden will, daß ich mehr erfahren und erleben will, als bisher. Ich glaube, wir alle haben Möglichkeiten, die uns nicht bewußt sind, vielleicht, weil sie nicht in unsere Gesellschaft passen. Ich weiß nicht, wo ich mit meiner Suche anfangen soll, aber auf einem so langen Weg, glaube ich, kann ich es vielleicht finden. Meine Expedition soll alles in allem drei Jahre dauern ...«

Plötzlich scheint mir, daß ich eine etwas kümmerliche Figur abgebe, wie ich da versuche, diesen Mann zu überzeugen, der wirklich anderes zu tun hat, als sich um die inneren Nöte einer kleinen Französin zu kümmern, die zufällig in sein Büro geraten ist. Und er wird es lächerlich finden, wenn er mir überhaupt zuhört, wie ich versuche, ihm etwas zu erklären, was man besser für sich behalten sollte. Diese Art von Programm hat er sich für die

Werbung für sein Ministerium nicht vorgestellt. Was tue ich denn überhaupt hier? Ich kann mich ja noch nicht einmal klar und deutlich ausdrücken.

Zwei Wochen später erhalte ich die Unterstützung vom Ministerium für Jagd und Fischfang im Québec.

Inzwischen ist Bernard gekommen, um Rolls zurückzuholen, dem die Reise ganz offensichtlich nicht zusagt. Ich brauche ein anderes Pferd.

Die Suche danach kostet mich zwei Wochen. Und das Ergebnis ist gut: Chinook ist ein sechsjähriger Wallach, ein gutes Pferdchen mit kräftigen Gliedern, einem respektablen Umfang, starrköpfig, aber trotzdem von anschmiegsamem Temperament. Er hat einen Großteil seines Lebens auf der Weide zugebracht. Seine Hufe sind breit, aber gut. Nach einem Besuch beim Hufschmied und ein paar Tagen Pause, während der er und Mamsell Savoyane sich kennenlernen können, sind wir aufbruchsbereit.

Wir nähern uns der Grenze zwischen Québec und Ontario. Die Landschaft in diesem Teil des Québec, am Ufer des Outaouais-Flusses, ist von menschlichen Ausmaßen. Die Hügel sind sanft gewellt und angenehm anzusehen. Die Gegend ist auch dicht besiedelt. Im Osten Kanadas, zwischen Ottawa und Montréal, haben sich zur Pionierszeit die meisten Menschen niedergelassen und sind da geblieben.

Der Outaouais-Fluß machte es möglich, ohne große Schwierigkeiten bis zu den Großen Seen und zur Hudson Bay zu gelangen. Nichtsdestotrotz dauerte es lange, bis die Pioniere das Land besiedelten und sich endgültig hier niederließen.

Zur Zeit von Neu-Frankreich gehörte die Gegend zu denen, die die Regierung den Pelzhandelsgesellschaften zugeteilt hatten, mit der Auflage, daß sich dort keine Siedler niederließen, damit sie nicht in Versuchung gerieten, illegalen Pelzhandel zu betreiben.

Nach 1760 und dem Anschluß Kanadas an die britische Krone hat sich eine Holzfällergemeinde in der Gegend niedergelassen und begonnen, Holz bis nach Montréal zu flößen. Der Fluß wird übrigens immer noch zum Flößen benutzt.

Ottawa, die Bundeshauptstadt Kanadas, ist der Sitz des Parlaments. Und die Residenz des kanadischen Premierministers Brian Mulroney ist die Nummer »24 Sussex«.

Ich komme nach Gatineau, einem Marktflecken auf dem linken Ufer des Outaouais-Flusses, der ganz eigentümlich vibriert, wenn man ihn überquert. Ich reite in die Stadt ein mit dem Gefühl, daß dies ein Randbezirk der Hauptstadt sein muß: überall Autos, Ampeln und Kreuzungen, Geschäfte, in denen es von Menschen wimmelt; und dann, sobald man die Eisenbahnlinie überquert hat, wird es nach und nach von neuem ländlich. Gatineau und Hull sind trotz der Nähe Ottawas auf der anderen Seite des Flusses sehr belebte Orte geblieben.

Ein Junge auf der Straße ist stehengeblieben und hat mich ganz aufgeregt gefragt, ob ich die Französin bin, die quer durch Kanada reitet. In dieser Gegend fällt man auf, wenn man mit einem Pferd durch ein Dorf kommt. Der Junge ist dick. Obwohl er noch sehr jung ist, ist er ganz außer Atem von der Anstrengung, aus dem Auto auszusteigen und der Karawane ein paar Schritte nachzulaufen.

»Haben Sie schon einen Platz für Ihre Pferde heute abend?«

Und ohne die Antwort abzuwarten, fügt er hinzu:

»Kommen Sie zu uns nach Hause. Meine Geschwister sind heute abend auch da und Mama hat sicher was Gutes zu essen gemacht. Sie sind herzlich willkommen.«

»Und habt ihr einen Platz für die Pferde? Wirklich?«

»Ja, ja, kein Problem. Sie können bei meinem bleiben. Ich habe ein Quarter Horse aus den Vereinigten Staaten«, verkündet er stolz. »Er ist ein ehemaliger Cutting-Champion. Ich habe ihn für fünftausend Dollar gekauft! Er ist zwar alt, aber immer noch gut.«

Noch einer, der sich hat zum Narren halten lassen, denke ich bei mir. Das ist bereits der dritte, den ich treffe, der sein Pferd in den USA gekauft hat und ganz begeistert darüber ist. Immerhin ein Hauch einer der größten Mächte in der Welt der Raumfahrt! Und dabei gibt es doch preisgekrönte Champions in Kanada, die seinen Wunsch nach einem schönen Pferd mit beeindruckenden Papieren bestimmt genauso gut erfüllt hätten.

Zwei Stunden später komme ich zu dem angegebenen Ort. Die Abenddämmerung ist schon ziemlich fortgeschritten und ich hoffe, daß mein Gesprächspartner von heute mittag sich nicht nur einen Spaß mit mir erlaubt hat. Aber er kam mir so herzlich vor und schien auch wirklich den Wunsch zu haben, mir einen Gefallen zu tun, so daß ich mir vielleicht zu

Unrecht Gedanken mache. Außerdem hat er ein Pferd und kennt doch immerhin die technischen Probleme, wenn man mit einem Gespann mitten in der Zivilisation nicht unterkommt ...

Savoyane und Chinook gehen zwar zügig voran, aber auch sie hoffen, an einem bequemen Ort Unterschlupf zu finden!

Da steht er, in der Tür eines großen, traditionellen Holzhauses. Eins dieser Relikte aus der Pionierzeit, die leider die Zeit nicht überdauern werden.

Oft denke ich über das Leben in diesem neuen Land nach, dessen kulturelle Wurzeln während der Fahrt über den Ozean bestimmt manches eingebüßt haben. Als ob der Mensch die physische Gegenwart eines Gebäudes brauchte, um sich seiner eigenen Geschichte zu erinnern. In diesem riesigen Land, das eigentlich erst seit zweihundert Jahren besiedelt ist, spürt man so etwas wie eine Sehnsucht nach Kultur, man fühlt die Schwierigkeit, die ursprüngliche Heimat in einer so verschiedenen, weil unendlich großen, wilden, noch unbewohnten Umgebung wieder aufzubauen, die vor allem die geschichtlichen Ereignisse des alten Europa nicht erlebt hat.

Viele Kanadier haben das Bedürfnis, das Land zu bereisen, weil ihre Vorfahren hier geboren sind. Mich zieht es dagegen hierher, weil es keine Erinnerungen gibt.

»Ich bringe dich zu den Pferden.«

Sein Tier steht da, ein herrlicher Brauner. Er wendet uns den intelligenten Kopf zu und wittert unseren Geruch mit hochgereckter Nase und aufgestellten Ohren.

»Er ist noch ganz mager, er hat gerade eine Krankheit hinter sich.«

Unter dem glänzenden Fell zeichnet sich eine schöne Muskulatur ab. Er bewegt sich ein wenig, als wir näherkommen.

Jean-Pierre faßt ihn am Halfter und bindet ihn mit einer langen Leine an einen Baum in der Koppel.

»Du läßt ihm eine so lange Leine?«

»Oh! Er ist daran gewöhnt. Er war immer so festgemacht. Das kommt noch von seiner Rennzeit her, wo er zwischen den Rennen immer lange Zeit mit der Longe an seinem Transporter angebunden war.«

»Gut ... Kann ich mir Bäume aussuchen?«

»Ja. Bind sie an, wo du willst.«

Ich tränke sie und teile ihnen dann ihre Ration zu, die Chinook in seinem Packsack getragen hat. Dann gehen wir ins Haus.

Charlotte, seine Mutter, heißt mich willkommen. Sie ist rundlich und geschäftig und kümmert sich um die einzelnen Gänge für das heutige Festessen. Jean-Pierres Schwester Patricia ist auch da; sie ist fein herausgeputzt und duftet nach Parfum. Heute abend geht sie mit ihrem Verlobten aus. Und es dauert nicht lange, da flüstert sie mir bereits wie einer Komplizin ins Ohr:

»Er ist Dressman und kommt nicht oft her.«

Dann, als ich sie frage, ob sie eine Pinzette zum Haareauszupfen hat, zieht sie mich in ihr Zimmer. Buschige Augenbrauen mag ich nämlich nicht, auch wenn ich ein Leben in der Wildnis führen möchte.

Patricia stößt die Tür auf und vor mir erscheint, fast in Lebensgröße, ein herrliches Exemplar der Gattung Mann.

»Ach ja? Und wo wohnt dein Freund?«

Sie kichert vergnügt:

»In Ottawa.«

Oh, natürlich, in der Hauptstadt . . .

»Und du willst heiraten und Kinder haben?«

»Ja. Wir heiraten bald und gründen eine Familie.«

Auch das ist mir bereits aufgefallen: Mädchen von etwa zwanzig sind bereit, einen eigenen Haushalt zu gründen, sich um die Hausarbeit zu kümmern und von jungen Jahren an ihr Leben den Kindern zu widmen.

Die jungen Kanadier scheinen früher reif zu sein als die jungen Leute bei uns, auf alle Fälle haben sie eine andere Lebensauffassung.

Sie finden meinen Akzent und meine Art, zu sprechen, bemerkenswert. Ich sehe an ihrer Lebensart vieles, was wir, auf der anderen Seite des Atlantik, von ihnen lernen könnten.

In Patricias Zimmer steht ein Wasserbett und das beherrschende Möbelstück des Raumes ist der Frisiertisch mit allen Schönheitsutensilien, die man sich nur vorstellen kann.

Ich bedauere, daß ich nicht ein paar Tage hierbleiben kann. Mich wieder einmal zu schminken, saubere Jeans und Hemden zu tragen, würde mir ein gewisses Vergnügen bereiten.

Am nächsten Tag treffe ich mich mit Loïc, einem gebürtigen Bretonen, der jetzt als Koch in einem großen Restaurant arbeitet. Er kann seine Herkunft wirklich nicht leugnen! Und Sylvie, seine Frau, ist eine waschechte Arcadierin, d.h. sie stammt von den ersten Siedlern ab! Sie erklären mir, wie sie sich kennengelernt haben: Sie waren Flurnachbarn in Québec, und das war in ihren Augen ein erstes Zeichen des Schicksals, daß sie noch länger unter einem Dach wohnen sollten, allerdings innerhalb derselben vier Wände.

Und dann natürlich, die Hauptsache, die Liebe! Sylvie sagt schlicht und mit derselben inneren Rührung, wie wenn sie zum erstenmal davon sprechen würde, wie sehr das Leben mit Loïc ihr eigenes bereichert hat und wie zufrieden und überglücklich sie sich fühlt als Mutter, Ehefrau, Frau und Mensch! Auch Loïc wirkt so gelöst. Er hat sich ein paar Ausdrücke in Québecois angewöhnt ohne jedoch seinen Akzent als Franzose zu verlieren und seine Frau spricht im echten, unverwechselbaren Tonfall der Provinz.

Wir essen in ihrer großen, halbfertigen Wohnküche zu Abend. Und es ist urgemütlich. Ihr Glück und ihre Gelassenheit sind ansteckend. Loïc hat die kleinen Teller auf die großen gestellt, so wie er es gewohnt ist. Sylvie spricht von ihrer Arbeit, einer ganz neuen Branche unter den einträglichen Geschäften unserer heutigen Gesellschaft mit äußerst vielversprechender Zukunft, die dem Verbraucher ebensoviel Nutzen wie dem Direktionsbüro Geld bringt und die den Menschen bei all seinen Tätigkeiten beeinflußt: Sie unterrichtet Sex oder ist »instructor« in der Sprache Shakespeares. Ganz wie man will.

Die Initiative stammt von einem privaten Unternehmen, das ist schon einige Jahre her. Aber auch wenn die Idee hervorragend war, wie sollte man die »Produkte von gutem Geschmack« einem potentiellen, aber leicht zu verschreckenden Publikum nahebringen?

So liegt alles in den Händen von Botschafterinnen wie Sylvie. Mit Elan und Enthusiasmus schalten sie systematisch alle Mißverständnisse und sie präsentieren offen und ehrlich jene Produkte des »guten Geschmacks«, die auch »gut schmecken«.

Sylvie preist uns ihre Ware an, indem sie uns die ganze Bandbreite ihrer Produkte vorführt. Und wir müssen anerkennen, daß ihre Muster sowohl lustig als auch vielseitig sind und den unterschiedlichsten Bedürfnissen gerecht werden. »Man kann sie essen, man kann sie äußerlich anwenden; sie sind für jede gewünschte Verwendung geeignet und bestehen aus erstklassigen Zutaten.« Ich wette, daß dieses Geschäft mit der Zeit florieren wird.

Serge Laplanche ist auch bei uns; ich habe ihn zufällig zwei Tage vorher unterwegs getroffen. Auch dieser Franzose »aus Frankreich« macht eine ungewöhnliche Reise mit seinem Scooter, der direkt aus Chateauroux kommt und rundherum mit vielen Schildchen beklebt ist, die die Namen seiner Sponsoren durch ganz Kanada, die Vereinigten Staaten und Lateinamerika tragen werden.

Die Trennung fällt uns allen schwer. Wenn sich die Routen von zwei Reisenden kreuzen, tauscht man die Adressen aus und danach macht sich jeder wieder auf seinen Weg. Ich lasse alle wissen, daß meine eigene Adresse in Frankreich wahrscheinlich für längere Zeit nicht antworten wird.

Ottawa – Ontario

Ontario, die Provinz aus Holz und Wasser

Ich bin jetzt in Ontario, auf der Straße der Pioniere, die dann im Lauf der Zeit zum Trans-Canada Highway geworden ist, einer 7769 km langen Asphaltzunge, die sich quer durch das ganze Land erstreckt. Es gibt keine andere Möglichkeit, diese Provinz zu durchqueren, und ich schimpfe vor mich hin. Die einzigen Wege, die es hier sonst noch gibt, sind die Straßen, die für die Holzfäller durch den dichten Wald geschlagen wurden. Nach zwanzig oder dreißig Meilen, d.h., mehr als einer Tagesreise zu Pferd, hören sie auf. Einen ganzen Tag lang denselben Weg wieder zurückzugehen ist wirklich nicht sehr befriedigend. Mit Pferden auf einer Straße zu gehen, vor allem, wenn es sich um eine Hauptverkehrsader handelt, ist, trotz der angeborenen Rücksichtnahme angelsächsischer Autofahrer auf Reiter, ziemlich unerträglich.

Ich setze mühsam einen Fuß vor den anderen, geschoben oder gezogen von meiner Stute, die auch manchmal neben mir herläuft und das alles viel leichter zu nehmen scheint. Ihr regelmäßiger Schritt, ihr gleichmäßiger Gang, ihr energisches Ausschreiten sind mir eine große Hilfe, daß sie die Laune nicht verliert, reißt mich mit. Ich fühle ihre Gegenwart, wenn ich neben hergehe. Ich spreche regelmäßig zu ihr. Sie stimmt mir zu im Rhythmus ihres Schritts auf der Asphaltstraße. Tack, tack und tack. Oder plick, plock und plock. Je nachdem, welches Wetter wir haben. Denn jetzt hat es auch noch angefangen, öfter mal zu regnen, gerade als ob der Regen nur darauf gewartet hätte, bis ich wieder mit der rücksichtslosen Welt der Autos Kontakt aufnehme, um mir diesen scheußlichen Staub überall am Leib festzukleben.

Ich habe keine andere Möglichkeit, meiner schlechten Laune Luft zu machen, als durch regelmäßiges, sich ständig wiederholendes, stumpfes Vorwärtsgehen. Immer nur weitergehen, weil ich nun einmal durch diesen schrecklichen Wald hindurch muß; durch diese Welt, die für den einstigen Siedler genauso unwirtlich war, wie für den heutigen Reiter, dem sein Fortbewegungsmittel auf dieser Straße, wo für das Pferd kein Platz mehr ist, ausgesprochen deplaziert vorkommt.

Unendliche Weite, jenseits aller menschlichen Kommensurabilität. Undurchdringliche Natur, die sich hinter einem dichten, grünen Vorhang verbirgt. Ich bin gezwungen, diesem Weg zu folgen, der für meine Karawane der einzig mögliche ist. Er zieht sich durch die lichtundurchlässige Masse der Bäume und gibt einem wenigstens ein kleines bißchen das Gefühl der Sicherheit, obwohl die Allgegenwart des Waldes ihn unbedeutend und klein erscheinen läßt. Zum Teufel! Ich fluche, festgekeilt zwischen meine Pferde und die Erdanziehung, die mich an diese öde Asphaltstraße, an die fadenförmige Schnittwunde, die man diesem natürlichen Element beigebracht hat, in dem ich auf keinen Fall überleben könnte, bindet.

Savoyane ist all das egal, nur Chinook geht ihr auf die Nerven, vor allem, wenn er, sobald es Zeit für ihre Ration ist, so tut, als ob er nach ihr ausschlagen wolle, und dabei noch nicht einmal das Bein hebt. Es genügt schon, daß er die Bewegung nur andeutet. Und Savy Baby dreht sofort durch. Sie weiß nicht mehr, was sie tut und schleudert ihre Hinterhand so hoch, daß ihr sogar die Vögel ausweichen.

Eines Tages stehe ich dummerweise genau in der Schußlinie und kriege ihr Hufeisen mitten auf den Schenkel. Und so bin ich mit dem Zeichen eines der berüchtigten Wutanfälle meines Tieres gebrandmarkt. Nun ja, wenn überhaupt jemand dieses Zeichen tragen sollte, dann hatte ich wohl am ehesten das Recht dazu.

Unterwegs, tagaus, tagein, träume ich vor mich hin, um bloß nicht mehr an den Asphalt zu denken. Von oben beobachten wir jede Einzelheit im unantastbaren Reich des Waldes: die Elche, die scheinbar so gutmütig herumtapsenden Braunbärenmütter und ihre Jungen, die um sie herum spielen, die Füchse und die scheuen Waldwölfe, einen Vielfraß, der sich damit beschäftigt, eine unbewohnte Jagdhütte zu zerstören, einen Luchs, der uns mit seinen scharfen Augen weit oberhalb der Baumwipfel vorüberziehen sieht und der sich sagen muß, daß wir ebensogut den unbenutzten Holzfällerweg hätten einschlagen können, dort, in Reichweite seiner Krallen und seines gewaltigen Sprunges.

Mit Ontario habe ich ein anglophones Land betreten und ich verliere den Kontakt zu meiner Muttersprache. Ich denke über eine der Folgen nach, die die Vermischung von zwei Völkern mit einer und derselben Wurzel im Laufe ihrer gemeinsamen Geschichte nach sich zieht. Natürliches Miteinanderleben, das durch die physische und unantastbare Gegenwart die Erinnerung an die Zeit der Auseinandersetzungen zwischen England und Frankreich wachruft.

Auf der anderen Straßenseite hält ein Truck.

»Was machen Sie denn hier mit Ihren Pferden? Die Straße ist für Sie und Ihre Tiere sicher nicht angenehm.«

Er ist stehengeblieben, überrascht, an einem Ort, der dem Auto vorbehalten ist, eine Reitergruppe zu sehen.

»Ich war gerade bei Freunden in Deep River; sie würden sich bestimmt freuen, Sie kennenzulernen und Sie bei sich aufzunehmen. Wir kommen gerade von einem Reitturnier zurück. Ich fahre gleich nach Hause und ruf sie an. Bis heute abend sind Sie dort.«

Solche Begegnungen gibt es immer wieder. Und abends finde ich dann einen Stall vor, in dem es einen Platz für meine Gefährten gibt, ohne daß ich überhaupt die Besitzer kenne.

Nachmittags kommt mir Lucille auf der Straße entgegen. Und als ich sie auf derselben Straßenseite aus ihrem Lieferwagen aussteigen sehe, bin ich sicher, daß sie die Frau besagten Freundes ist. Der Bote kam ja aus Westen . . .

Ich ruf ihr ganz locker zu:

»Guten Tag!«

Leises, verständnisinniges Lächeln.

»Ja, ich bin Richards Frau. Tun den Pferden bei dem harten Boden nicht die Füße und die Beine weh?« fragt sie und sieht sich die Beine der Tiere an. »Ich werd euch den Anhänger schicken . . .«

Dann besinnt sie sich anders.

»Nein? . . . Gut, OK! Also dann bis gleich.«

Die Sonne steht hoch und brennt heiß vom Himmel. Sie sticht geradezu . . . Ich gehe weiter mit der Entschlossenheit der prähistorischen Frau. Jener Frau, die in ihrer feuchten Höhle vor Kälte schlottert und trotz ihres Zitterns gierig in den letzten Apfel beißt, der noch zu finden ist. Sie hat all ihre Energie zusammengenommen, ihre ganze Kraft auf ihre

Hände konzentriert, die voller Verzweiflung die Frucht umklammern, die viel zu klein ist, um ihren Hunger zu stillen. Und ich bewundere die Kraft dieser Ahnin, das Leben festzuhalten, so lange es noch einen Schimmer von Hoffnung bietet. Die Hoffnung liegt für mich am Ende dieser Straße, trotz der erstickenden Hitze und meines körperlichen Unbehagens.

Ich möchte jenes ursprüngliche Gefühl wiederfinden, in einer unbekannten Umgebung zu überleben, in der es keine echte Zuflucht gibt. Und diese unbezwingbare Kraft spüren, die einem ein solcher Sieg verleiht, sofern es einen Sieg gibt. Ich weiß nicht, wie es mit mir weitergeht. Ich weiß noch nicht einmal, wie mein Weg aussieht, dort hinten, nach der Kurve.

Wir reiten über eine Brücke. Eine Brücke: ein Fluß! Ich kehre um und binde die Pferde im Schatten an. Ich löse die Sattelgurte, lade rasch das Gepäck ab und kann mich gar nicht schnell genug ausziehen, bis ich das herrlich kühle Naß überall an meinem Körper spüre. Das Wasser fließt schnell dahin und die Strömung rollt mich über die runden Steine des Flußbetts. Die Straße ist ziemlich weit weg, so daß ich kaum öffentlich Anstoß erregen werde. Ich lasse mich hin- und herrollen, und zwischendurch setze ich mich auf, um den Druck des Wassers auf Rücken und Nacken zu spüren.

Am Abend sehe ich in der Ferne am Straßenrand eine vertraute Silhouette. Dort scheint ein Mann zu Pferd auf etwas zu warten. Als er meine Karawane bemerkt, blickt er uns entgegen. Die Silhouette ist mir vertraut, weil sie die eines Reiters ist. Ich bin nicht überrascht, als er mir mitteilt, er sei Lucilles Mann.

»Du bist schon fast da«, verkündet er mit einem Akzent, der mit dem des Québec nicht mehr viel gemeinsam hat. Eher ist er dem unseren, aus Frankreich, verwandt ... »Wir reiten ein kleines Stück durch den Wald«, fährt er fort, »das ist zwar etwas weiter, als auf der Straße, aber es ist angenehmer für euch.«

Nach einigen Metern dringen wir in den Wald ein und folgen einem Pfad, der gerade breit genug ist, um ein Pferd hindurchzulassen. Trotzdem drängt sich Chinook, der es eilig zu haben scheint, an uns vorbei und läuft hinter Richards Pferd her. An Stellen, wo es keinen Verkehr gibt, so wie hier, lasse ich ihn gern machen, was er will. Auf alle Fälle wird er bei uns bleiben, weil er viel zu sehr an uns hängt und weil er ganz allein verloren wäre, so daß ich keine Ausreißversuche wie die von Rolls befürchten muß. Es gefällt mir, wie er den Bäumen rechts und links des Pfades mit seinen beiden Packsäcken ausweicht. Und einige sind wirklich heimtückisch! Trotzdem kommt er daran vorbei, ohne sie zu streifen. Er ist sich seiner zusätzlichen Breite schon bewußt ... Und das macht ihn natürlich umso wertvoller.

Die drückende Sonnenhitze trifft uns jetzt nicht mehr direkt, weil der Wald uns davor schützt. Das grüne Dach, unter dem wir reiten, streut helle Lichtflecke auf den Weg.

Die Luft ist schwül und die warme Erde verschluckt jedes Geräusch. Nur der fröhliche, lebendige Rhythmus des Hufgetrappels ist zu hören.

»Sie riechen wahrscheinlich den Stall.«

Richard wendet sich um und lächelt, als er sieht, wie ihm der dicke Chinook auf den Fersen folgt, und er nickt bestätigend: »Gleich sind wir da.«

Vor uns taucht ein rotes Dach auf, der Wald wird auf der rechten Seite lichter und erweitert sich zu einem PADDOCK, einer Koppel; als die Pferde auf der Koppel unsere sehen, kommen sie alle zum Zaun gelaufen und wiehern aufgeregt.

»Schau, du kannst sie zum Absatteln dort an den Bäumen festmachen.«

Wir befinden uns zwischen einer Koppel, dem Stall und dem Haus, aus dem in diesem Moment Lucille kommt.

»Laß dir Zeit. Wir bringen unsere Pferde rein zum Füttern, und du kannst deine dann in den Paddock führen. Bist du nicht zu müde?«

»Jetzt gehts mir besser als vorhin auf der Straße; die Pferde wurden auch schon langsamer. Der kleine Umweg durch den Wald hat uns gutgetan.«

Kaum sind meine Pferde von ihrer Last befreit, fangen sie an, sich zu schütteln. Savoyane wartet nicht einmal ab, bis ich sie losgemacht habe, und wälzt sich am Ende ihrer Longe. Ich zieh rasch den Sicherheitsknoten auf und die Leine löst sich sofort. Ich ergreife das andere Ende und sehe ihr zu. Mein süßer, kleiner Fratz! Sie wälzt sich voll Vergnügen, reibt ihre Flanken mal auf dieser mal auf jener Seite, den Hals, den Rücken und die Mähne, und alle vier Hufe strampeln in der Luft.

Es ist noch nicht lange her, daß sie sich so nah bei einem Menschen hinlegt und sich ihm damit völlig ausliefert. Aber das bedeutet, daß ihr Vertrauen wächst und sich festigt! Und das ist großartig! Sie ist ganz staubig an den schweißnassen Stellen ihres Körpers; da schüttelt sie sich noch einmal und hüllt uns für ein paar Sekunden in eine undurchsichtige Wolke. Chinook dagegen, mein Dickerchen, döst vor sich hin, mit herabhängender Unterlippe, den Kopf leicht seitlich auf seine Longe gelegt, steht er da, auf drei Beinen ... das vierte hält er in Ruhestellung hoch.

Richard und Lucille haben mit Hilfe ihrer Töchter bereits alle Pferde in den Stall gebracht. Sie rufen mich:

»He, du kannst deine jetzt losmachen!«

Ich binde also meine zwei Räuber von ihrem Baum los, führe sie, jeden an einer Hand, in die Koppel und mache die Longen von den Halftern los. Die andern im Stall sind unruhig wegen der Nähe dieser fremden Artgenossen. Diese sind es schon gewöhnt, daß sie ihre Kollegen immer in Aufregung versetzen, und kümmern sich normalerweise nicht weiter darum. Bis auf gestern abend, da weckte der eingesperrte Hengst meiner Gastgeber Savoyanes besonderes Interesse, und das hat sie dann auf äußerst elegante Weise demonstriert.

Hier gibt es offensichtlich keinerlei Grund, sich übermäßig aufzuregen, und meine beiden Trabanten, zwischen denen die Dinge manchmal gar nicht so einfach sind, beschäftigen sich, jeder auf seiner Seite, damit, den anderen vom jeweils eigenen Heuhaufen zu vertreiben.

Savoyane geht es darum, mit angelegten Ohren, entschlossener Miene und bösem Blick auf Chinook loszugehen, bis dieser nachgibt und weiter weggeht, um seinen Heuhaufen der verflixten Stute zu überlassen.

Jetzt ist er dran, sich zu behaupten; er scheint ganz harmlos vor sich hin zu pfeifen, so als ob nichts gewesen wäre, um sein völliges Desintersse zu unterstreichen. Sie hat wohl inzwischen das Summen einer Mücke im Ohr von dem Heuhaufen abgelenkt und sie daran erinnert, daß auch die anderen ganz verlockend sind. Einer plötzlichen Eingebung folgend, geht sie weg.

Auf alle Fälle paßt das Chinook sehr in den Kram, und es ist ja schließlich auch die Hauptsache. Sich mit Savy Baby zu prügeln, ist nie besonders lustig; trotzdem bleckt er die Zähne gegen sie, die Beleidigung von vorhin, als sie ihn gewissermaßen enteignet hat, hat er doch noch nicht verdaut!

»Bist du fertig?« ruft mir Lucille von der Tür aus zu. »Komm, trink mit uns ein Bier vor dem Abendessen!«

Ein Bier! Das ist genau das Richtige, um den Staub des Tages, der mir immer noch in der Kehle sitzt, hinunterzuspülen.

Abends sehe ich immer gern meinen Pferden zu. Erstens ist es interessant, wie sie miteinander umgehen, und jeden Tag gibt es da eine Fortsetzung. Außerdem möchte ich gerne wissen, ob sie sich entspannen oder ob sie irgendetwas stört, bevor ich mich selbst für die Nacht zurückziehe. Und gerade heute abend kommt es mir irgendwie vor, als ob sie den Tag noch nicht beendet haben, trotz der 45 Kilometer Asphaltstraße, der erstickenden Hitze, dem dauernden Geräusch der in beiden Richtungen vorbeifahrenden Autos ... In gewisser Weise beweist mir das, daß ich doch nicht zuviel von ihnen verlange.

Als ich die Tür aufstoße, umfängt mich eine völlig andere Atmosphäre. Im Vorraum ziehe ich meine Reitstiefel aus, und einen Augenblick lang bin ich noch mit mir allein, als ich mehrere Stimmen sich angeregt unterhalten höre, so, als ob sie zu einer Szene gehörten, die sich außerhalb von meinem Leben, von der Reise die ich mache, abspielte.

Dieses Gefühl, in das Leben der Leute einzudringen, ist meistens ein bißchen frustrierend. Aber es gehört eben zum Reiseleben. Dafür sind diese kurzen Augenblicke auch sehr beglückend. Und als ich dann inmitten von Lucilles und Richards Familie stehe, bin ich automatisch mit einbezogen in die Unterhaltung und die Stimmung in diesem Raum. Richard zieht einen Stuhl neben sich und lädt mich ein, mich hinzusetzen, während er weiter mit Maggie über das morgige Programm diskutiert, in einem Gemisch aus Englisch und Französisch.

»Nancy kümmert sich um die Pferde; du kannst dich um deinen Bruder kümmern.«

Ich werde vorgestellt:

»Mädels, das ist Dominique.«

»Guten Tag«, sage ich in die Runde.

Das ergibt schon eine ganz schön große Familie, drei Töchter und ein Baby!

»Das ist Jessie James«, sagt Lucille zu mir und lächelt ihrem Sohn zu. »Es hat reichlich lang gedauert, bis wir ihn bekamen, aber ich hätte nicht eher aufgehört, bis ich nicht einen kleinen Jungen gehabt hätte!« fügt sie hinzu.

Nancy rührt etwas herrlich Duftendes in einem großen Kochtopf, der auf dem Gasherd steht. Maggie sitzt am andern Tischende mit Jessie James, vor den man soeben einen Kinderteller hingestellt hat. Sie nimmt ihn auf ihren Schoß.

Nathalie reicht mir ein Bier, das ich auf die Gesundheit aller Anwesenden erhebe, bevor ich den ersten kühlen, herrlich erfrischenden Schluck nehme. An den Wänden hängen Fotos von Pferden in Westernaufmachung. Das Radio spielt eine Banjomelodie.

Die Hitze ist draußen geblieben, jenseits der Türen und Fenster. Es ist gemütlich, in dem Raum riecht es gut, ich fühle mich wohl . . .

Richard bemerkt, daß mein Blick an der Abbildung eines schönen, kleinen, mit Preisen überhäuften Pferdes hängengeblieben ist. Das Bild scheint zu einer längst vergangenen Zeit zu gehören, obwohl die Szene fotographiert ist und die Leute darauf durchaus nicht altmodisch angezogen sind. Es ist Sun Halo, ein Quarter Horse. Sein Eigentümer, der nichts besaß außer einer gewissen Liebe zum Risiko, schrieb eines Tages sein Pferd bei einem der Jahrhundertrennen ein, die die größten Cracks aus der Welt der Rennpferde zusammenbringen: dem Jahrhundertderby.

Die anderen Pferde, alles Vollblüter, blicken ein wenig auf das Tier herab, das einige Zentimeter weniger an Widerristhöhe aufzuweisen hat als sie!

Sein Besitzer, der fühlt, das dies der Tag seines Lebens ist, setzt die riesige Summe, die zusammenkommt, wenn nur einer auf ein Pferd setzt, indem er sich hier und da etwas zusammenleiht. Und dann passiert das, was immer nur den anderen passiert, oder zumindest nur denen, die das Leben im richtigen Moment nehmen wie ein Pokerspiel: Sun Halo gewinnt das Derby und überschüttet seinen waghalsigen Besitzer mit Tausenden von Dollars. Alles auf eine Karte zu setzen, diese Kühnheit zu besitzen, die manchmal sogar das Glück überrumpelt, auch das ist einer der sympathischen Züge des nordamerikanischen Temperaments.

Wir sprechen natürlich über Pferde. Die von Richard und Lucille sind auch Quarter Horses; ohne das ruhmreiche Geschick ihres Vorfahren zu kennen, hat Richard sie ausgewählt, weil sie gut zu dressieren sind, und wegen ihres Körperbaus, der für seinen Lieblingssport, das amerikanische Reiterspiel GAME, gut geeignet ist.

»Das Pferd muß das, was es tut, gern tun; meine GAMERS mögen alles, was wir zusammen machen. Das fühlt man. Die Ohren können nach hinten angelegt sein aus Aufmerksamkeit, aus Eifer, und sie können angelegt sein aus Unzufriedenheit.

Als ich mein Pferd Jet noch ganz neu hatte, sahen seine Ohren gar nicht gut aus, wenn ich in seine Koppel kam, das kannst du mir glauben! Ich hatte ihn übrigens so billig bekommen, weil kein Mensch mit diesem widerborstigen Vieh zurechtkam und man glaubte, mit ihm sei nichts mehr anzufangen! Mit einem Tier mit solchen Qualitäten, dem die Menschen beigebracht hatten, daß es ihnen Angst machen konnte und es damit fast verdorben hatten! Weißt du, das Tier hatte das begriffen.

Er hätte getötet. Als ich ihn bekam, war er wirklich gefährlich. Ein paarmal hat er sich auf mich gestürzt, daß ich geglaubt habe, jetzt ist's aus. Er griff einen an und dann stieg er auf die Hinterbeine und schlug mit den Vorderbeinen aus, mit der festen Absicht, einen zu treffen. Ich hatte die Peitsche und gab's ihm damit.

Immer wieder haben wir miteinander gekämpft, aber als ich dann schließlich gesiegt hatte, wußte ich, daß ich jetzt ein für allemal der Sieger war, daß er mich jetzt als seinen Besieger, als seinen Herrn anerkannte. Und weißt du, was ich gemacht habe, um sicher zu sein, daß ich gewonnen hatte? Ich habe ihn hingelegt und habe mich auf ihn draufgesetzt. Er hat nie wieder versucht, mich anzugreifen. Er ist ein Goldstück: grundehrlich und sehr treu. Sogar Lucille kann ihn jetzt reiten, obwohl sie erst mit dem Reiten angefangen hat. Ob du's glaubst oder nicht, ich spüre, daß er, wenn sie auf seinem Rücken sitzt, besonders vorsichtig ist, er nimmt die Kurven ganz sanft, während er bei mir ganz aus sich herausgeht. Er weiß, daß ich mich oben halten kann.

Jet ist auch ein hervorragendes Reitpferd für die Mädchen. Nathalie hat ihn schon mehrmals bei kleineren Spielen geritten. Sie ist aber auch eine gute Reiterin; wenn er die Spieltonnen und das Publikum an den Barrikaden sieht, geht er sofort ab. Wenn du morgen noch bleiben willst, kannst du ihn mal ausprobieren. Du wirst sehen, er ist ganz ruhig.«

Seit ich bei Lucille und Richard bin, habe ich wirklich den Eindruck, schon im Westen zu sein.

»Die Leute kommen immer zu Richard, wenn sie Probleme mit ihren Pferden haben.«

»Ja, ich weiß nicht, wie ich zu diesem Ruf gekommen bin; oft holt man mich, wenn ein Pferd Schwierigkeiten macht. Oder um ein Pferd zu BREAKEN«.[1]

Richard hat ein Diplom als Trainer der Bearry School, einer Pferdedressurschule in Ohio in den Vereinigten Staaten. Das Dreijahresprogramm beinhaltet, daß man das Pferd kennenlernt, Kurse in Hippologie macht und ein Pferd veterinär versorgen kann. Wer diese Schule erfolgreich absolviert hat, darf sich Berufsdresseur nennen. In Kanada gibt es dazu noch kein Äquivalent.

Heftiger Lärm draußen unterbricht die Konversation. Wir springen auf. Bis wir zur Tür gekommen sind, ist alles wieder ruhig. Chinook und Savoyane stehen einige Meter voneinander entfernt in der Koppel und scheinen ganz außer Atem. Ich nähere mich ihnen. Sie müssen schon wieder miteinander gekämpft haben, diese verrückten Biester, sie sind ganz in Schweiß gebadet. Savoyane hat sogar einen tiefen Riß in der linken Schulter. Wahrscheinlich ein Hufschlag vom Dicken. Er hat sie voll erwischt. Ich glaube, daß der Riß sogar ein bißchen genäht werden müßte. Die nächsten Tage stelle ich fest, daß die Wunde, die die Form eines umgekehrten V hat, besser nur oben ein bißchen genäht worden wäre, damit das Fleisch während des Marsches nicht herunterhängt. Die Nahtstellen, die die Seiten der Wunde verschließen, werden den Eiter, die natürliche Abwehr des Körpers, beim Abfließen hindern und die Wunde wird dreimal so lange brauchen, bis sie verheilt ist.

Auf alle Fälle hat sich Chinook jetzt gerächt. Hoffentlich bleiben sie jetzt ruhig!

Der nächste Morgen kündigt einen heißen Tag an. Die Morgenluft ist belebend, als ich mich daranmache, von Savoyanes Vorderhufen die Eisen abzunehmen. Sie nutzt vor allem den vorderen Teil der Hufeisen ab, und die kleinen Kegel aus Wolframstahl sind kaputt. Ich klemme ihr linkes Vorderbein zwischen meine Knie und löse die Nägel durch kräftige Schläge mit dem Hufschmiedmesser und dem Hammer aus dem Huf. Die kleine Göre zieht mir hin und wieder den Fuß weg. Ich atme tief durch und nehme ihn, ohne ein Wort zu sagen, wieder vom Boden auf. Sie tut es wieder und wieder und ich ebenso. Besser, nicht zu laut mit ihr zu

1 to break a horse: wörtlich, ein Pferd »brechen«, menschlicher gesagt, es zureiten.

sprechen. Sie ist nicht der Typ, der Rügen oder Befehle ohne weiteres akzeptiert. Sie gibt eben nur dann, wenn sie will, das ist alles. So bleibt mir also nichts übrig, als mit den Nägeln vorsichtig zu sein, und außerdem lerne ich dadurch, so schnell wie möglich zu arbeiten.

Richard hat Jet bereits gesattelt und ihn an ein paar Tonnen warmgeritten. Das Tier steht mit schleifendem Zügel wartend mitten auf der Bahn und rührt sich keinen Zentimeter vom Fleck.

»Dominique! Willst du ihn mal ausprobieren?«

Auwei . . . So viel Lust ich auch habe, mich auf dieses Tier zu schwingen, so wenig fühle ich mich fähig, ihn in der Gewalt zu haben, falls irgendetwas schiefgehen sollte. Denn ich spüre, daß er einen starken Willen hat, für den meine amerikanischen Reitkünste bei weitem nicht ausreichen. Er paßt höllisch auf, der Bursche, als ich den Fuß in den Steigbügel setze. Und sobald ich auf seinem Rücken sitze, fühle ich, wie er mich »beobachtet« und auf ein winziges Zeichen von mir wartet, um sich sofort umzuwenden und, alle Kraft voraus, loszupreschen. Sein Hals ist locker und entspannt, die Zügel hängen lose; ich traue mich nicht, den Oberkörper, die Beine oder die Hände auch nur um einen Millimeter zu verschieben.

»Gut; du hast nichts zu befürchten, er wird schon auf dich achtgeben. Wenn du ihm das Bein in die Flanke drückst, wird er sofort in die Kurve gehen. Mach nichts mit seinem Maul; es genügt, wenn du mit den Beinen arbeitest, du wirst sehen.«

Ich drücke. Und wie durch ein Wunder dreht er sich unglaublich schnell, aber auch ganz weich um . . . Und los geht's, in kurzem Galopp auf die Tonne zu, die am Ende der Bahn steht, ich befehle ihm schon zehn Meter vorher, daß er sie von links angehen soll, er führt den Befehl aus, ruhig und weich: wieder auf der Bahn reiten wir um die Tonne herum und bewegen uns auf eine andere am anderen Ende des Vierecks zu. Wir gehen sie von rechts an, es läuft alles wieder genauso, geschmeidig, ich sitze gut im Sattel, bin glücklich, alles funktioniert bestens, ohne die geringste Schwierigkeit. Ich drück meine Knie zusammen, presse die Schenkel gegen seinen Körper und setze mich aufrecht in den Sattel: er bleibt sofort stehen, die Hinterbeine unter der Körpermitte. Sein Hals entspannt sich wieder. Er wartet darauf, daß ich etwas anderes von ihm verlange. Ich hätte Lust, vor Freude zu schreien!!

»Willst du, daß er steigt?«

Richard kommt zu uns her und spricht zu Jet:

»Jet! Hopp ...«

Und das Tier richtet sich auf den Hinterbeinen auf, ruhig, stolz, bewegt leicht die Vorderbeine, um das Gleichgewicht zu halten, dann läßt er sich wieder sanft zur Erde nieder.

Ich komme in ein kleines »Dorf«, das aus vier Häusern nebeneinander besteht, und stelle mein Zelt am Straßenrand neben der Tankstelle gegenüber dem geschlossenen Café auf.

Das Futter wird von der Greyhound-Busgesellschaft, die quer durch Kanada fährt, transportiert. Die Omnibusse werden von den Einheimischen benutzt. Und von einer Haltestelle zur nächsten wissen die Leute Bescheid über unsere kleine Karawane. Der Futtersack ist in einer Garagenecke abgestellt. Ich danke den Besitzern, bitte um einen Eimer Wasser und trage die fünfundzwanzig Kilo auf ausgestreckten Armen zum Lager. Savoyane und Chinook kennen das Paket bereits und stoßen bei seinem Anblick ein erfreutes Wiehern aus.

Ich hänge ihnen die vollen Futtersäcke um und setze mich mit dem Sattelbogen des Packsattels hin. Ich muß den Gurt nähen, da, wo ein Riemen die Seile zwischen den beiden Vorderbeinen hält. Entweder verändert sich Chinook, oder irgendetwas stimmt nicht mit seinem Geschirr; zweimal schon ist die Naht an dieser Stelle gerissen. Der Packsattel scheint während des Marsches zu verrutschen. Und doch, jedesmal, wenn ich den Gurt überprüfe, kann ich nicht einmal einen Finger zwischen Gurt und Pferdekörper schieben. Der gerissene Bursche muß sich aufblähen, wenn ich ihm den Gurt festzurren will ... Die Kinder aus der Garage kommen her, um ein Schwätzchen zu halten:

»Das sind Appaloosas!«

»Ja. Kennst du die Rasse?«

»Weißt du, wie Appaloosas gemacht werden?« fragt er.

Er geht zu einem Baum und tut so, als ob er ihn schüttelt:

»... Shake the trees!«[2]

»Das ist wahr, das erklärt, warum sie so ein geflecktes Fell haben«, muß ich wohl oder übel zugeben.

2 »Schüttel die Bäume!«

Das Appaloosa-Gestüt der Wyatts liegt an den ersten Ausläufern der Rocky Mountains, den »foothills«.

Im Nationalpark Riding Mountain sieht ein Bison, eine vom Aussterben bedrohte Tierart, gleichgültig die Touristen vorüberziehen.

oben: *Syd hat mir zu Chicks und Boots geraten. Ich werde sie an alle möglichen Situationen gewöhnen müssen, der Rest der Dressur wird sich unterwegs vollziehen.*

unten: *Überquerung eines tiefen und reißenden Bergbachs. Auf diese Weise zähmten die Nez-Percés ihre Appaloosas. Das Wasser ermüdete die aufsässigen Tiere schnell.*

oben: *Die »foothills« sind ein ideales Gelände, um meine beiden Reisegefährten zu trainieren. Tweed (die Afghanenhündin aus Frankreich) lernt auf diese Weise die Sicherheitsregeln für das Grizzly-Gebiet: Sie muß in den Spuren der Pferde laufen.*

Wir wandern immer weiter und weiter. Um den immer gleichen Rhythmus und die Langeweile zu durchbrechen, setze ich mein Doppelgespann für zehn Minuten in Trab und dann gehen wir wieder eine Viertelstunde im Schritt. Und dann wieder von vorn, je eine Stunde am Vormittag und eine am Nachmittag.

In drei Tagen haben wir 152 Kilometer zurückgelegt! Sehr zufriedenstellend. Die Pferde scheinen nicht müde zu werden. Und die Wälder ziehen vorbei, und die Asphaltstraße ebenso.

Die Karte, die ich nur noch ansehe, um Entfernungen abzuschätzen, die ich zurücklegen muß, kündigt mir noch eineinhalb Monate auf dem Fahrdamm an, bevor wir die Grenze zu Manitoba und den Beginn der großen Prärien erreichen. Ein Dorf, dann ein Weiler, eine gastfreundliche Farm, der Rand der Autobahn.

»Salut! Ich bin stehen geblieben, als ich dein Lager und die Pferde gesehen habe. Gehst du nach Westen?«

»Ich folge dem Lauf der Sonne. Dabei kann man sich nicht irren.«

»Vor fünf Jahren hab ich genau das Gleiche gemacht, aber mit einem Planwagen. Meine Frau und meine Kinder waren auch dabei, sie waren damals noch ganz klein, und wir hatten keinen Pfennig Geld! Wir hatten auf die Wagenplane geschrieben:

»Jede Gabe ist willkommen«, und wir haben nie wieder soviel CASH gehabt wie damals! Hast du schon mal was von Terry Fox gehört?«

»Die ganze Zeit über! Und auch von dem komischen Kauz, der Kanada in derselben Richtung durchquert hat, mit einem großen Kreuz auf dem Rücken und in Lumpen gekleidet und der sich für Christus hielt. Es fehlte nur noch die Dornenkrone auf dem Kopf, soweit ich gehört habe. Andererseits hat sich sein Kreuz mit den Rollen unten dran nicht mit der historischen Wahrheit vertragen . . .«

»Wenn du zu uns kommen willst, wir wohnen etwa vier Meilen von hier entfernt, am Highway.«

»Vielen Dank, aber für heute abend haben wir uns schon hier eingerichtet, wie du siehst, und morgen sind wir schon etwa vierzig Kilometer weiter . . . Ich möchte nach Winnipeg kommen, bevor der Winter anfängt, und das ist ja nicht gerade nebenan.«

»Okay! Also viel Glück, und viel Spaß!«

Am nächsten Tag ein anderes kleines Dorf an der Straße. Ich hämmere schon zum fünften Mal an die Tür des Lagers, wo das Korn liegen muß. Die Kinder aus den Nachbarhäusern haben gesagt, daß jemand da sein muß . . . Endlich geht die Tür auf und ein Galgenvogelgesicht taucht auf:

»Was ist los?«

Offensichtlich ist der Kerl betrunken.

»Der dicke Kornsack, den der Bus hiergelassen hat?«

»Der Sack? Ach ja! Minute . . .«

Rums!

»Thank you!«

Ich lade den Sack auf meinen Sattel und gehe zu Fuß weiter. Häuser. Frauen.

»Wo gehst du hin? Komm hierher, zu uns!«

Offensichtlich ist hier auch ein Fest im Gange.

Ich binde meine Tiere an den Bäumen fest, nehme dem Dicken die Kisten, Savoyane ihren Sack und den Sattel ab. Man lädt mich nach drinnen ein, und kaum habe ich mich hingesetzt, steht schon ein Bier vor mir.

»Wir feiern ein Hochzeitsfest, schon seit ein paar Tagen.«

Das erklärt die Euphorie im Dorf. Überall Geschwätz, Gegacker, Gelächter. Ein dickes Mädchen kommt mit einem durchsichtigen, bonbonrosa Pulli; die kanadischen Büstenhalter gefallen mir nicht, ich finde, sie haben zu wenig Spitzenbesatz. Nach einem Bier stört mich das Bonbonrosa nicht mehr so sehr und ich kann auch dem Ton der Unterhaltung besser folgen.

»Meine Pferde haben Hunger. Ich komm in fünf Minuten wieder.«

Ich fülle die Futtersäcke und hänge sie den Pferden um. Wie sie schlingen!

Es ist Ende Juni und es beginnt, feucht zu werden; ich lege ihnen die Decken über den Rücken.

»Für heute nacht kannst du im Trailer bleiben. Es gibt da ein paar Betten, dann hast du's bequemer.«

Um zwei Uhr morgens Motorengeheul und Fernlicht. Ich richte mich auf und sehe gerade, wie Savoyane sie zum Teufel schickt, indem sie ausschlägt, »daß sogar die Vögel Angst kriegen«. Da wird mein Mädchen sauer, wenn man sie in der Nachtruhe stört. Es sind die Männer besagter

Damen. In einem recht merkwürdigen Zustand. Sie wollten sich damit amüsieren, die Pferde zu erschrecken, und die haben es ihnen gründlich zurückgegeben. Sofort lassen sie sie in Frieden, um ihre Karosserie zu retten. Am nächsten Morgen Totenstille, als ich um zehn Uhr aufbreche. Das Fest ist zu Ende.

Am Stadtrand von Sudbury ist die Großstadtatmosphäre bereits spürbar. Ich wende mich also mit meiner Karawane nach Norden, um den Ballungsraum zu umgehen, und gerate in eine mehr als seltsame Landschaft: Man könnte glauben, man sei auf dem Mond. Und tatsächlich sind die Mannschaften der NASA zum Training hierhergekommen, um bei der Ankunft auf dem anderen Planeten keinen allzu großen Schock zu erleiden.

Graue und schwarze Felsblöcke liegen umher auf Hügeln, denen jede Spur von Leben fehlt. Es gibt keine Bäume, kein Wasser, nichts, was an ein irdisches Dekor erinnert. Eine Hügelkette folgt auf die andere, bis ins Unendliche. Wir wandern auf einer Art Asche, die bei jedem Schritt aufwirbelt.

Das sind die Nickelbergwerke; sie gehören zu den größten der Welt. Eisenbahnlinien durchziehen dieses seelenlose Universum und bringen das Fördergut nach Westen. Einen Augenblick lang gerate ich in Versuchung, den Zug zu nehmen: Er könnte doch, zwischen zwei Waggons voller Nickel, mich und meine Ladung transportieren, ein Dampfroß, das zwei lebendige Pferde in Gegenden mitnimmt, die ihrem Bewegungsrhythmus eher liegen, in die einsamen und wilden Weiten der nächsten Provinz. Die ausgefahrenen Spuren der Trucks führen zu einem großen Gebäude, dem einzigen Anzeichen von Leben in dieser verlassenen Gegend. Das ist der riesige Eingang zu einem der Bergwerke.

Dann komme ich am Fuß einer Hügelreihe zum Dorf. Es ist früher Nachmittag und viele der Bewohner sind wohl im Bergwerk, was die Stille in den Straßen erklärt. Ich mache an einer Stelle mit frischem Gras, die von großen, grünen, sehr lebendigen Bäumen vor der Sonne geschützt ist, halt.

Sudbury liegt etwa zehn Meilen östlich; der Umweg über die Bergwerke hat uns ganz schön weit davon entfernt.

Nach einer Erfrischungspause folgen wir erneut dem ehemaligen Siedlerpfad, dem heutigen Trans-Canada Highway, wie Gleisen, die in die grüne Masse eingeschnitten sind.

Seit ein paar Stunden folgt mir ein etwas verrückter Typ. Von Zeit zu Zeit wartet er mit leuchtenden Augen und dienstbeflissener Miene an einer Straßenecke auf mich. Ich ziehe an ihm vorbei; er folgt mir und weiter vorne dann reicht er mir aus seinem Auto, das harmlos am Straßenrand geparkt ist, Eiscreme, die er im vorhergehenden Nest gekauft hat, Bierflaschen und sogar Zuckererbsen ... Und er, Marj, ist es auch, der mich zu den Polizisten bringt, bei denen das Pferdefutter deponiert ist. Vier oder fünf Polizisten sind da, und zwei stehen auf, als wir eintreten.

»Hier ist das junge Mädchen, das zu Pferd durch Kanada reist«, sagt er. »Greyhound muß hier kürzlich einen Sack mit Korn für die Pferde abgegeben haben.«

»Ah ja!« antworten sie. »Es sind drei; wir haben sie in die Garage gestellt.«

Während dieser kurzen Unterhaltung spüre ich, wie mich ein seltsames Kribbeln überläuft.

Ich habe diese Asphaltstraße, der ich folgen muß, satt. Jeden Abend bin ich froh, und das ist der einzige Trost, den ich habe, daß ich meinen Pferden eine vollwertige, ausgewogene Nahrung geben kann. Savoyane sieht jetzt aus wie ein normales Pferd. Mähne und Schwanzhaar sind kräftig nachgewachsen. Sie schreitet energisch und regelmäßig aus. Und doch sind die Pferde nicht gerade begeistert von diesem Gewaltmarsch, wo Fahrzeuge aller Art uns den ganzen Tag über auf dem Highway überholen oder uns entgegenkommen. Aber bis zur »Grenze« nach Manitoba wird das noch so weitergehen; also ungefähr noch einen Monat auf der Autobahn ... zu Pferd auf dem Seitenstreifen aus Teer oder Schotter.

Jeder Tag gleicht dem andern. Der einzige Unterschied ist, daß wir Kilometer zurücklegen, daß ich mich körperlich zu dem Punkt hin bewege, den ich mir vorgenommen habe. Mein Weg ist von der Zivilisation gesäumt; ein Wald folgt auf den anderen, immer gleich, die Dörfer und Städtchen des nördlichen Ontario ebenso. Alles ist mechanisch geworden, weil wir dieser verfluchten Asphaltstraße folgen müssen. Und heute abend, wie die anderen Abende, hole ich mein Futter an einem vorher festgesetzten Punkt und bin glücklich, es den Pferden zu bringen. Ich weiß, sobald sie den Sack sehen, erkennen sie ihn wieder und zeigen mir ihre Freude, indem sie leise wiehern. Der einzige Unterschied heute zu dem täglichen Einerlei ist dieses eigenartige und nicht lokalisierbare Zittern in der Atmosphäre. Als ich auf die Säcke zugehe, hat einer der beiden Männer bereits mit jeder Hand einen ergriffen, mit einer Leichtigkeit, die mich in Erstaunen versetzt. Ich sehe verblüfft, wie er sie hinten auf Marjs Truck stellt: Er hebt erst den einen und dann den anderen Arm und stellt die beiden Fünfundzwanzig-Kilo-Säcke ab, als ob es ein Pfund Mehl wäre. Ich bringe den dritten gleich hinterher.

Da der Mann interessiert scheint, sprechen wir über meine Reise, wobei ich ihm ein paar kurze Informationen gebe.

»Ich lege etwa 45 Kilometer am Tag zurück. Meine Gastgeber von gestern abend haben mir geraten, ich solle bei einer Farm halten, die bei der Einmündung der großen Straße liegt, die im Winter von den Motorschlitten benutzt wird. Aber da war niemand.«

»Ja«, antwortet er, »die Leute sind in Ferien. Das sind übrigens Freunde von uns. Während ihrer Abwesenheit melken wir ihre Ziegen ... Mögen Sie Ziegenmilch? Wir haben schon soviel davon zuhause, daß wir nicht mehr wissen, wohin damit.«

Ich erinnere mich an den Porridge in den schottischen Mooren vor drei Jahren und beschließe, diese Erfahrung noch einmal zu machen, diesmal ohne Haferflocken. »Ich mag das sehr«, sage ich also, auch wenn das nicht ganz stimmt.

Ich komme zu der Farm zurück und die Pferde freuen sich wie gewöhnlich beim Anblick der Säcke, die ihr kräftiges Abendessen enthalten.

Es war ein heißer Tag. Die Sonne beginnt, unterzugehen. Ich fühle mich nicht wohl in meinem Schweiß. Meine Jeans und mein Hemd starren vor Schmutz. Was soll's, das hält wenigstens die Stechmücken ab. Nichts lockt sie mehr an als der Duft von frischer Seife.

»Kommen Sie danach zu uns zum Essen?«

»Danke! Ich mach erst die Pferde fertig.«

Wir sind vor mindestens zwei Stunden angekommen. Ich tränke sie und leg' ihnen dann den jeweiligen Futtersack um; ich schlage nach den Stechmücken auf meinen Armen. Die Pferde kauen ihre Ration mit sichtlichem Vergnügen.

Auf dem Weg, der zur Farm führt, bemerke ich plötzlich einen großen, schwarzweißen Wagen, der langsam näherkommt. Er hält neben uns an und ich führe die vorher angefangene Konversation fort.

»Die Straße nach Thunder Bay? Lang und schwierig. Die Versorgung Ihrer Pferde wird schwierig sein.«

»Kennen Sie jemanden, der in die Richtung fährt und auch Pferde transportieren könnte?«

Der Mann schweigt und scheint nachzudenken.

»Ich selbst kann Sie mitnehmen. Ich habe einen Pferdeanhänger. In drei Tagen.«

All das ist so unerwartet, daß ich auf einen gesalzenen Preis gefaßt bin.

»Nur das Benzin für den Lastwagen«, erwidert er. Dann fährt er weg.

Die Straße ist lang, aber mit dem Lastwagen dauert sie nur ein paar Stunden.

Was ist nur mit mir los? Ich kenne diesen Typ gar nicht, es ist idiotisch, aber es kommt mir vor, als kenne ich ihn schon seit langem. Ich weiß nicht mehr, wie mir geschieht. Er fährt, und mir schwindelt der Kopf. Als er geht, bin ich nichts mehr. Vernichtet.

An den folgenden Tagen, unterwegs am Rand der Asphaltstraße, ist er überall bei mir. Ich sehe ihn an meiner Seite auftauchen. Dann zieht mich Savoyane an ihrer Longe weiter, weil ich ihr nicht schnell genug gehe. Ich merke, daß ich träume. Nach ein paar Tagen rede ich mir ein, wenn er wirklich existiert hat, so ist er jetzt tot. Ich muß ihn in meiner Erinnerung töten, er existiert nicht, ich bin das Opfer meiner entzündeten Phantasie gewesen. Ich habe geglaubt, jemanden zu sehen, aber das war ein Irrtum. Alles trennt uns, und ich habe Lust, zu sterben, so sehr hatte ich das Gefühl, wiedergeboren zu sein.

Viele Tage auf dem Trans-Canada Highway, bei Sonne, Regen, Wind, in Freude und in Monotonie, wandere ich im Gedanken an diesen Mann, der mich so aus der Ruhe bringt. An Liebe will ich nicht glauben. Ich bin auf diese Art von Abenteuer nicht eingestellt.

Zu meiner Freude hat sich Savoyane ein Aststück zwischen Sattel und Haut geklemmt, während ich für fünf Minuten weg war; sie läßt aber auch gar nichts aus … Ich lade sämtliches Gepäck von meiner

Stute auf die Straße, entferne das Aststück, lade wieder alles auf und ziehe weiter.

Manchmal öffnet sich der grüne Vorhang des Waldes auf einen Sumpf hin. Von der Straße aus sehe ich dann so etwas wie eine Wasserlache, die tiefer scheint als normal, und Bäume ohne Äste, knorrige Wipfel, die Füße in dem Wasser, das ihnen das Leben genommen hat. Sie stehen da, unnütz, tote Holzstücke, die in den Himmel ragen. Dahinter ergreift der Mischwald wieder Besitz von seinem Land, das ganz allein ihm gehört; ein neuer, dichter, grüner Vorhang senkt sich vor das Leben der Tiere, die von der Straße aus unsichtbar sind.

Und von dieser Straße habe ich jetzt wirklich genug. Vor mir liegen noch 1400 Kilometer von Bäumen, schlafenden Sümpfen, Seen und unüberwindlichen Felsen gesäumter Asphalt.

Shabaquy. Harry und Wilma haben ein Appaloosa-Gestüt. Das Interesse dieser Pferdefreunde und ihre selbstverständliche Gastfreundschaft bewirken, daß ich mich auf die Jagd nach einem einheimischen Hufschmied mache. Und das ist ganz schön schwierig: auf der anderen Seite der Thunder Bay finden zur Zeit Reitturniere statt, und alle sind sie dort, unerreichbar. Die Pferdenarren hier in der letzten Ostprovinz sind leidenschaftliche GAMER.

»Sogar mein eigener Schmied hat mir die Bitte abgeschlagen«, wundert sich Harry nach dem zweiten Tag der Suche. Thunder Bay ist ungefähr 60 Kilometer weit, wenn man die Straße hin und zurück rechnet.

Es ist nicht möglich, ihnen die Pferde zum Festplatz zu bringen; die jetzigen Hufeisen würden den Weg auf keinen Fall überstehen.

Es muß aber doch ein Mittel geben, einen Fachmann aufzutreiben bei einem Volk von Reitern, wie es dies hier am Nordufer des Oberen Sees zu sein scheint! Die Zunft hat ein Geheimnis ... Mit der Zeit jedoch klärt sich dieses auf. Einer von Harrys zahlreichen Anrufen bringt ihm einen neuen Hufschmied für die Zukunft und mir die Lösung meines Problems: Doug kommt, und während er Savoyanes Beinstellung korrigiert, sagt er mir, warum seine Kollegen meinem Ruf gegenüber taub geblieben sind:

»Sie glauben, daß du sie nicht bezahlst. Für sie bist du eine Vagabundin.«

Denn so zu reisen, wie ich es tue, ist offensichtlich gleichbedeutend mit betteln gehen! Man kommt eben nicht gegen die menschliche Borniertheit an, wenn man es sich nicht zur Lebensaufgabe macht.

Diesmal gibt es keine Kegel aus Wolframstahl. Wir haben keine Bohrmaschine; und der Schmied ist im letzten Augenblick gekommen, er kann nicht warten, bis sich eine findet. Außerdem erschien er mir nach all den Absagen seiner Kollegen geradezu als von der Vorsehung geschickt.

Da sind wir also wieder auf der Asphaltstraße und versuchen, noch schneller vorwärtszukommen als vorher auf dem Seitenstreifen aus Schotter, der manchmal leider auch geteert ist. Die Kegel nutzen sich weniger schnell ab und schützen dadurch die Eisen selbst. Ohne Kegel wird das Metall durch die tägliche Reibung auf dem Pflaster sehr viel schneller abgeschliffen. Winnipeg ist 700 Kilometer weit; wenn ich gemütlich gehe, noch ein knapper Monat. Ich werde unterwegs schon sehen, ob das für diese Garnitur Eisen zuviel ist.

Auf alle Fälle verstand der Typ sein Handwerk und die Form von Savoyanes Füßen gefällt mir. Chinook macht weniger Probleme; er hat große, regelmäßige Füße, die nicht schwer zu beschlagen sind. Bei Savoyane muß man sehr viel Fersenfreiheit lassen, weil sie sonst an der Sehne Schmerzen bekommen kann. Er hat sie beobachtet, als sie lief, und als ich ihn auf diese Besonderheit aufmerksam machte, hat er genickt; er hatte es gleich bemerkt, als er sie sah.

»Er ist dort, auf der anderen Seite der Garage.«

»Danke!«

Ich lade den 25 Kilo-Sack auf Savoyanes Rücken und gehe bis zu einer kleinen Häusergruppe auf der rechten Straßenseite, die von einigen leeren Weiden umgeben sind. Es wird Abend. Mal sehen, ob ich dort die Pferde unterstellen kann.

Dale empfängt mich:

»Wenn du willst, können sie in der Scheune bleiben. Wir treiben gleich die Kühe heraus, wir sind mit dem Melken fertig.«

Ich lade die Pferde ab und führe Savoyane und Chinook nacheinander hinein. Letzterer fällt beinahe der Länge nach hin, weil er einen Buckel im Zement des Stallbodens unter dem Stroh nicht bemerkt hat. Akrobatisch stellt er sein Gleichgewicht wieder her und stellt sich in die Box. Ich binde beide an und tränke sie.

»Es ist schon komisch, daß alle Reiter bei uns anhalten,« sagt Dale zu mir. »Vor vier Jahren hat eine Truppe mit einem Planwagen um Gastfreundschaft gebeten. Sie hatten Probleme mit einem ihrer Pferde und haben es uns mitsamt dem Sattel dagelassen. Der Ärmste hatte eine große Wunde auf dem Rücken; wir haben ihn ein paar Monate auf die Weide gebracht. Da ist er immer noch und lebt ein gemütliches Rentnerdasein, das ihm durch kleine Ausritte versüßt wird. Er ist ein guter Kamerad für die Kinder.«

Die Religionsgemeinschaft von Upsula am Rand der Straße nach Westen ist erstaunlich gut organisiert. Die Familien leben alle in ihren eigenen Häusern, doch die Mahlzeiten werden gemeinsam in einem großen Saal eingenommen. Als ich ihm erkläre, daß ich in der Scheune bei meinen Pferden schlafen will, ist Dale ein bißchen verlegen:

»Weißt du, die Jungs kommen morgen früh um fünf Uhr zum Melken, und dies hier ist die einzige Eingangstür . . .«

Schön und gut, denke ich bei mir, dann werden die Jungs halt eine Jungfrau in ihrem Schlafsack im Lande Morpheus' zu sehen kriegen. Das ist dann eben eine Erfahrung mehr für sie!

Am nächsten Morgen regnet es. Die Rücken der Pferde sind trocken und ich fange an, sie anzuschirren, während sie ihre Morgenration fressen. Da erscheint Dale:

»Hast du gefrühstückt? Im Refektorium ist alles fertig.«

Ich habe die »Jungs« noch nicht mal in meine Höhle eindringen hören heute morgen. Dale hat keinerlei Kommentar abgegeben, offensichtlich ist es zu keinem empörenden Zwischenfall gekommen. Frauen sind an Herden beschäftigt, bereiten schon das Mittagessen vor.

Ich sitze an einem der zahlreichen Tische in dem großen Saal; Dale fragt mich:

»Hast du gute Kleidung gegen den Regen?«

»Meinen Poncho. Der schützt zumindest den Oberkörper.«

Er steht auf und spricht mit jemandem in der Küche, dann kommt er zu meinem Tisch zurück, wo sich inzwischen Pfannkuchen aus Stärkemehl, Ahornsirup, eine Schale mit Kaffee und hausgemachter Milchsahne angesammelt haben.

Was für ein köstliches Frühstück! Ich esse genießerisch und Dale erzählt mir ein bißchen vom Leben der Gemeinschaft:

»Wir leben hier alle nach den Geboten Christi. Fred kümmert sich um die Aufzucht der Tiere, und Mary, die du dahinten siehst, ist für die Küche verantwortlich. Ich kümmere mich um den Garten und den ganzen Sommer über haben wir köstlich frische Produkte, die uns alle ernähren.«

Da kommt ein Junge mit einem knallig orangefarbenen Plastikkleidungsstück über dem Arm.

»Das ist für dich. Das sind Hosen. Bei dem strömenden Regen heute würde es nicht lange dauern, bis du völlig durchnäßt wärst.«

»Ich danke dir. Wieviel schulde ich dir für all das?«

»Nichts. Das ist ein Geschenk unserer Gemeinschaft. Möge es dir von Nutzen sein und dir Glück bringen. Wir begleiten dich ein bißchen in Gedanken.«

Asphalt ... Es ist schwül. Ich habe meine Regenkleidung ausgezogen. Sie klebte mir auf der Haut.

Weit hinten, auf der gegenüberliegenden Straßenseite, kommt mir eine Gestalt entgegen. Allein. Es ist Nachmittag. Die Sonne steht mir gegenüber am Himmel. Die Helligkeit hindert mich daran, den Entgegenkommenden einzuschätzen. Er kommt näher. Es ist ein Motorradfahrer. Meine Karawane scheint ihn zu interessieren, denn kaum ist er an uns vorbeigefahren, als er wendet und uns nachkommt.

Er bleibt genau hinter uns stehen, zieht seinen Helm aus. Ich halte an.

»Hallo«, sagt er auf Englisch mit einem Akzent, wie ich ihn bis jetzt noch nicht gehört habe. »Wohin gehst du?«

»Nach Westen. Immer geradeaus, wie du siehst.«

»Ich komme von da. Von Vancouver.«

Schön. Die Pferde, die sich an unvorhergesehene Halts gewöhnen, rupfen hier und da ein paar Büschel mageres Gras. Er sitzt seitlich auf seinem Motorrad und erzählt mir, daß er vor eineinhalb Jahren aus Deutschland, seinem Heimatland, weggefahren ist.

»Ich bin kreuz und quer durch Asien gezogen, dann bin ich über Vancouver zurückgekommen. Jetzt fahr ich weiter nach Montréal, um mein Motorrad zu verkaufen und nach Hause zurückzufahren. Rauchst du?«

Während er das sagt, dreht er eine Zigarette, die nach Meinung der örtlichen Polizei bestimmt versteuert werden müßte. Nicht wegen des

Papiers, das vom asiatischen Kontinent stammt, sondern wegen des Inhalts.

»... Das kommt aus Vancouver. Eine Neuheit!«

»Na, dann muß ich es ja mal probieren.«

Er reicht mir den Joint auf die zwanglose Freundschaft, oder zumindest auf die Begegnung.

»Es war eine herrliche Reise, weg von den Wurzeln, aber jetzt habe ich Lust, mein Land wiederzusehen, es wieder neu zu spüren, meine Freunde wiederzusehen.«

Nicht viele Worte. Wir rauchen den Joint, der unter der kräftigen Brise aus Westen rasch verbrennt.

»Also ›Salut!‹ und viel Glück!«

Ein kurzer Kick und schon ist er davon. Ich pack meine Pferde, die als Einzige die Füße sicher auf die Erde setzen. Ich schwanke, weiß nicht mehr, wo ich bin, aber das ist auch gar nicht so wichtig.

English River. Ein Hotel und ein Café, beides geschlossen, eine Tankstelle. Ich nehme den Futtersack in Empfang und schlage das Lager abseits von der Straße unter den Bäumen auf.

Ein Ort für Fischfang und Elchjagd. Jetzt ist sicher keine gute Zeit für den Fischfang und die Elchjagd ist noch nicht eröffnet. Der Ort wirkt verlassen. Die Besitzer der Tankstelle scheinen es heute abend mit dem Schließen eilig zu haben. Sie richten kaum das Wort an mich, als ich den Sack abhole. Wahrscheinlich haben sie sich diesen verlorenen Winkel, wo die Zivilisation nur auf der Straße vorüberkommt, ausgesucht, um nicht allzu viel mit den Menschen zu tun zu haben.

Nichtsdestotrotz ist der Sonnenuntergang über dem Moorsee hinter mir herrlich; ich lasse die Pferde sich mit Gras vollfressen. Es ist schön und sie haben schon seit einer Weile nicht mehr dieses Vergnügen gehabt. Es scheint, daß die Elche, die die zarten Triebe der Wasserpflanzen fressen, am Waldrand leben. Vielleicht können wir sie heute abend sehen.

In der feuchten Frische des nächsten Morgens serviere ich meinen Tieren das Frühstück. Die Tankstelle ist noch geschlossen. Ich schirre die Tiere an; die Sonne steigt rasch höher und ich räume das herumliegende Gepäck zusammen. Die Packkisten sind geschlossen und gewogen, die Pferde fressen ruhig ihre Ration auf. Ich setze mich auf einen dicken Stein und fange an zu schreiben, während ich auf den rechten Moment warte, um für die Truppe zum Aufbruch zu blasen. Eine Zigarette.

Das ist ein angenehmer Moment des Tages. Man fühlt sich zu allem bereit, während rund herum noch alles zu schlafen scheint. Chinook ist fertig; er schüttelt den Futtersack, um mir zu zeigen, daß er leer ist, so als wollte er sagen: »Ich will nicht das leere Dings da vor meiner Nase hängen haben; ich sehe ja aus wie ein Elch!« Kokett ist er auch noch!

Ich beschließe, ihm noch etwas zu geben. Sie haben heute eine weite Strecke vor sich. Aber trotzdem, keine zweite Zigarette. Die erste hat sich auf meine Luftröhre gelegt, ohne sie allzu sehr anzugreifen, wie mir scheint. Die zweite verteilt all ihr Nikotin auf das Terrain, das die erste vorbereitet hat; sie nimmt mir immer viel Energie weg. Wenn ich einen Tag mit zwei Zigaretten im Körper beginne, weiß ich, daß ich mein Ziel nicht voll und gut erreiche. Vielleicht auch deswegen, weil ich ihn begonnen habe, ohne recht mit mir zufrieden zu sein.

Plötzlich Licht auf der anderen Seite der Autobahn! Offene Türen, Stimmen. Ich werfe einen Blick auf meine Huftiere.

Savoyane ist fast fertig. Ich nehme ihr den Futtersack ab und lege ihn vor sie auf den Boden; das restliche Korn streue ich darüber. Der Vielfraß dagegen kaut ruhig vor sich hin; ich stör' ihn lieber nicht. So, nun sehn wir mal nach; ich habe einen Dollar in bar, aber auch mein TRUSTY-Scheckheft, auf dem sich mindestens zwölf Dollar befinden! Also, warum sollte ich es mir nicht gönnen!

»Guten Tag!« sag ich zu dem, der mir zu dieser frühen Morgenstunde mit noch etwas verschlafener Miene die Tür aufmacht. Sieh an, es ist der Tankstellenwärter.

»Guten Tag«, antwortet er. »Gut geschlafen?«

»Ja. ein bißchen feucht jetzt . . .«

»Ist bald Herbst.«

»Stört es Sie, wenn ich das Frühstück mit einem Scheck bezahle? Mit meinem Transportmittel habe ich nicht oft Gelegenheit, zur Bank zu gehen . . .«

»Kein Problem.«

Toll. Weil ich nämlich einen Bärenhunger habe und das Vollwertfutter für Pferde . . . da hält mich doch noch was zurück. Obwohl, wenn Not am

Mann wäre ... Da würde mir sicher ein schönes Fell wachsen, wenn ich mir das meiner Tiere so ansehe.

»Mmmm ... Bacon and eggs ... mit Toast und einen Becher Kaffee, bitte!«

Verflucht! Ich bin ein bißchen dreckig, das muß ich wirklich sagen. Das fleckenlose Grün des Teppichbodens und die künstliche Holzvertäfelung senden mir plötzlich über den Geruchssinn mein Bild zurück. Aber die Leute wirken nicht angeekelt, und andere Gäste kann ich nicht stören, da ich allein bin. Ah! Da kommen noch andere Leute. Aber sie werden abgewiesen. Grund: Es sei noch nicht geöffnet. Also bin ich offensichtlich bevorzugt behandelt worden. Das wird noch deutlicher, als man mir meinen Teller bringt. Sie haben wohl gehört, wie ich mit mir selbst gesprochen habe: drei Eier, Kartoffeln usw., das alles hoch aufgehäuft, damit es nicht vom Teller fällt. Eine mächtige Portion!

Meine Hände sind sauber, weil ich vorher auf der Toilette war. Auch das Gesicht; das ist wichtig, weil ich meine Sälbchen und Cremes nicht auf eine Staubschicht auftragen kann. Im »Washroom-Ladies« hatte ich auch Gelegenheit, meine schöne Bräune im Spiegel zu bewundern: Was mich betrifft, so bringt es mir hinsichtlich Bräune mehr, den Trans-Canada Highway zu Fuß zu machen, als an der Côte d'Azur herumzuliegen.

Die Kinder spielen an einem Tisch hinter mir; sie sind damit beschäftigt, Bausteine Typ Lego zusammenzubauen. Rumms! Alles kracht zusammen ... wahrscheinlich war der Turm zu hoch. Als ich nach der Rechnung verlange, will man sie mir nicht geben.

»Nein, ist schon gut so. Wir spendieren es Ihnen.«

»Vielen Dank, aber ... Na gut. Danke!«

»Viel Glück für Ihre Reise!«

»Auf Wiedersehen.«

Sowas hilft natürlich manchmal, daß nicht allzu große Ängste aufkommen, weil keine regelmäßige Unterstützung da ist. Mir scheint, ich hab einen guten Stern. Langsam bin ich sogar fest davon überzeugt.

Vor einer Stunde hat ein Bursche, so eine Art Handelsvertreter, neben mir angehalten und gesagt, daß Ignace zehn Kilometer entfernt sei. Und wenn ich dort haltmachen wolle, könne er mir ein Motelzimmer besorgen. Er machte den Eindruck, als ob er den Ort wie seine Westentasche kenne und sogar den Schlüsselbund fürs Hotel hätte. Vielleicht der Besitzer. Nun ja, man wird sehen; da ich sowieso bis dorthin wollte. . . .

Zwei Stunden Weg. Ich stell mir eine Dusche vor, wo ich zehn Minuten lang unterm Wasser stehen könnte, ein richtig bezogenes Bett, wo ich auf alle Fälle morgen lang ausschlafen würde; eine Waschmaschine . . . wo ich Wäsche und Satteldecken hineinstecken und sie sauber und trocken wieder herausnehmen könnte.

Trocken und sauber! Am Vortag hat es geregnet und mein Zelt ist weggeflogen; ich bin durch und durch naß geworden und mein Daunenschlafsack muß unbedingt trocknen. Ich habe ihn heute morgen über Savoyanes Sattel gelegt, aber die Sonne blieb nicht lange, und wenn ich vor heute Nacht keine Lösung finde, dann kann ich mich doch in schöne Bettwäsche legen.

Aha, da ist er ja schon wieder. Der Wagen des Handelvertreters kommt aus Richtung Ignace und bleibt erneut neben mir stehen. »Sie können eine Dusche nehmen und ruhig schlafen, wenn Sie in mein Hotel kommen. Daneben gibt es sogar einen Platz für Ihre Pferde . . .«

Er begleitet seinen Satz mit einer unbestimmten Geste. Warum kommt er zurück, um mir all das zu erzählen? Durch seine genauen Erläuterungen geht mir plötzlich ein Licht auf. Seine Besorgtheit um all die Einzelheiten ist wirklich zu offensichtlich, als daß man nicht seine wahren Absichten erkennen könnte, die sicher gut gemeint sind, aber das ist nicht mein Bier. Er fährt weg, und als ich weiterziehe, zerplatzt mein Traum vom Duschen und von schönen trockenen Laken wie die Glühbirne in den Comic strips.

Ignace ist ein langgestreckter Ort; die Häuser scheinen aus Sperrholz, wie die meisten kanadischen Häuser entlang dem ehemaligen Siedlerpfad. Trotzdem müssen sie einen wirksamen Schutz vor der Kälte bieten, denn sieben Monate Winter sind doch ganz schön lang!

Da links muß das Hotel von dem Typen sein. Sein Wagen ist dort geparkt. Na ja, gehen wir mal nachsehen, ich riskiere ja nichts. Das Klappern der Hufeisen hallt von den Wänden und Fenstern der Häuser am Straßenrand wider. So sind alle gleich über unsere Ankunft unterrichtet. Mein »Gastgeber« kommt aus dem Haus gestürzt. Neben dem Hotel gibt es einen Platz, wo ich die Pferde anbinden kann. Ich bin gerade dabei, die Packkisten abzunehmen, als eine Gruppe Jugendlicher sich um mich schart. Unita stellt sich mir sofort vor und verlangt beinahe herrisch, ich solle mit den Pferden zu ihr kommen.

»Ich mag Pferde so gern!« fleht sie, als sie merkt, daß ich zögere.

»Aber kann ich sie bei dir irgendwo unterbringen? Weißt du, ein Pferd bewegt sich. Wenn du einen Garten hast mit einem schönen Rasen, dann kannst du sie da nicht reinstellen; in einer Nacht trampeln sie dir alles kaputt.«

»Nein. Es ist so wie hier. Wir können sie an den Bäumen hinterm Haus festbinden; und Papa würde sich auch so freuen, mit dir zu reden. Er ist Franzose.«

Ah, das ist ein gutes Argument, denke ich, gar nicht böse über die Aussicht, meine Muttersprache zu benutzen.

»Gut, schaun wir mal«, sage ich. »Aber ich verspreche dir nichts. Wenn es nicht geht, dann geht es eben nicht!«

Sie antwortet noch nicht einmal, wahrscheinlich hält sie es für unnötig, und begnügt sich damit, dauernd vor Freude auf und ab zu hüpfen, während sie mich zu sich nach Hause führt.

»Daddy, Daddy! Wo bist du?«

»Hier, Unita, hier.«

Eine gedämpfte Stimme antwortet aus der Tiefe. Ich folge ihr zur Treppe, die in den Keller führt.

»Daddy! schau, das ist Dominique. Sie kommt aus Frankreich, mit Pferden!«

»Aus Frankreich? Mit Pferden?«

»Nun ja, ich bin aus Frankreich. Meine Pferde kommen aus Québec. Ich reise mit ihnen quer durch Kanada.«

»Sie kann doch bleiben, nicht, Daddy? Sag, sie bleibt bei uns?«

Die Unterhaltung spielte sich halb auf Englisch mit Unita, halb auf Französisch zwischen ihrem Vater und mir ab.

Er sieht lächelnd seine Tochter an und setzt sich wieder die dicke Brille zurecht, um seine Arbeit fertig zu machen:

»Aber natürlich kann sie bei uns bleiben, Unita, wenn sie will.«

»Oh Dad! I love you!«

Etwas später gesellt er sich bei den Pferden zu uns. Diese sind bereits an den Bäumen gleich hinterm Haus angebunden und damit beschäftigt, ihre Ration zu kauen, die wir auf Chinooks Packsattel mitgebracht haben.

Bei der Gulf-Tankstelle müssen nach dem PLANNING von Greyhound zwei Säcke für mich bereit liegen. Ich frage Claude, Unitas Vater, auf französisch:

»Gibt es hier eine Gulf-Tankstelle?«

»Hmmm . . . ja, das ist da, wo der Bus hält.«

»Ist das weit weg? Dort liegen zwei Säcke mit Pferdefutter für mich.«

»Nein, wir können mit dem Lastwagen hinfahren. Ihre Pferde müssen sich sicher ausruhen.«

Dieser Lastwagen ist ein Gedicht; zunächst muß man ihn ankurbeln, was gar nicht so einfach ist, dann muß man ihn in Gang halten, wobei er permanent zu explodieren scheint! Krachend und spuckend fahren wir alle drei los, Claude bedient die Pedale, Unita hält das Lenkrad und ich klammere mich fest.

Unita hilft ihrem Vater beim Autofahren, so wie sie ihm bei allem hilft, was er tut, denn Claude ist fast blind. Und das spielt sich in perfekter Harmonie ab, obwohl sie noch so jung ist. Mit ihren vierzehn Jahren erfüllt sie auch ihre Rolle als Älteste, indem sie bei ihren kleineren Brüdern die Mutter ersetzt. Wir kommen zur Bushaltestelle, wo ich die beiden Futtersäcke abhole. Dann gehe ich los, ein paar Einkäufe für heute abend zu machen; Claude und seine Familie haben schon zu Abend gegessen. Hier ißt man bereits gegen siebzehn Uhr zur Nacht, wie in Großbritannien. So hat man auch mehr Zeit für den Abend und der Magen ist nicht so voll, wenn man schlafen geht.

Ich dagegen sterbe vor Hunger! Es ist bereits zehn Uhr und die Sonne geht unter, ein feurig rotes Gestirn in der grünen Masse der Wälder. Langsam ergreifen sie Besitz von der Atmosphäre und umhüllen mit ihrer dunklen und geheimnisvollen Gegenwart die Welt der wilden Tiere und die der Menschen wie mit einem Schleier. Als ich zurück bin, setze ich mich auf Claudes Einladung hin an den Tisch und schlinge mein Essen hinunter. Ich hatte solchen Hunger, daß ich fast ohnmächtig geworden wäre. Unita geht erneut zum Angriff vor. Sie will mich etwas fragen. Sie setzt sich neben mich, ohne ein Wort zu sagen, dann plötzlich bricht es aus ihr heraus:

»Warum willst du nicht auch noch morgen bei uns bleiben?«

»Ich würde ja gern, Unita, aber ich muß unbedingt nach Winnipeg: der Winter kommt. In Calgary hat es schon geschneit.«

So erwachsen Unita auch sein mag, so will sie doch manche Dinge einfach nicht verstehen. Und eigentlich hat sie ganz recht.

»Ja, aber dann gehst du weg und vielleicht sehen wir uns niemals wieder. Und außerdem würde ich so gerne mal auf deinem Pferd reiten!«

»Mein Pferd verleihe ich an niemanden, weißt du? Na gut ... einverstanden. Morgen bleibe ich noch hier und dann laß ich dich auf Savoyane reiten.«

Am nächsten Morgen ist Unita lange vor mir fertig. Ich gehe die Pferde füttern, sie begleitet mich und hilft die Futtersäcke umzuhängen.

»Wann reiten wir aus?«

»Warte wenigstens, bis sie verdaut haben.!«

Wir warten alle beide, dann wird es ihr langweilig und sie geht ins Haus. Ich bleibe allein, nehme ihnen die Decken vom Rücken, breite das Zelt aus und lüfte es.

Und ich denke an jenen Teil Ontarios aus Holz und Wasser, der hinter mir liegt. Was tut er jetzt? Ich verdränge den Gedanken an IHN; ich fühle mich nicht bereit, das Leben eines Mannes zu teilen, und dafür bin ich nicht hergekommen. Und sei er auch noch so schön, noch so echt, noch so sehr er selbst.

Das Verlangen nach IHM sitzt tief in meinen Eingeweiden. Ich kenne IHN nicht, und doch schreit alles in mir nach IHM. Ich fechte einen gnadenlosen inneren Kampf aus. Ich habe ein solches Bedürfnis danach, seine Stimme zu hören, zu wissen, daß er nicht nur eine Halluzination ist. Die Pferde fressen immer noch. Ich laufe zu einer Telefonzelle und stecke die letzten Dollars, die ich in der Tasche habe, in den Schlitz; einen davon behalte ich zurück, symbolisch, um weitersprechen zu können. Manchmal war der Traum nichts als ein Traum.

»Hallo, ist Bob da?«

Die Stimme, die mir antwortet, scheint seine eigene zu sein. Mein Herz klopft so wild, daß ich kaum noch höre, was am anderen Ende der Leitung passiert. Wenn es nicht er ist, muß ich meinen französischen Akzent verbergen.

»Nein, heute nicht ... Do you want to ...«

Die Stimme beendet den Satz, doch ich höre schon nicht mehr zu; er ist nicht da; was geht mich der Rest an?

Claude ist zu Hause, als ich zurückkomme.

»Du warst telefonieren? Ich habe das Telefon vor ein paar Monaten abstellen lassen. Ich kann es nicht mehr bezahlen. Überhaupt kann ich mir nicht viel leisten seit dem Unfall damals, der mich nach und nach das Augenlicht kostet. Die Kinder sind mein Trost, mein Leben. Ich habe das Haus hier eigenhändig gebaut für meine Familie. Dann ist meine Frau fortgegangen. Es war auch nicht gut für die Kinder, daß sie da war. Sie hatte Probleme mit dem Alkohol, die mit der Zeit immer schlimmer wurden. Sie war nicht glücklich und sie machte auch unser Leben unglücklich. Ich weiß nicht, wo sie ist. Die Kinder haben auch nichts mehr von ihrer Mutter gehört. Aber wie du siehst, haben wir uns ganz gut arrangiert. Ich habe dieses Jahr sogar die Ehrenlegion für Eltern bekommen! Ich bin ihr Vater und ihre Mutter zugleich. Und so gestört wirken sie doch auch gar nicht.«

Lieber Claude! Trotz seiner Behinderung und der Klarheit, mit der er seine Lage sieht, hat er die Situation fest im Griff. Unita kommt aus dem Badezimmer. Sie hat meinen Schlafsack und alles, was in meinem Quersack feucht war, in den Wäschetrockner gesteckt ...

»Wir können jetzt, wenn du willst.«

Ich habe die Pferde fertig gemacht, bevor ich ins Haus zurückging. Unita besteigt Savoyane, eine ihrer Freundinnen setzt sich auf Chinook.

»Paß schön auf!«

Ich folge den beiden mit den Augen. Es scheint zu klappen. Ich war von Anfang an davon überzeugt, als ich sah, wie Unita mit Pferden umgeht. Trotzdem folge ich ihnen eine Weile nach. Alles scheint bestens zu laufen: Ich bin überrascht, zu sehen, wie gut Savoyane einer Fremden gehorcht. Dieses Mädchen hat tatsächlich ein Gefühl für Pferde.

Bald darauf kommen sie zurück. Stolz erhobenen Hauptes, die Schultern gerade, ruft sie mir strahlend zu:

»Ich liebe dein Pferd! Es läuft wunderbar!«

Sie ist so glücklich, daß ich soviel Vertrauen zu ihr hatte, daß ich auch ganz froh davon werde.

Die Straße nach Borups Corners. Seitenstreifen und Panorama sind seit mehr als einem Monat immer die gleichen. Die Sattelschlepper, die meist mit einer Plane bedeckt sind, die im Fahrtwind knattert, überholen unseren Zug mit einem angenehmen Seitenabstand. Wenn möglich, fahren sie sogar ganz auf der linken Spur. Ich bin ihnen dafür dankbar. Ihre Rücksicht macht mir das Leben wirklich leichter. Die Greyhound-Busse grüßen jedesmal, wenn sie vorbeifahren. Auch bei den Lastwagenfahrern hat es sich herumgesprochen: Wenn sie unsere Karawane sehen und alles daran setzen, diese zu überholen, ohne sie allzu sehr zu stören, greifen sie nach ihrem CB-Funk, um ihre Kollegen zu informieren. Und sie finden auch noch die Zeit, mir zuzuwinken!

Der Seitenstreifen besteht aus Schotter oder Sand.

Bob's Bild geht mir immer noch im Kopf herum.

Picknickpause an der Straße.

Ich bin glücklich: Ich tue genau das, was ich tun wollte, vielleicht sogar schon viel länger, als ich das Bedürfnis bewußt spürte. Ich reise zu Pferd durch Kanada, ich begegne unterwegs Leuten, die mich interessieren, anderen, die mich gleichgültiger lassen und von denen ich trotzdem etwas lerne, indem ich Kontakte knüpfe, die mir helfen, mich selbst einzuordnen.

Ich passe mich weniger lustigen Situationen an, so gut es geht. Und ich merke, daß ich mich an mein Nomadendasein gewöhne; der besondere Rhythmus der Tage wird in seiner ständigen Wiederholung zur Gewohnheit.

Jetzt, nach drei Monaten Wanderleben, zahlreichen verschiedenen Situationen, reizvollen und solchen, bei denen ich etwas gelernt habe, scheint mir, daß ich mich im Kreise drehe, wenn ich meine Schale nicht zerbreche. Seine Schale zerbrechen, was heißt das? Ich habe verdammt keine Ahnung! Ich fühle nur, daß ich irgendwie über mich hinausgelangen muß. Aber wie? Auch darauf scheint es für mich keine innere Antwort zu geben, manchmal heule ich aus Verzweiflung darüber. Es gibt Tage, da gehe ich ziellos nach Westen, von dem unpersönlichen und allgegenwärtigen Autoverkehr seit allzu vielen Wochen ständig überholt. Wenn ich daran denke, wieviele noch vor mir liegen, resigniere ich manchmal vor dem enttäuschenden täglichen Einerlei.

Eine ältere Dame hält mit ihrem Wagen an. Sie fährt neunzig Meilen weit . . . nur, um wach zu werden. Das ist genau die Entfernung, die man zu Pferd in drei Tagen zurücklegt! Sie gibt mir zwanzig Dollar, einfach so. Ich habe den Eindruck, sie ist reich und langweilt sich.

Wir machen uns wieder auf den Weg. Die Bäume ziehen an uns vorbei, immer die gleichen, mehrere Stunden lang.

Dinorwich. Eine andere Dame lädt mich zu sich ein.

Ich packe den Futtersack auf Savoyanes Rücken und folge ihr. Sie hat sieben Söhne, und alle sind zuhause. Die Pferde stehen vor wieder anderen Bäumen, sie sind entladen und abgesattelt und fressen ihr Vollwertgetreide. Im Haus gehen die sieben Jungs irgendwelchen belanglosen Beschäftigungen nach. Der Fernseher, der sicher ununterbrochen läuft, beschäftigt die meisten von ihnen. Ein idiotisches Programm. Träge, ein Bier in der Hand, schauen sie untätig hin.

Und ich tue dasselbe, ohne auch nur ein Wort von dem zu verstehen, was dieses Unglücksding da von sich gibt. Ich schlafe ein. Nachdem ich die Pferde getränkt habe, schwinge ich mich in die Hängematte, die man mir angeboten hat, und mache beinahe eine Kehrtwendung von hundertachtzig Grad. Bin diese Dinger nicht gewöhnt!

Alles befindet sich bereits im NO MAN'S LAND, sei dies der kleine Fernsehschirm mit seinen unbedeutenden Botschaften oder das Land der Träume. Lautes Schnarchen bezeugt es.

Am nächsten Tag dieselbe Landschaft.

Dryden. Zentrum der Forstwirtschaft und kleine Industriestadt. Wir sind neben dem Wahrzeichen der Stadt stehengeblieben, einer riesigen Elchstatue. Es regnet.

Savoyane hat Angst vor diesem unbeweglichen Tier mit den stilisierten Formen. Es spreche auf sie ein, um sie zu beruhigen.

»Komm her, es tut dir nichts, komm nur näher. Schau, ich fasse es an und es rührt sich nicht.«

Sie pfeift darauf. Dieses bewegungslose Vieh gefällt ihr nicht und sie will auf keinen Fall daneben stehen bleiben. Warum sollte sie auch?

Durch den Regen hindurch sehe ich, wie ein Wagen anhält und der Chauffeur, ein schlanker junger Mann und seine Begleiterin, wahrscheinlich seine Frau, aussteigen.

»Was machen Sie da? Mit Ihren Appaloosas?«

Schau an, das reimt sich beinahe. Auf englisch jedoch nicht. »Na, du siehst ja, ich reise.«

»Kommt mit uns nach Hause. Wir haben Platz für die Pferde und für dich.«

Und wieder werde ich ungewöhnlich herzlich aufgenommen.

»Du darfst auf keinen Fall Ontario verlassen, ohne wenigstens einmal beim Fischfang dabeigewesen zu sein!« erklärt Randy. Manitoba ist in der Tat ganz nahe. Winnipeg, die Hauptstadt, ist mit dem Bus vier Stunden, mit dem Flugzeug eine Dreiviertelstunde und mit dem Pferd knappe sieben Tage entfernt . . .

Es ist schon späte Abenddämmerung, als er nach dem Essen seinen Laster anwirft. Und beherzt steigen wir bei seiner Holzhütte aus. Sie ist für's Fischen reserviert. Ein kleines Reich, ausgestattet mit den Mitteln, die zur Verfügung standen: alte Autositze, damit sich die Freunde rund um den Holzofen setzen können, der nach den regnerischen Herbsttagen guttut; eine kleine Kaffeecke. Das Radio, ohne Zweifel ein altes Familienerbstück, das näselnd für die musikalische Untermalung der Abende sorgt. Üblicherweise sind diese länger als die Zeit, die man auf den Seen oder, während der Jagdsaison, in den Wäldern verbringt: Jagd- und Angelsaison sind vor allem eine willkommene Gelegenheit, sich mit Freunden zu treffen. Dieses Jahr ist der September herrlich. Wir sind am Beginn des Altweibersommers, der Zeit, wo die bereits verfärbten Blätter, vom unerwartet milden Wetter nach den ersten Frösten noch einmal ermutigt, all ihren Duft verströmen.

Randy holt sein Boot heraus; er hat aus der Hütte eine Korbflasche mit Wein mitgenommen. Ich frage mich, wozu. Später erfahre ich, daß man selten fischt oder jagt, ohne irgendwelchen Alkohol mitzunehmen, am liebsten CHEAP (also billig) und stark. Da ich wirklich keine Ahnung von all dem habe, packe ich die Flasche am Hals und trinke ein paar Schlucke daraus. Nicht gerade vollmundig, sondern eher . . . stark und herb, auch schlecht zu identifizieren . . . Schwer, sich auf Anhieb eine Meinung dazu zu bilden. Ich probiere noch einmal.

Inzwischen sind wir in der Mitte des Sees angelangt und tauchen die Angelruten ins Wasser. Die Wasseroberfläche ist unbewegt, kein Hauch, nicht das leiseste Erzittern, das uns erklären könnte, warum wir eigentlich hier sind. Und doch ist es die »solunare« Stunde, wo die Fische normalerweise unter dem gemeinsamen Einfluß von Sonne und Mond mit der Nahrungsaufnahme beginnen.

Da die Wasserbewohner offensichtlich nicht mitspielen wollen, greife ich erneut nach der Flasche, um mich aufzuwärmen. Die Sonne ist tatsächlich seit geraumer Zeit in die ölige Flüssigkeit getaucht, ohne daß diese auch nur ein bißchen erzittert wäre. Nicht ein Fältchen kräuselt die Trennungslinie zwischen der stillen, flüssigen Masse unter unserem Kiel und der Atmosphäre.

Alles ist unbeweglich, erstarrt und gleichzeitig vibriert es von einer Gegenwart, die sich nur ahnen läßt. Als wir uns schließlich darin einig sind, daß die Fische offensichtlich schlauer sind als wir, ist die Nacht ganz hereingebrochen und die kristallklare Luft ist frisch geworden.

Es ist Zeit, zurückzufahren. Zuhause hat Mama Randy inzwischen ein tolles mexikanisches Essen vorbereitet, geräuchert und pikant, gerade richtig für das Ende eines Sommerabends wie diesen. Leider bekommt mir dieser Übergang nicht. Ich werfe mich ohne Hemmungen auf das Sofa im Salon, während meine Gastgeber fröhlich feiern und schmausen.

Enjoy the great fishing in Ontario!

Am nächsten Morgen scheinen die Gegenstände in meiner näheren Umgebung wieder an ihrem richtigen Platz zu stehen; es wurde auch höchste Zeit: all diese Dinge, die völlig grundlos um mich herumtanzten, das war wirklich unmöglich!

Olga, Randy's Mutter, arbeitet in der Papiermühle. Die holzverarbeitende Industrie ist der wichtigste Arbeitgeber hier in der Gegend.

Das also wird aus den Wäldern: Papier, Zäune, Baustoff – zum geringeren Teil – und Feuerholz. Das Papier wird aus Fichten und bestimmten Pinienarten hergestellt. Die Fabrik stößt dichten Rauch aus, egal, was verbrannt wird, und füllt den Himmel mit dicken weißen Wolken.

Jeder Teil des Landes, durch den ich gekommen bin, hat seine eigene Atmosphäre. Und obwohl man auch zu Pferd das Gefühl hat, »schnell vorüberzuziehen«, weil man eigentlich nirgends wirklich bleibt, spürt man so etwas wie einen Duft, der dieses oder jenes Stück des alten Siedlerweges charakterisiert.

So liegt Dryden mitten auf einer typischen Linie, die kurz nach Thunder Bay beginnt und an der Grenze zwischen den beiden Provinzen Ontario und Manitoba endet, einer Linie, an der im regelmäßigen Abstand von etwa zwanzig Meilen die Ortschaften liegen. Diese bestehen aus ein paar Häusern, abgesehen von kleineren Städten wie Dryden oder

Kenora. Letztere hat elftausend Einwohner. Für jemanden zu Pferd ist das schon eine sehr bedeutende Stadt!

Von einer menschlichen Behausung zur anderen inmitten dieser unendlichen Natur aus Seen und Wäldern scheint man sich nicht wirklich zu kennen. Durch das Auto werden die Entfernungen kürzer, aber die Menschen hat es einander nicht näher gebracht.

Manitoba

Die Winterpause

Vierzehn Tage, bevor der erste Schnee fällt, komme ich in Winnipeg an. Der nicht endenwollende Wald von Ontario hörte ganz plötzlich, kurz vor der Provinzgrenze, auf.

Beim Anblick der unendlichen, grünen Weite, die sich vor ihnen ausbreitete, wurden die Pferde fast verrückt vor Freude. Ein Baum nach dem anderen, und das fast zwei Monate lang, das hatte sich auch ihnen aufs Gemüt gelegt.

Für meine vierbeinigen Weggenossen einen Unterschlupf zu finden, wird in Winnipeg, der Hauptstadt des Pferderennsports, kein Problem sein. Nachdem ich mich ein wenig in der Gegend umgesehen habe, bringe ich sie und mich selbst in einem Stall mit Rennpferden unter, wo auch ich rennen muß, und zwar in einem dunklen, stinkenden Schuppen, von sieben Uhr morgens bis acht Uhr abends. Am Anfang hab ich keine andere Wahl, wenn ich das Quartier für meine Kameraden behalten will, und ich muß mich fügen. Den ganzen Tag über karre ich Mist, während draußen der Sommer erlischt, und nicht einmal den Winter sehe ich dieses Jahr von Westen her kommen.

Ich erfahre es von den anderen: »He, du, Französin, schau mal, der Schnee!«

Das ist mir zuviel. Ich kann sie nicht mehr sehen. Abgesehen von den jungen Leuten, die für die Ställe verantwortlich sind, einem Pärchen aus Skandinavien, das übrigens schon seit zwei Jahren hier schuftet, kann ich die Eigentümer und ihre Angestellten und die idiotische Arbeitszeit, die sie hier haben, nicht mehr ertragen! Eines schönen Morgens verkünde ich ihnen, daß ich den beißenden Geruch ihrer Pferde nicht mehr aushalte, daß ich nicht nach Kanada gekommen bin, um hier den Winter über ihren Pferden den Hintern zu wischen, nur, um für meine eigenen eine feste Unterkunft zu haben. Wir einigen uns dahingehend, daß sie meine Pferde behalten und sie mit dem Futter ernähren, das ich weiterhin von meinem Sponsor bekomme, während ich mir etwas anderes suche.

Inzwischen habe ich, auf einen Artikel hin, den die manitobanische Tageszeitung bei meiner Ankunft in der Provinz über meine Expedition veröffentlicht hat, einen Brief bekommen. Er ist in Saint-Boniface, einem französischsprachigen Stadtteil von Winnipeg, abgeschickt worden. Die Nachricht ist in zwei Kopien abgefaßt, einer französischen und einer englischen.

Ich beschließe, ihre Verfasserin, Maxine, aufzusuchen. Sie teilt mir mit, daß sie ein Pferd namens Cash besitzt, zu Ehren des Sängers Johnny Cash. Sie ist sicher, daß sich ihr Pferd über das tägliche Abenteuer eines solchen Vagabundenlebens freuen würde. Sie selbst fühlt sich bereit, einmal woandershin zu gehen, aus einem Leben auszubrechen, das sie nicht mehr zu befriedigen scheint. Kurz, ihre Motivationen ähneln meinen eigenen, als ich beschloß, aus Frankreich fortzugehen, und der Ton ihres Briefes macht mir Lust, sie kennenzulernen.

Ich komme zu einem großen, weißen Haus, das sich kaum von dem dicken Schneeteppich abhebt, der es umgibt. Hinter der Tür höre ich Bob Dylan singen. Noch bevor ich eingetreten bin, umfängt mich eine bestimmte Atmosphäre. Ich klopfe. Eine junge Frau mit kurzen, schwarzen Haaren und Brille macht mir auf.

»Du bist Dominique? Komm herein!«

Maxine, eine Franko-Manitobanerin, spricht französisch mit einem Akzent, den ich bisher noch nicht gehört habe. Mir gefällt ihre Art sofort, sie ist einfach und direkt.

Während sie Kaffee macht, habe ich Zeit, mich ein wenig umzusehen. Bücher bedecken zu einem Drittel die Wände. Zwei Stehlampen, die von Form und Größe her eigentlich nicht zusammenpassen, ergänzen sich trotzdem erstaunlich gut in diesem kleinen Universum, das ganz in den Farben braun und schwarz gehalten ist und wo die verschiedensten, eigentlich wertlosen Gegenstände mit soviel Geschmack verteilt sind, daß das Ganze eine Harmonie ausstrahlt, in der man sich sofort wohlfühlt.

Ihre Stimme kommt aus der Küche:

»Willst du Zucker oder Honig im Kaffee?«

Das Mädel ist wirklich köstlich!

Ich stehe auf und gehe zu ihr in die Küche, die im selben Stil eingerichtet ist, mit Dingen, die man eben gerade so zur Hand hat.

»Weder . . . noch. Schwarz und stark . . .«

Wir gehen ins Zimmer zurück, wo Dylan inzwischen aufgehört hat, zu singen. Maxine dreht die Platte um und wieder erfüllt seine Stimme den Raum.

Sie und ich, wir brauchen uns nicht erst groß miteinander bekannt zu machen. Wir haben beide sofort das Gefühl, daß wir uns schon lange kennen. Und von Anfang an hat es uns nicht an Gesprächsthemen gefehlt.

»Für morgen abend habe ich ein paar Freundinnen eingeladen, die dich kennenlernen wollen.«

Und am nächsten Tag kommen Lisa, eine Schulfreundin, und etwas später Paige, auch eine Klassenkameradin von Maxine.

Offensichtlich interessiert das, was ich tue, jede von ihnen aus einem persönlichen Grund. Der Traum von der Freiheit und von neuen Horizonten ist einer der Hauptfaktoren ihres Interesses.

Eine nach der anderen bringen sie mich zum sprechen; sie wollen von mir Einzelheiten hören, genaue technische Details und was ich so fühle. Und sie bringen mich dazu – ich bin selbst überrascht, wie gut ich in Schwung bin – daß ich ihnen eine meiner wichtigsten Motivationen darlege. Die mir damit selbst erst richtig klar wird . . .

Was diese »Mauer« betrifft, die mir den Blick verstellte, und den Elan, den ich vor meiner Abreise aus Frankreich hatte, so habe ich den Eindruck, daß diese für immer überwunden sind. Ich habe mit Maxine über den Stall gesprochen, wo sie ihr Pferd untergestellt hat. Ich werde zu seiner Besitzerin gehen. Zum Glück ist diese, Irène, bereit, weitere Logiergäste aufzunehmen. Auch sie ist französischsprachig. Ihre Mutter ist in Saint-Malo geboren und in die kanadischen Prärien ausgewandert, weil ihre Familie dort Land bekommen konnte.

Seit mehreren Wochen ist der Winter jetzt endgültig da. Die großen Prärien sind gleichmäßig mit einer weißen Decke überzogen, die meistens in hellem Sonnenschein glitzert. Manchmal wird die oberste Schicht vom Wind emporgetragen; und wenn er stärker wird, entsteht eine Erscheinung, die man Blizzard nennt.

Das ist dann die Garantie dafür, daß man wirklich überhaupt nichts mehr sieht. Die Luft ist voller Kristalle, während die Sonne ein beinahe lunares Licht verbreitet. Die Atmosphäre ist bedrückend, weil man nichts sieht. Und die überwältigende Helligkeit der in dieser Sintflut verlorenen Sonne läßt das ganze in blendendweißem Licht erstrahlen.

An dem Tag, als ich mit Maxine von den Pferden zurückkomme, erleben wir ein seltsames Schauspiel. Durchscheinende und fast mit Händen greifbare Wirbel erheben sich rings um uns her und der Wagen dringt immer tiefer in eine Art kosmisches Ballett ein. Wenn ich am Steuer gesessen hätte, hätte ich den Wagen, der in diesen dämonischen Kreisen gefangen war, angehalten. Maxine begnügt sich damit, das Ereignis zu kommentieren, wobei sie den doch eher irrationellen Charakter der Welt, in der wir uns fortbewegen, mit »Holy shit! Look at this one!« unterstreicht.

Ich habe ihren Freund Ken kennengelernt, der an einem der Abende, als wir Freunde eingeladen hatten, plötzlich hereinschneite; mit wild zerzaustem Haar stand er an der Tür, von den Scheinwerfern des wartenden Taxis angestrahlt. Bei all den Leuten, die zu Maxine gekommen waren, sah es aus, als sei er einer der Gäste.

Von Anfang an mochte ich diesen Burschen mit dem widerborstigen Haar. Er scheint ehrlich zu sich selbst zu sein. Und doch hat er zwei Leben, zwei Frauen, und er weiß nicht, für welche von beiden er sich entscheiden soll.

Ich akzeptiere ihn, weil ich eine Freundin bin, aber ich verstehe Maxine, die langsam anfängt, sich gegen die Situation zu sträuben.

Ich erlebe mit ihnen all die herrlichen Jugendträume wieder. Das Leben ist voller Freundschaft, es ist das Wiedersehen mit einer Welt, die von der Zeit begraben worden war und jetzt neu ersteht.

Winnipeg ist eine nordamerikanische Stadt.

Wenn ich durch die Hauptstraßen gehe, habe ich den deutlichen Eindruck, daß ich nicht weiß, wo ich bin. Ich habe keinen Sinn für die kartesianische Logik und Straßen, die sich rechtwinklig schneiden, ohne daß auch nur die geringste Hoffnung auf eine unvorhergesehene Kurve besteht, bringen mich dauernd durcheinander. Die erste kanadische Stadt, in der ich mich länger aufgehalten habe, war Montréal. Vielleicht liegt es am Französisch, das man dort auf der Straße spricht, oder an der südländischen Atmosphäre, die man trotz der geradlinig verlaufenden Straßen atmet, aber ich hatte in Montréal nie dieses Gefühl des Verlorenseins wie hier, in der ersten Provinzstadt im Westen.

Dazu kommt allerdings auch die Jahreszeit. Man hatte mich davor gewarnt und jetzt wird es mir mit aller Klarheit bewußt: »Du willst deinen ersten kanadischen Winter in Winnipeg verbringen? Dann sei auf den Kulturschock gefaßt . . .« Kulturschock . . . Genau. Ich erlebe die Nachwirkungen eines Schocks, seit ich hier eingetroffen bin.

Das Nomadenleben plötzlich abzubrechen und ein seßhaftes Leben zu führen, muß einen ja völlig durcheinanderbringen. Und es ist nicht nur das.

Dauernd minus vierzig Grad Celsius, der Wind, bei dem man durch den Jeansstoff hindurch sofort zu Eis erstarrt, die Leute, die nur dick vermummt herumlaufen oder überhaupt nicht mehr ins Freie hinausgehen, sondern den ganzen Winter nur auf unterirdischen Straßen herumlaufen. Auch das völlige Fehlen irgendwelcher geographischer Anhaltspunkte in den Prärien nimmt einen mit. Der Horizont erstreckt sich hier in unabsehbare Fernen, nachdem die Wälder Ontarios mir auf meinem Weg über den Trans-Canada Highway viele Wochen lang die Sicht versperrt haben.

Im Augenblick fühle ich es nur dumpf, doch da ist irgendetwas, das in mir zerreißt. Und mit aller Kraft versuche ich, mich an meinem bisherigen Leben festzuklammern, obwohl ich sehr gut weiß, daß ich eine andere Richtung eingeschlagen habe und auf ein neues Leben zugehe.

Bob hat mich angerufen. Ich weiß noch nicht, wo diese Beziehung uns hinführen wird, obwohl ich weiß, daß ich ihn liebe. Meine Unabhängigkeit geht mir über alles, und ich habe das Bedürfnis, allein zu leben, mich in meinem neuen Leben mit mir selbst zurechtzufinden. Im übrigen scheint mir, daß das Leben zu zweit heutzutage die Dinge besonders kompliziert: Man muß sich auf den anderen einstellen, auf ihn Rücksicht nehmen, Rechenschaft ablegen . . . Das Leben ist offen, frei, voll von Versprechungen. Und ich glaube, das Alleinsein bringt einem Verantwortungsgefühl bei und lehrt einen, sich selbst jederzeit im Griff zu haben, und das bringt einen weiter.

Er schlägt mir vor, daß wir uns wiedersehen sollen. Das erste Mal übrigens, seit wir uns kennengelernt haben. Natürlich werde ich hinfahren. Trotz meines tiefen Bedürfnisses, jeder Abhängigkeit aus dem Weg zu gehen, habe ich nur den einen Wunsch: ihn wiederzusehen.

Ich versteh noch immer nicht, was mit mir passiert ist. Wir werden bei dieser Gelegenheit seinen besten Freund besuchen, der am Rande der James Bay, südlich der Hudson Bay, wohnt, in einem der Landstriche mit arktischem Winter.

Moosonee liegt mitten im borealen Wald. Eine Siedlung, die zur Zeit der Pioniere von der Hudson Bay Company für den Pelzhandel gegründet wurde. Man gelangt nur mit der Eisenbahn oder mit dem Flugzeug dorthin.

In Cockrane besteigen wir den »Polar Bear Express«, der uns in sechs Stunden hinbringen wird. Das ist eine mittlere Strecke in einem Land, das man mit der Eisenbahn, parallel zum Trans-Canada Highway, in vier Tagen und fünf Nächten durchquert.

In den Waggons gibt es Sessel, die man drehen oder zum Schlafen zurückklappen kann. Wenn man mit Freunden reist, kann man so eine Art kleinen Salon bilden.

Der Waggon ist voll besetzt und die Mehrheit der Reisenden sind Indianer, die aus der Stadt im Süden in ihre Dörfer im Wald zurückkehren. Sie sind besser auf die lange Fahrt vorbereitet als wir und tragen fast alle riesige Stereoradios mit sich herum, die die Mitfahrenden mit den unterschiedlichsten Konzerten einlullen.

Zum Mißklang der verschiedenen Musiksendungen ertönt plötzlich aus einem Radio am Ende des Wagens sehr laut eine feierliche Stimme. Es ist eine Predigt. Und um die Gruppe von vier dicken Mädchen, die das Radio eingeschaltet haben, wird es gezwungenermaßen still. Ich hoffe, daß sie rücksichtsvoll genug sind, den Ton leiser zu stellen, wenn sie erst in Verzückung geraten sind. Aber nein, es hat den Anschein, daß sie selbst das Wort Gottes predigen wollen.

Nach einer Weile kann ich nicht mehr an mich halten; ich stehe auf und gehe zu ihnen hin. Sie sehen mich ein bißchen herausfordernd an, als ich sie bitte, ihr Ding leiser zu stellen. Alle Indianer rundherum starren zu uns her. Da tun die Mädchen so, als hörten sie mich nicht. Die, die das Radio hält, wirft den Kopf nach hinten, als ob sie in tiefe Meditation versunken sei.

Treffpunkt für die Cowboys und ihre verschiedenen Herden für den Viehauftrieb am nächsten Morgen. Tom, (links) ein Freund von Syd und Donna, ist sich nicht sicher, ob Claude, während er seine Aufnahmen macht, nicht die Ruhe der Herde stört und eine »Stampede« provoziert. Der Vorabend des Viehauftriebs gibt die Gelegenheit, sich wiederzusehen und miteinander zu schlemmen . . .

. . . aber früh am nächsten Morgen ist jeder an seinem Platz, um das Vieh auszusortieren.

oben: *Syd hat mich als »Treiber« postiert: Meine Aufgabe ist es zu vermeiden, daß die Tiere auseinanderlaufen.*

unten: *Schotterstraße bis zum Taleinschnitt.*

Ich wiederhole meine Bitte etwas lauter. Und bleibe vor ihnen stehen, bis sie zumindest zu verstehen geben, daß sie mich gehört haben. Dazu muß ich laut schreien, damit meine Stimme die des Predigers übertönt. Ich muß es sogar fast befehlen! Aber es ist keine Frage, daß man unter solchen Bedingungen nicht mehrere Stunden zubringen kann.

Der Urwald ist jetzt in einem Blizzard verschwunden. Die Äste biegen sich unter der Wucht des Windes, weiße Schauer fegen durch das Unterholz. Die Landschaft, in die wir eindringen, erstarrt mehr und mehr unter einem strahlendweißen Schneefilm. Als wir in Moosonee angekommen sind, bringen uns Bobs Freunde in ihr Haus am anderen Ende des Dorfes. Ohne es zu merken, haben wir einen zugefrorenen See überquert, auf dem die Bewohner mit ihren Motorschlitten eine Straße gespurt haben.

Die Leute hier oben scheinen ein bißchen anders zu sein. Die Entfernung von den Zentren der Zivilisation hat zwischen den Menschen im Norden und denen, die entlang der bewohnten Straßen leben, einen gewissen Abstand geschaffen. Und da die Isolierung menschenscheu oder schüchtern macht, und da die Öffnung nach außen nur begrenzt möglich ist, zieht man sich auf sich selbst zurück.

Während ich mich an diesen Zustand gewöhne, beginne ich, ihn zu begreifen. Kälte isoliert, Raum auch. Aber nie habe ich soviel menschliche Wärme erlebt, wenn ich jemandem die Hand drückte.

Bevor man diese völlige und schwer zu ertragende Einsamkeit akzeptieren kann, muß man, wenn man an das lärmende Gewühl des europäischen Lebens gewöhnt ist, manche unangenehme Gemütsverfassung durchleben. Europa, der alte Kontinent. Er ist weit. Er lädt einen zum Träumen ein, denn er ist die Wiege aller Kulturen, die nach Kanada ausgewandert sind. Aber das ist eine andere Welt.

Auch mit Schweigen kann man viel ausdrücken. Bob erzählt mir die Geschichte von jenem Indianer, der sie hin und wieder besucht: »Er kommt und zieht seinen schweren, schneebedeckten Fellmantel aus. Draußen steht sein mit Fellen beladener Schlitten und seine Hunde warten im Schneegestöber. Er kommt herein und setzt sich neben seine Gastgeber.

Er bleibt länger als eine Stunde so sitzen, ohne ein Wort zu sagen. Danach fährt er wieder weg, wie er gekommen ist.«

Das ist ihre Art, Freunde zu besuchen; sie verbringen Zeit mit ihnen, teilen miteinander den Augenblick.

Ich habe einen Motorschlitten genommen, um Orte aufzusuchen, die so isoliert sind, daß dort keine Spuren von Menschen mehr zu finden sind. Um Fotos zu machen. Bevor ich losgefahren bin, habe ich einen dickgefütterten Mantel angezogen und kälteabweisende Handschuhe übergestreift, die von den Indianern angefertigt werden. Dann habe ich mein Motorroß bestiegen und bin, abseits der Piste, nach Westen gefahren.

Es ist irre. Ich gebe Vollgas, und Moosonee verschwindet hinter mir in rasender Geschwindigkeit. Ich stürme immer geradeaus, nichts versperrt mir den Weg und der Motorschlitten gleitet leicht über die dünne Schneeschicht, die das Eis bedeckt. Da die Sonne scheint, ist es nicht kalt. So um die fünfundzwanzig Grad minus. Es ist mir bewußt, daß ich verrückt werde, aber das bringt mich nur umso mehr zum Lachen. Ich stürze mich in die nackte, weiße Unendlichkeit. Die Maschine heult auf, verschlingt den Raum. Ich klammere mich am Lenker fest, trunken von der Geschwindigkeit und dem seltsamen Gefühl, nirgendwo zu sein. Und ich fange an zu schreien, weil ich mich so gut fühle, so glücklich, so unbeschwert.

Nichts. Auch nicht ein Hauch von Leben gibt mir Antwort. Da ist nur die Stille und jene andere Naturmacht, die sich mit der berauschenden Unendlichkeit verbündet – ein Wind kommt auf.

Mister Bridge, der Leiter der Tourismusabteilung in Manitoba, hat meinen Vorschlag positiv aufgenommen. Ich habe mich in der Tourismusabteilung vorgestellt und dort erzählt, was ich in Kanada mache. Ich habe ihnen gesagt, daß ich in den hohen Norden gehen wolle, um dort ein bißchen in der Atmosphäre von Jack Londons Erzählungen zu leben.

Und so bin ich erneut unterwegs, wieder mit der Eisenbahn, diesmal in Richtung Hudson Bay.

Mein Freund in Frankreich, auf dessen Absage hin ich mich entschlossen habe, diese Reise allein anzutreten, ist gekommen, um mit mir zu reden, nach einem Jahr der Trennung.

Im Zug, der uns langsam durch den schlafenden Nordwald bringt, haben wir Zeit, miteinander zu reden. Und ich habe Zeit, festzustellen, daß ich nicht mehr mit ihm nach Frankreich zurückkehren will.

Erst wenn man einmal fortgegangen ist, kann man sich selbst und die anderen wiederfinden. Durch das, was ich seit meiner Ankunft hier erlebt habe und vor allem durch die Begegnung mit Bob, weiß ich genau, daß ich unsere Beziehung, so wie sie vorher war, nicht mehr akzeptieren kann. Unsere beiden Persönlichkeiten passen nicht mehr zusammen, und ich glaube nicht, daß wir eines Tages zur selben Wellenlänge zurückfinden können. Ich habe einen anderen Weg eingeschlagen und ich möchte, daß man mich in Ruhe läßt.

Vor meiner Abreise nach Kanada haben wir uns gesagt, wenn wir je wieder zusammenkommen sollen, dann wird das, unter welchen Bedingungen auch immer, geschehen. Ich werde mir darüber klar, wie tief ich mich in dieses einsame Abenteuer hineingestürzt habe.

Churchill, sieben Monate Eis und Blizzard. Das Land der Inuits und der Polarbären

Die Barackenstadt Churchill liegt auf dem Migrationsweg der Polarbären am Rande der Hudson Bay. Und das erklärt die Aufregung, die ihre Bewohner regelmäßig jeden Frühling und Herbst erleben, wenn die Raubtiere der Arktis vorüberziehen.

Es ist Februar. Und mitten in einer Zeit, in der sich hinsichtlich der polaren Tierwanderungen nichts abspielt. Die Eisbären sind im Süden der Bay, um Seehunde zu jagen, die sich dorthin zurückgezogen haben, wo das Wasser nicht zufriert.

Anfang Mai bekommt das Packeis Risse. Und dann erlebt Churchill die Rückkehr der mörderischen Säuger und auch die von mehr als zweihundert verschiedenen Vogelarten, die sich auf der Tundra niederlassen. Es ist die letzte Etappe auf von Menschen bewohntem Boden, bevor sie in die unendlichen Weiten im Nordwesten zurückkehren.

Die kleine Stadt in der Arktis lebt vom Tourismus und vom internationalen Seehandel. Sie ist der bedeutendste Hafen in der Hudson Bay, obwohl die Schiffahrt nur zweieinhalb Monate im Jahr möglich ist. Die restliche Zeit, wenn der Einsatz von Eisbrechern notwendig wird, sind die Kosten nicht mehr konkurrenzfähig. Von hier aus wird das Korn aus der »Kornkammer der Welt« nach Europa geschickt. Der Seeweg über den Nordpol ist der kürzeste, den es überhaupt gibt. Seine Gründung fällt ins 17. Jahrhundert zurück und hatte damals zum Ziel, den Pelzhandel in den nördlichen Gebieten zu kontrollieren.

Die berühmte Hudson Bay Company, zu der einst die Trapper ihre Felle brachten, wird jetzt etwas bescheidener »die Bay« genannt. Sie besteht aus über ganz Kanada verstreuten Geschäften, kleinen Supermärkten, in denen man alles findet, vom Pelz bis zu Lebensmitteln. Die Geschäfte im Norden werden einmal in der Woche durch den Zug beliefert. Und das erklärt auch, warum die Auslagen die meiste Zeit über so dürftig sind; sobald nämlich die Lebensmittel eintreffen, stürzen sich die Leute darauf, um alles einzukaufen, was sie brauchen, und wer zu spät kommt, muß auf die nächste Lieferung warten.

Aus diesem Grund haben Bill und Linda – sie stammt aus Churchill – ihren BOREAL GARDEN – ihren »Garten des Nordens« – angelegt, der der Stadt alles Gemüse, das sie braucht, liefern soll, sogar während der Touristensaison.

Sie leben einige Kilometer außerhalb von Churchill und haben zahlreiche Gewächshäuser gebaut, um ihren Plan auszuführen.

»Wir wohnten am Trans-Canada Highway in Ontario«, erklärt Bill, »und dann haben wir beschlossen, in die Heimatstadt meiner Frau zurückzukehren und dort etwas zu machen, was es noch nicht gibt.«

Ein schwieriges Unterfangen! Zunächst wegen der Lebensbedingungen. Und dann auch wegen der Frage, ob das Unternehmen überhaupt gelingen würde; Churchills Klima ist nämlich das einer Halbwüste, und das Problem Nummer eins ist das Wasser. Niederschläge sind selten.

Bill erklärt:

»Wir fangen bei der Schneeschmelze im Juni das Schmelzwasser in einem Brunnen von fünftausend Gallonen auf. Das reicht, um mit unserem Haushalt und unserer Produktion autonom zu sein. Sonst müßten wir es kaufen.

Eine Windkraftanlage versorgt uns mit Strom. Wegen des Permafrostes – der Boden ist das ganze Jahr hindurch gefroren, abgesehen von der kurzen Sommerperiode, wo er, je nach Breitengrad, bis zu einer Tiefe von ein bis drei Metern auftaut – können wir uns die Annehmlichkeit einer Klärgrube nicht erlauben.

Für die Gewächshäuser benutzen wir ein chemisches Düngemittel und Torf. Wir bereiten unseren Pflanzen ein Bett aus Backsteinen, die wir mit Glaswolle isolieren, dazu kommen Torf und Schlamm aus dem Churchill River. Jedes Jahr produzieren wir Kohl, Kartoffeln, Paprika, Zucchini, Radieschen, Salat, und drinnen bauen wir Erdbeeren, Broccoli und Tomaten an.«

Linda erzählt mir, daß früher, als sie noch ein Kind war, ihre Mutter einen Sommergarten hatte. Daher wußte sie, daß das möglich war. Jetzt wollen sie versuchen, den Bedarf der Stadt an Zitrusfrüchten zu stillen.

»Wie Churchill liegen auch wir mitten auf dem Weg, den die Polarbären während ihrer Wanderungen nehmen«, fährt das Paar fort. »Vor zwei

Jahren, im Frühjahr, kam eine Horde hungriger Polarbären in den Norden zurück. Alle in der Gruppe waren so mager, daß man Angst kriegen konnte. Es war ein schlimmes Hungerjahr für sie gewesen. Nur einer schien nicht darunter gelitten zu haben!«

»Du hättest ihn sehen sollen . . .«, fährt Linda, noch ganz unter dem Eindruck des Entsetzens, fort, »er war wie . . . wie ein König! Alle anderen krepierten fast vor Hunger, aber er hatte anscheinend immer gefunden, was er suchte! Bill und ich sahen sie an unseren Fenstern vorbeiziehen, und es war uns unbegreiflich, wie er das geschafft hatte!

Und dann sind sie natürlich alle zur Farm gekommen. Sie haben viele von den Gewächshäusern geplündert, aber wir konnten nichts dagegen machen. Man darf nur im Falle der Verteidigung auf einen Polarbären schießen, weil zuviel Mißbrauch damit getrieben wurde. Seine Haut liegt heute mit dreitausend Dollar im Kurs. Ein kleines Vermögen für die Trapper. Und außerdem hatten Bill und ich uns ja dafür entschieden, hier zu leben, wir wußten von den Gefahren.

Während also die Horde erfolglos in unseren Gewächshäusern wühlte, kam der große Bär mit sehr entschlossenem Schritt auf das Haus zu. Er wußte, daß hier Menschen waren, also auch Nahrung. Er hat die Eingangstür ebenso mühelos zertrümmert, wie wenn wir durch eine Glasscheibe gehen, und er drang in die Luftschleuse ein, die zum Haupteingang des Hauses führt. Bill hat sein großes Gewehr genommen, für alle Fälle. Dieses polare Ungeheuer sah so entschlossen aus! Er versuchte, die Eingangstür aufzukriegen, und wir völlig machtlos! Bill wollte bis zum letzten Moment warten, bevor er schoß. Wir hatten die Polizei angerufen, aber die kam und kam nicht, wegen des schlechten Wetters.

Bill stand dem Bären gegenüber, er war ihm so nahe, wie ich jetzt, während ich dir diese Geschichte erzähle. Sie waren nur durch diese gepanzerte Eingangstür getrennt, die den Angriffen des Raubtieres jedoch nicht mehr lange standhalten würde. In den Augen des Tieres konnte ich lesen, daß es in Bill sein Frühstück sah. Dieser riesige Bär hatte die Ruhe von einem, der keinen Widerstand kennt. Es war entsetzlich: Er sah in meinem Mann seine Mahlzeit und er wußte, daß er sie bekommen würde. Er ging ganz ruhig vor, ohne jede Furcht.

In diesem Augenblick haben wir das Polizeiauto gesehen, wie es in unseren verschneiten Weg einbog. Von dort, wo sie waren, brauchten sie noch mindestens zwei Minuten, bis sie bei uns waren.

Bill hatte seine Waffe durchgeladen. Wenn er ihn nicht mit dem ersten Schuß richtig traf, war er verloren. Der Bär war riesig, er hatte sich auf den Hintertatzen aufgerichtet. Er war fast dreieinhalb Meter groß.

Dann blieb der Polizeiwagen in der Nähe stehen und einer der Offiziere stieg mit einem Narkosegewehr aus. Der Bär ist zusammengebrochen und sie haben ihn mit dem Hubschrauber nach Norden gebracht, so wie sie es immer mit den Tieren tun, die der Bevölkerung Probleme bereiten. Der Rest der Horde war geflohen.

Wir sind gerade dabei, uns ein spezielles Material für Türen und Fenster zu besorgen. Es sieht aus wie hartes Plastik, wie kugelfestes Glas, und es ist sehr gut als Schutz vor den Krallen der Bären.«

Die Geschichte, die Bill und Linda zugestoßen ist, ist in der Gegend von Churchill gang und gäbe. Die Inuits wissen sehr gut, daß man bei Blizzard niemals das Haus verlassen darf, nicht einmal innerhalb der Stadt. Man hat eine Anzahl Systeme erfunden, um diese Art Zwischenfälle zu vermeiden.

Das neueste besteht darin, daß man die Stadt mit einem magnetischen Gürtel umgeben will. Aber dann brauchten die Bewohner, die außerhalb dieser Grenze fahren wollen, jedesmal eine Sondererlaubnis. Das wäre zu kompliziert geworden und man hat die Idee wieder fallengelassen. Seitdem gibt es nichts, was einem Sicherheit garantieren könnte, wenn man zur Zeit der Eisbärwanderung bei schlechtem Wetter das Haus verläßt.

Abends in der Bar. Drinnen ist die Luft stickig vom Rauch. Die Bar ist klein und langgestreckt. Es ist erstickend heiß. Auf den Tischen Bierflaschen. Drumherum Männer und Frauen, vor allem Inuits. Die Juke-Box leiert die Schlager dieses Winters herunter.

Heute morgen habe ich den Termin bei den Getreidesilos, wo die Ernte der großen Ebenen gesammelt wird, bevor man sie nach Europa schickt, abgesagt. Es war nämlich Schneesturm. Eisig kalt und unmöglich, etwas zu sehen. Man konnte keinen Meter weit gehen, ohne um Luft zu ringen.

Das ist nicht der beste Ort, um ein Gespräch anzufangen.

»Du bist als Touristin hier?«

Wie bei den Indianern ist da zuerst instinktives Mißtrauen und Schüchternheit gegenüber dem Weißen.

Aber im Gegensatz zu den Indianerstämmen, die jetzt in Reservaten leben, sind die Inuits nicht aus ihrer Umgebung herausgerissen worden. Man hat ihnen auch gewisse Rechte für die Jagd und das Fischen gelassen, die größer sind, als die der Weißen.

Das Packeis wird nicht in Territorien eingeteilt. Hier, in Churchill, leben die »eingeborenen Kanadier« zwar ebenfalls von Staatszuschüssen, aber sie fertigen auch die traditionellen Mäntel, dicke, fingerlose Handschuhe und andere Accessoires aus Karibuhaut und -fell an, die dann an die Touristen verkauft werden.

Heute abend gibt es ein Fest und wir gehen zusammen trinken. Auf dem Tisch erscheint ein Pint Bier nach dem anderen. Ich erinnere mich an ein einfaches und herzliches Zusammensein. Wo Worte keine große Bedeutung hatten. Die Leute vom Norden drücken sich nicht so sehr mit Worten aus. Die Kommunikation läuft über andere Zeichen, das Schweigen eingeschlossen.

Mrs. Totoo ist eine Inuit. Sie ist die Mutter einer meiner Freundinnen in Winnipeg. Ich gehe, ihr einen Besuch abzustatten, denn man kann nicht nach Churchill fahren, ohne Mrs. Totoo zu besuchen, wenn man eins ihrer Kinder kennt.

Sie wohnt in einem kleinen Häuschen, in einem Viertel ziemlich weit außerhalb vom Stadtzentrum von Churchill. Eine ihrer Töchter macht mir die Tür auf und führt mich in die Küche, wo die Kaffeemaschine fast unaufhörlich in Betrieb ist, wie in allen kanadischen Häusern.

Sie erzählt mir in hervorragendem Englisch von ihrem Leben als junges Mädchen auf dem Packeis, von ihrer Heirat und ihren sieben Kindern und von dem völlig veränderten Leben, das sie seitdem führt.

Auf dem Packeis geboren, war Mrs. Totoo, die jetzt ungefähr sechzig Jahre alt ist, Nomadin, wie alle Inuits vor ihrer Seßhaftwerdung. Jahrelang hat sie im Sommer in Lederzelten und im Winter in Iglus gelebt, während sie den Wanderungen der Tiere folgte, von denen sie alle lebten: dem Seehund und dem Karibu. Um einen Eindruck davon zu geben, wie unsicher es damals war, ob man überleben würde: Die Inuits mußten den ganzen Winter hindurch hungern, wenn sie die Wanderwege der großen

Rentiere verfehlten. Und jetzt beendet sie ihre Tage in einem Haus, das gut gegen die eisigen Winde geschützt ist und das allen modernen Komfort bietet.

Als ich sie frage, welche Art von Leben ihr lieber ist, verzieht sie den Mund zu einem ausweichenden Lächeln. Man kehrt nicht zu einer abgeschlossenen Vergangenheit zurück, und dieses moderne Leben hat doch manches für sich. Sie weiß genau, wovon sie spricht, da sie zu der Generation gehört, die den Übergang miterlebt hat. Bei seinem jetzigen Leben weiß der Eskimo von einst zu schätzen, daß seine Zukunft gesichert ist, im Gegensatz zu früher, wo er nicht wußte, ob er überleben würde. Aber die Umwälzungen, die diese plötzliche Änderung der Lebensbedingungen nach sich zogen, betrafen auch Sitten und Gebräuche, und das war sehr viel langwieriger und schwieriger zu bewältigen.

Bevor ich wieder von Churchill abreise, möchte ich unbedingt den Fliegenden Pater sehen, einen Missionar, der aus Frankreich stammt und seit vierzig Jahren in Churchill lebt.

Über die katholische Religion, die sich an einer Zivilisation vergreift, in der andere Werte verehrt werden, habe ich meine eigene Meinung. Um ganz ehrlich zu sein, diese Vergewaltigung einer Kultur bringt mich auf die Palme. Aber die Neugier ist stärker, und ich verdränge meine studentischen Rachegefühle, weil eigentlich mein Urteil keine andere Basis hat als das, was man mir in der Universität beigebracht hat, und was sich übrigens auf eine ganze Anzahl von Institutionen bezieht.

Der Fliegende Vater ist vielleicht achtzig Jahre alt. Er ist Konservator des Museums für Inuit-Kunst in Churchill. Dieses Museum ist eines der berühmtesten der Welt auf dem Gebiet der Eskimokunst. Und folglich findet man hier die Reste einer vergangenen Lebensweise. Was mich interessiert, ist, von dem Fliegenden Pater zu erfahren, wie man in die Welt der Ideale einer Volksgruppe eindringen kann, um diese durch die eigenen zu ersetzen.

Ich mußte den Fliegenden Pater mehrmals besuchen, bis es mir gelingt, in sein inneres Universum vorzudringen. Ich erfuhr, daß er sein Leben in Missionen der verschiedensten Länder verbracht hat. Alles hat in Italien begonnen: Ein Jahr und ein Tag Noviziat, dann hat er seinen Militärdienst in Syrien abgeleistet, wohin er sich freiwillig gemeldet hatte.

Danach wurde er auf eigenen Willen nach Mackenzie in Nordkanada geschickt, um dort die Inuits zu bekehren. So hat er mit ihnen das Leben in ihren Lagern geteilt. Die Brüder Oblaten haben in jedem Ort ein kleines Haus, und die Eskimos gewöhnten sich langsam an ihre ständige Gegenwart.

Der Fliegende Pater erklärte mir, daß der Inuit geistige Werte hat, die seinen Lebensumständen entsprechen. Die Alternative seiner Existenz, vor der Ankunft des weißen Mannes, hieß Überleben oder Tod, sonst nichts.

Er erzählte mir die Anekdote dieses Fischers:

Er war vom Dorf aufgebrochen, um einen Seehund zu holen. Es war dies eine Art Herausforderung, denn das Wetter war nicht gut. Es tobte sogar ein Blizzard, doch er wollte sich trotzdem hinauswagen. Bevor er aufbrach, sagte er, wenn ihm etwas zustoßen würde und er trotzdem zurückkäme, würde er fortan an die Religion der Weißen glauben. Denn ein »Unfall« unter solchen Bedingungen wird mit großer Wahrscheinlichkeit fatal enden.

Für sie ist das nichts Dramatisches. Man versucht, am Leben zu bleiben, wenn man kann, aber wenn die Geister anders entschieden haben, wäre es kindisch, zu versuchen, sich dem zu widersetzen. Wille und Macht des Menschen haben ihre Grenzen.

Er hatte sich etwa zehn Kilometer vom Dorf entfernt, mitten im Blizzardsturm, und er kehrte lange nicht zurück. Dann, nach ein paar Stunden, entdeckte man seine Gestalt in der Ferne. In der Hand hielt er einen Seehund.

Der Mann war naß und stellenweise erfroren. Er hat erklärt, daß er in ein Eisloch gefallen sei, daß er gegen das Wasser angekämpft habe und es ihm schließlich gelungen sei, sich auf dem Eis auszuruhen. Dann sei er sofort Richtung Lager losmarschiert, seine Beute in der Hand. Während er lief, wußte er nicht, ob er es schaffen würde. Der Wind ließ ihn nach und nach erfrieren und betäubte seine Glieder.

Nachdem er einige Tage zwischen Leben und Tod geschwebt hatte, hatte er die neue Religion angenommen. Denn seiner Meinung nach hatte nichts ihn von da, wo er gewesen war, zurückbringen können.

Dann nimmt mich der Fliegende Pater zu einem Besuch des Museums mit. Er erklärt mir die alltäglichen Verrichtungen anhand der kleinen Figuren, an denen wir vorbeigehen. Hier die Seehundjagd mit der Harpune nach der alten Methode. Dort beobachtet eine Familie am Himmel die Rückkehr der Wildgänse, die den Frühling ankündigt. Angeschirrte Schlittenhunde, Seehunde, Jagd auf Wal und Walroß. Szenen aus dem alltäglichen Leben, Überreste der Vergangenheit, die in der Bewegung jeder einzelnen Skulptur überleben.

Hier, inmitten der Ernte eines Lebens, beendet der Fliegende Pater seine Tage. Zwischen den Resten einer Kultur, die Menschen gehört, mit denen er die Hälfte seines Lebens zugebracht hat. Und sie ist auch ein bißchen ein Teil von ihm.

Übrigens war er froh, mit jemandem aus seiner Heimat französisch zu sprechen. Deshalb hat er bei unseren Gesprächen sicher auch sein Bestes gegeben. Aber die meiste Zeit war er trotz allem verloren in einer Welt, zu der nur er allein Zugang hatte.

Brian Ladoon ist Trapper und Tiermaler in Churchill. Ich hatte seine Arbeit im Handelsposten gesehen und wollte mich mit ihm treffen. Er erzählte mir von der Entwicklung seines Malstils, von der immer größerwerdenden Präzision, mit der es ihm gelingt, das umzusetzen, was er sieht.

Brian ist etwa dreißig Jahre alt und seit er zwölf ist, zeichnet und malt er und so ist er zur Ölmalerei gekommen als dem Ausdrucksmittel, in dem er immer Hervorragenderes leistet.

»Die Bilder, die mir etwas wert sind, gebe ich Freunden. Ich weiß, daß ich sie bei ihnen jederzeit wiederfinde, und so muß ich sie nicht alle hierbehalten; ich wüßte nämlich nicht mehr, wohin damit . . .«

Brian ist sehr produktiv. Er hat nicht einmal Zeit für ein Privatleben. Seine Leidenschaft und seine Kunst lassen ihm keine freie Minute.

»Ich hätte keine Zeit, mich irgendjemandem zu widmen, also lebe ich allein. Mein Leben ist schon zu sehr ausgefüllt, ein anderer Mensch würde sich frustriert fühlen.«

Er ist voll von Themen, von neuen Methoden, um die vorhergehenden zu verbessern. Er bekommt auch bereits Kunstpreise.

Abgesehen davon hat er noch eine andere Leidenschaft, die er um keinen Preis aufgeben will: seine Schlittenhunde.

»Komm mit, wenn du willst. Es ist Fütterungszeit.«

Wir gehen hinunter auf die Straße. Dort steht ein Motorschlitten mit einem kleinen Anhänger. Brian läßt den Motor an und auf den Kufen des Anhängers durchqueren wir Churchill. Am Rand des Packeises sehe ich mehrere dunkle Gestalten im Schnee. Und sobald diese das vertraute Motorengeräusch hören, stellen sie sich auf die Hinterbeine, stellen ihren buschigen Schwanz hoch und fangen an, in unsere Richtung zu bellen. Es sind die Huskies aus Brians Zucht.

»Ich bereite sie auf das Rennen vom Yukon nach Alaska vor, das über 4000 Kilometer geht. In zwei Jahren sind sie soweit. Im Augenblick trainiere ich mit ihnen; einige von ihnen sind noch ganz klein. Schau, der hier zum Beispiel, er ist erst acht Monate alt.«

Er zeigt auf ein voll entwickeltes Tier, während er ihnen ganze, gefrorene Fische austeilt.

»Ich wechsle jeden Tag ihre Futterdiät. Heute Fisch und morgen Fleisch. Du siehst, wie zutraulich sie sind! Das hier ist mein Ältester, Moulouk. Mein Leithund. Er ist fünf Jahre alt. Ich nehm ihn nicht mehr für das Rennen, er ist dann zu alt.«

Wirklich schade, daß ich nicht länger bleiben kann in diesem Land im Eis, das man nur durch die Luft oder mit dem Zug erreichen kann! Hier ist alles auf eine andere Welt hin ausgerichtet.

Brian Ladoon hat mir erklärt, daß er nach Churchill gezogen ist, um am Ort seiner Inspirationen zu sein. Ganz wie Mike, der südlich von Winnipeg herkommt und hier seinem Beruf als Trapper nachgeht. Der Winter dauert hier acht Monate, es ist der arktische Winter.

»Man dürfte die Tiere nicht vor dem ersten strengen Frost anrühren«, hatte Brian gesagt. »Sonst tötet man sie für nichts. Ihr Fell ist erst Anfang Januar richtig voll, nicht vorher.«

Wer arbeitet noch als Trapper in Churchill, abgesehen von den Weißen, den Indianern und den Inuits, wie früher? Der Besitzer des Handelspostens holt seine Felle den ganzen Winter über aus den Lagern der Inuits, weiter nördlich, wie in Eskimo Point. Es gibt hier eine Werkstatt, wo die Felle zugeschnitten und zusammengenäht werden, und sie machen daraus Mäntel, Schuhe, alles, was während der Saison in den Läden verkauft wird.

Mit Bedauern verlasse ich diesen Ort, das Ende unserer zivilisierten

Welt. Dort, wo die Menschen, die hier leben, auch wenn sie nicht hier geboren sind, eine andere Luft atmen. Ruhiger, heiterer, tiefer. Die Natur hat hier eine übernatürliche Macht, der man vergeblich versuchen würde, die Spur menschlichen Seins aufzudrücken.

Der Mensch lernt hier, sich zu bescheiden und den Augenblick zu leben.

Der Sommer in den Großen Ebenen

Der Sommer ist in deutlich voneinander abgehobenen Zeitabschnitten in die kanadischen Prärien zurückgekommen. Das vom Schnee verbrannte Gras erscheint zuerst, dann, im April und Mai, spiegelt sich das gleißende Licht in den unendlichen, frisch ergrünten Weiten wider.

Maxine ist seit dem Tag, an dem wir darüber gesprochen haben, zum Aufbruch bereit. Sie wünscht sich, daß Ken mit uns kommt, doch dieser läßt mit seiner Entscheidung auf sich warten. Sie ist entschlossen, trotzdem aufzubrechen.

»Diese Reise wird eine Entscheidung herbeiführen. Ich brauche eine Veränderung in meinem Leben. So oder so. Etwas Abstand gewinnen, mit dem Pferd unterwegs zu sein, außerhalb von Zeit und Welt, das wird mir gut tun.«

So redet sie. Und so waren wir verblieben, bis zwei Tage vor der Abreise, als wir bei Irène, die unsere Pferde den ganzen Winter über versorgt, sie vorbereitet und letzte Hand ans Sattelzeug gelegt hat, einen Wagen ankommen sehen. Drinnen Kens Wuschelkopf. Er springt vom Sitz und kommt auf uns zu.

»Hallo, da bin ich! Ich habe alles mit, da drin. Ich habe beschlossen, mit euch zu kommen.«

Alles da drin, das heißt, seine Möbel, sein ganzer Kram. Er hat sich schließlich doch entschlossen, mit Maxine zu leben und hat soeben seine andere Freundin verlassen.

»He, Freundchen, wenn du mit uns kommen willst, brauchst du ein Pferd. Es sei denn, du willst mit dem Fahrrad hinterherfahren.« In weniger als vierundzwanzig Stunden gabelt er ein Superpferd auf, einen Sattel und alles was dazugehört . . .

Dieses Jahr führt der Weg über die Großen Ebenen. Durch die unendlichen Bisongebiete. Ein ganz anderer Reiserhythmus im Vergleich zu dem vom letzten Sommer, und die lange Teerstraße wird nur noch Erinnerung sein. Savoyane wird sicher heilfroh sein. Die allgemeine Richtung: Riding Mountain, der Nationalpark am Rand des nördlichen Waldes. Das Ziel: die Entdeckung der Fauna und das Leben in der Gruppe in dieser unendlich großen Wildnis. Im Norden der Prärien gibt es noch Bisons, Bobcats – große Raubkatzen, die sich in die Wälder zurückgezogen haben – Bären, Biber, Vielfraße ... All die wilden Tiere, von denen ich glaubte, die Zivilisation hätte sie in den Westen vertrieben! Von Kuguars[1] dagegen spricht man nicht mehr. Der letzte, den man gesehen hat, wurde um 1940 erschossen. Er trieb sich in der Gegend von Winnipeg herum. Und mit einem solchen Raubtier ist nicht zu spaßen!

Der Touristenservice von Manitoba hat unsere Aufmerksamkeit auch auf die Topographie des Nordens gelenkt:

»Paßt auf, wo eure Pferde hintreten; teilweise kommt das Wasser aus dem Boden und es gibt Sümpfe, durch die man nicht hindurchreiten kann.«

Der Wind klatscht Kens Weste gegen den Hals seines Pferdes. Das Tier macht einen Schritt zur Seite, um dem flatternden Kleidungsstück auszuweichen. Und Ken bekommt sofort einen Wutanfall. Wegen der instinktiven Reaktion seines Pferdes, das er noch nicht gut kennt, das ihm vielleicht sogar ein wenig Angst macht. Er steigt ab und beginnt wütend, die zwei, drei überzähligen Hemden, die er vorsorglich mitgenommen hat, in alle Winde zu zerstreuen. Ist ja pfundig! Ein Teamkamerad, der sich schon gleich am Anfang anschickt, sich alles Überflüssigen zu entledigen. Das ist ein gutes Vorzeichen.

Jetzt ist er mit seiner verrückten Wühlerei fertig. Der Wind von Buffalo Bills Prärien hilft den Hemden, das Weite zu suchen; ein Ärmel erhebt sich, dann ein anderer und plötzlich plustert ein stärkerer Windhauch den ganzen Stoff auf und nimmt ihn aufrecht flatternd mit sich fort, bereit, eine Vogelscheuche damit einzukleiden.

Maxine hat bereits ihren Hut verloren.

»Mein schöner Hut! Es war ein echter! Ich hab ihn jahrelang getragen, bis er sich genau meiner Schädelform angepaßt hat!«

Savoyane, mein treues Toß, das an großen Aufbruch gewöhnt ist, wartet ruhig, auf drei Beinen, das vierte angewinkelt, daß der Konvoi,

1 Kuguar oder Puma, auch Silberlöwe.

den sie anführt, sich beruhigt und sich endlich ordentlich in eine Reihe stellt.

So ist das eben im Niemandsland, mein Mädchen! Sie ist so »fein«, wie unsere Freunde im Québec sagen, daß sie begriffen hat, daß es sich bei diesem trödeligen, sich ein bißchen in die Länge ziehenden Aufbruch nicht um einen kleinen Spazierritt in die Prärie handelt. Ich möchte wissen, was ihr den ganzen seßhaften Winter über so durch den Kopf ging.

Der Wind beruhigt sich und lebt wieder auf. Die Wolken am Himmel führen ein wildes Ballett auf, das Bild, das die Großen Ebenen bieten: Die Unendlichkeit scheint in der Ferne aufzuhören, um dann mit neuen Dimensionen wieder zu beginnen. Sie hüllen uns völlig ein, uns kleine Geschöpfe mittendrin, die wir nirgendwo einen Anhaltspunkt sehen. Allein in einer Umgebung, deren Nacktheit und waagrechte Flachheit einen verrückt macht.

Die Pferde stemmen sich gegen den Wind. Tara, Maxines Hündin, trottet vor, hinter oder neben der Karawane her. Sie umrundet ihre Truppe. Und sie muß sich ganz schön anstrengen, um mit dem sehr gestreckten Schritt von Savoyane, die die Gruppe nach kurzer Zeit immer wieder zweiteilt, mitzuhalten.

Diese kleine Hündin hat Augen, die beredter sind, als Worte. Es glitzert in ihnen vor Intelligenz und einer Energie, die ansteckend wirkt. Es gefällt ihr, wenn der Tagesablauf immer derselbe ist: laufen, jagen, wachen ... Ihre frühere Herrin mußte sich von ihr trennen, weil sie in der Stadt, in Winnipeg, wohnt. Und dort sind Hunde nicht gern gesehen, vor allem, wenn ihr liebster Zeitvertreib darin besteht, in der Gegend herumzustreunen, in Abfallkübeln zu wühlen und die Hühner, die sich in der ruhigen Stadt verlaufen haben, zu quälen. Man mußte hinsichtlich ihrer Zukunft eine Entscheidung treffen. Daß wir sie bei unserem bevorstehenden Aufbruch in unser Team mit aufnahmen, war die natürlichste Sache der Welt. Sie hatte diesen Winter schon einige Zeit mit uns und den Pferden verbracht. Wir kannten ihre Fähigkeiten als Wachhund, und ihre Intelligenz ließ das Abenteuer durchaus machbar erscheinen.

Der »Floadway« ist das breite Bett des Roten Flusses, wenn dieser Hochwasser führt. Er umgibt Winnipeg. Ihm werden wir folgen, um die Stadt zu umgehen und uns dann nach Norden wenden. Trotz der Schneeflecken hier und da ist die sommerliche Hitze für Mai erstickend.

Ken und Maxine haben sich darauf geeinigt, ihre neue Errungenschaft »Bill« zu nennen. In Erinnerung an Billy the Kid natürlich. Das große, schwarze Pferd hat nicht viel Erfahrung mit Ausritten in die freie Natur, doch seine beiden Trabanten werden ihm mit gutem Beispiel vorangehen. Cash, dem schlanken Braunen von Maxine, scheint diese Art von Leben ausgesprochen gut zu gefallen. Er nutzt es zur Befriedigung seiner Gelüste, indem er zum Beispiel Maxine plötzlich die Zügel aus der Hand reißt, um in aller Ruhe ein wenig von dem schönen Gras abzurupfen, das man ihn niedertreten läßt.

Savoyane hat von den drei Pferden immer noch das meiste Winterfell. Wie letztes Jahr, als ich sie auf einer Wiese in Québec kennengelernt habe, scheint sich ihr scheckiges Fell in großen Fetzen abzulösen. Aber heute ist sie nicht mehr dasselbe Tier. Das ausgewogene und regelmäßige Futter und die Tatsache, daß sie diesen Winter kein Fohlen hatte, lassen sie wieder wohlgeformt erscheinen, und vor allem ihre dürftige Mähne und ihr Schwanz sind schön nachgewachsen. Ihre Haltung ist tadellos.

Die mehrmonatige Pause hat es ihr wahrscheinlich auch ermöglicht, neue Energiereserven aufzubauen. Ich merke es an ihrem Gang. Meine Stute ist richtig aufgeladen. Der Weg vom letzten Sommer war zu hart für sie. Für alle beide übrigens. Es war ein lächerliches Rennen, einzig und allein akzeptabel durch den Umstand, daß wir das Ende des Waldes erreichen mußten, bevor der erste Schnee fiel.

Dieses Jahr ist Savoyane richtig aufgekratzt. Sie hüpft mehr, als sie geht, in dieser unendlich weiten Wildnis. Ihre Ohren fangen aufmerksam jedes Geräusch auf. Ihr Hals ist doppelt so kräftig wie im Vorjahr!

Der Horizont erstreckt sich in weiter Ferne. Der Raum um uns ist unendlich groß. Auch wenn ich mich darin weniger verloren fühle als im Winter, beeindrucken mich diese endlosen Ausdehnungen doch sehr.

Die Wildgänse sind wieder nach Norden gezogen. Zwei Wochen lang sahen wir am Himmel über unseren Köpfen die merkwürdigen, lebendigen Keile, die sie im Flug bilden. Jetzt werden sie in der Tundra von Churchill in den gewohnten Ansammlungen anzutreffen sein.

Art Butler, Maxines Hufschmied, hat uns geraten, die Pferde nicht beschlagen zu lassen.

»Wozu auch?« hatte der alte Cowboy gesagt. »Ihr reitet immer über weichen Boden. Dazu braucht man ihnen nicht die Hufe mit Nägeln zu durchbohren! Nehmt eine Feile mit, um von Zeit zu Zeit das Horn abzuhobeln; ihr werdet sehen, das reicht völlig.«

Ich war trotzdem ein bißchen skeptisch. Deshalb haben wir absichtlich unseren Weg so gewählt, daß wir bei ihm vorbeikommen müssen. Wenn ihre Hufe auf dem Weg zu seiner Ranch leiden, werden wir ihnen Eisen anpassen lassen.

Im Norden von Winnipeg, gleich außerhalb des Rings, der die Stadt umgrenzt, beginnt das Land der Bisons.

Bob erzählte mir die Geschichte seiner Familie väterlicherseits, und die Szene, die auf immer ins Gedächtnis seiner Tante Reita, die sie ihm erzählt hat, eingegraben ist:

»Ich saß auf dem Schoß meines Urgroßvaters und ich erinnere mich an das Donnern der Tausende von Hufen, als die Herde nach Norden aufbrach. Man hörte sie schon von weitem kommen. Die Erde dröhnte dumpf, schon lange bevor wir sie endlich sahen: eine schwarze Flut von gedrungenen Körpern, die unaufhaltsam dahingaloppierte, von der Staubwolke, die ihre Füße im rasenden Lauf ständig aufwirbelten, wie mit einer Aureole umgeben.«

Soweit das Auge reicht, erstrecken sich Felder, die durch keinerlei Zaun voneinander getrennt sind. Die Siedlungen liegen weit auseinander und nach einer Woche Ritt auf unseren Pferden, die dann doch nicht beschlagen werden mußten, kommen wir zu zwei unverheirateten Brüdern, die einsam und allein auf einer Farm wohnen.

Bis jetzt haben wir unterwegs immer Getreidesilos gefunden, wo die Pferde ihre tägliche Grasration ergänzen konnten. Um unseren Gefährten wieder ein solches Zusatzfutter zukommen zu lassen, machen wir bei der Farm von Bruce und Al halt. Die beiden sind sehr gastfreundlich.

»Wir kriegen nicht oft Besuch von Reitern.«

Sie laden uns ein, über Nacht auf ihrer Farm zu bleiben. Wir stellen also unsere Zelte hinter ihrem Haus auf. Wieder ein kurzer Tag für die Pferde. Seit unserem Aufbruch legen wir nicht mehr als etwa zehn Kilometer am Tag zurück.

Einer der beiden Brüder arbeitet halbtags als Fahrer eines Schulbusses.

»Das ist eine Gelegenheit, Leute zu sehen und ein bißchen was dazuzuverdienen. Die Farm wirft nicht allzu viel ab.«

Der anderer arbeitet ganzzeitig auf der Farm.

»Es gibt nur Arbeit für einen einzigen Mann.«

Wie, hier gibt es keine Frau im Haus? Worauf warten diese Männer, warum suchen sie sich keine Gefährtinnen, die ihnen das Leben versüßen?

Bruce erzählt mir, daß er verheiratet gewesen ist, aber daß seine Frau mit seinem Sohn nach Winnipeg zurückgegangen ist. »Sie hat die Einsamkeit hier nicht ertragen, und dann war es auch wegen meiner Trinkerei . . .«

Zwei sehr warmherzige und sympathische Menschen, aber . . . brrr . . . ganz allein mitten im Nirgendwo zu leben!

»Man muß hier geboren sein, um sich hier wohl zu fühlen«, erklärt mir Al.

Zweifellos.

Von den ausgetretenen Wegen zwischen den Getreidefeldern, wenn diese nicht an das kurze Gras der unbebauten Flächen grenzen, müssen wir manchmal auf Kieswege ausweichen, vor allem, wenn wir eine bestimmte Richtung einhalten wollen.

Oline, eine andere Freundin aus Winnipeg, hält sich zur Zeit im Haus ihrer Eltern auf. Das Elternhaus hat sie selbst, zusammen mit ihrer Schwester, gebaut, und das ohne Baupläne, weil diese im letzten Moment, als die Arbeiten beginnen sollten, verlorengegangen waren . . . und es ist ein richtiges, herrschaftliches Landhaus geworden! Inmitten einer hügeligen Landschaft, die das nördliche Ende der großen Ebenen ankündigt, wie man sie sich gar nicht vorstellen kann, wenn man davon nur die Umgebung der Provinzhauptstadt kennt.

»Wir haben zwei Sommer dafür gebraucht. Mein Vater sollte uns eigentlich dabei helfen, aber er hatte sich den Rücken gezerrt, und das wurde nicht besser.«

Und obwohl sie so zerbrechlich wirkt, weiß Oline genau, was sie will . . .

»Ein Haus zu bauen ist nichts als eine Frage der Technik«, fährt sie fort.

Um zu ihr zu kommen, haben wir den Kiesweg nehmen müssen und die Pferde auf dem grasbewachsenen Wegesrand gehen lassen. Die Hitze auf den Steinen und dazu der Staub auf dem Weg neben uns lassen uns die erstaunlichen Baumeisterqualitäten der »kleinen« Oline Luinenburgh doppelt genießen. Wir geben uns der wohltuenden Kühle in dem riesigen LIVING-ROOM hin. Tara ist auf der hölzernen Terrasse geblieben. Sie wollte nicht mit hereinkommen. In Anbetracht der Frevel, die sie in früherer Zeit dem Hühnervolk angetan hatte, wollten wir die Hündin vorsichtshalber anbinden. Dann hatten wir einen Geistesblitz, wie wir dem treuen kleinen Hund eine Strafe ersparen konnten, die er vielleicht gar nicht verdiente: Wir gingen alle mit Tara an der Leine in den Hühnerstall, und sie zeigte nicht das geringste Interesse für die Hühner. Während wir mitten durch das Gegacker gingen, lief die Hündin hinter uns her, wobei sie dem Federvieh keinerlei Aufmerksamkeit schenkte. Wir schlossen draus, daß sie zu Unrecht den Ruf einer Hühnermörderin hatte. Ein wenig später, als wir das gemütliche Haus verlassen, müssen wir feststellen, daß Tara uns an der Nase herumgeführt hat: überall im Hof lagen bunte Federn umher. Sie hatte ein furchtbares Gemetzel angerichtet, in aller Stille und in Rekordzeit.

Es ist sechs Uhr morgens, als ich vor meinem Zelt ein Pferd wiehern und dann schnell davonlaufen höre. Tara und ich bewohnen ein Zelt gemeinsam. Der kleine Husky ist zur Zeltöffnung gestürzt und wartet darauf, daß ich ihm erlaube, hinauszulaufen. Sobald er draußen ist, stürzt er davon, während ich in meine Schuhe springe. Ein Blick auf die Bäume gegenüber, wo wir gestern abend die Pferde angebunden haben: Billy ist weg. Er ist nicht weit. Ich höre ihn immer noch wiehern und nach dem Geräusch seiner Hufe läuft er in schnellem Trab.

Gestern abend haben wir diesen ziemlich wilden Ort gewählt, um unser Lager aufzuschlagen. Die Hügel in der Nähe von Olines Haus sind neuerdings einer flachen Landschaft gewichen, die jedoch hier und da von kleinen Wäldchen unterbrochen ist. Die Gegend ist auch sumpfig, und deswegen mache ich mir Sorgen um das junge, unerfahrene Pferd. Wird es die Nähe einer Torfmulde wittern? Plötzlich, am Rand einer Baumgruppe, stehen wir uns im Halbdunkel gegenüber. Billy steht da mit herabhängender Longe und ist heilfroh, daß ich ihn zu seinem Baum zurückbringe. Er hat sich während der Nacht losgemacht, und wahrscheinlich die ganze Zeit hindurch gegrast. Jetzt, findet er, ist es an der Zeit, zu seinen Kameraden zurückzukehren.

Die hat er übrigens ganz schön in Aufregung versetzt: Um Savoyanes Baum herum hat sich ein Graben gebildet, weil sie in ihrer Erregung immer darumherumlief, und Cash schlägt unzufrieden dauernd mit dem Vorderhuf auf den Boden.

Die Nacht ist mild. Es ist zu spät, sich noch einmal schlafen zu legen. Im Zelt von Maxine und Ken ist ebenfalls wieder Ruhe eingekehrt; gestern, als sich ein kräftiger Wind erhob, haben sie angefangen, miteinander zu streiten, und keiner von beiden wollte nachgeben. Je mehr die Reise fortschreitet, umso öfter wiederholen sich ihre Streitigkeiten.

Was kann ich anderes tun, als ihnen ein wenig aus dem Weg zu gehen? Es scheint jedenfalls, als würde meine Gegenwart neutralisierend wirken. Aber wenn sie sich so häufig anschreien, dann wirkt sich das auch auf meine Reise aus. Und ich fühle mehr und mehr, daß ihre Beziehung, die sie mit diesem letzten Versuch wieder festigen wollten, verloren ist.

Max macht den Fehler, das Bild vom Ken ihrer Träume auf den wirklichen Menschen zu projizieren, und der ist zwischen verschiedenen Leben hin- und hergerissen. Er ist völlig ratlos, denn sie möchte ein ruhiges, glückliches Leben, und an so etwas zu denken, ist für ihn der letzte Luxus, den er sich leisten könnte.

Nichtsdestotrotz erleben wir drei zusammen noch schöne Momente. Gestern, in der Abenddämmerung, haben wir einen wilden Ritt durch die Wälder gemacht. Die Pferde hatten ebenso viel Spaß daran wie wir, sich zu verstecken und sich gegenseitig aufzustöbern. ... Ich ritt Savoyane ohne Sattel und jedesmal, wenn sie lospreschte, fiel ich beinahe hintenüber. Wirklich, sie hüpfte wie eine Heuschrecke auf ihren Hinterbeinen herum, um dann immer so schnell wie möglich losrennen zu können. Ich klammerte mich an ihrer Mähne fest, und segnete in Gedanken das Vollwertfutter, das sie ihr wieder hatte wachsen lassen.

Auf dem Bauch in meinem Zelt liegend betrachte ich die drei Pferde, die an ihren Bäumen festgebunden sind. Tara hat sich in ihrer Nähe hingelegt. Der Tag erwacht, und bald mache ich Feuer für Kaffee.

Maxine und Ken haben mir beigebracht, wie man ein Lager aufschlägt und in jeder Situation Feuer macht. Ich habe sie übrigens meine »Lehrmeister für das Leben in der Wildnis« getauft. Für die Kanadier ist das Leben im Freien eine gewohnte Sache und die Kinder lernen sehr schnell, in der Natur zu leben.

Wir sind ganz in der Nähe des Ortes Saint-Ambroise, der von französisch-indianischen Mestizen bewohnt wird. Mitten in der größten Hitze reiten wir hindurch, und bei dieser Gelegenheit machen wir eine Pause, um die Brausegetränke zu uns zu nehmen, die den Nordamerikanern so lieb sind.

Der Getränkeverkäufer ist Franzose. Maxine hat es mir gesagt. Wie alle Einwohner hier. Ich spreche ihn also auf französisch an und er antwortet mir auf englisch. Ich beharre auf meiner Sprache und schließlich spricht er mit mir französisch. Ein hervorragendes Französisch sogar. Mit einem ganz leichten Akzent. Aber eigentlich bin ich es, die hier einen Akzent hat.

Nachdem wir das Dorf verlassen haben, reiten wir zum Winnipeg-See, einem der Ziele unserer Reise.

Heute morgen haben die Pferde ein schweres Stück Arbeit geleistet. Als wir das Lager verließen, sind wir im Moor versunken. Von weitem sah das Gras zwar überall gleich aus, doch plötzlich sind wir alle gleichzeitig eingesunken. Kaum hatten die Pferde sich herausgearbeitet, da fielen sie schon in ein anderes Torfloch. Zum Glück waren die Löcher nicht tief. Doch immerhin gingen sie den Pferden bis zur Brust, und das hat sie viel Energie gekostet.

Das Seeufer liegt vor uns, hinter der grünen Wand aus Bäumen, hat man uns im Dorf gesagt. Wir sind vielleicht noch etwa hundert Meter davon entfernt und reiten immer noch durch das hohe, grüne Gras, als Milliarden schwarzer Mücken aus der Kühle und rund um uns her aufsteigen, eine einzige, dichte, schwarze Wolke, die auch nicht weicht, als wir weiterreiten. Billy ist zu Tode erschrocken und wendet sich so plötzlich um, daß er seinen Reiter beinahe hinter sich läßt.

Cash ist hin- und hergerissen; er hätte gern, daß Savoyane, in deren Kruppe er seine Nase gesteckt hat, dieselbe Richtung wie Billy einschlagen und daß sie so auch ihnen beiden diese Tortur ersparen würde. Doch Savoyane ist tapfer. Ich sehe einige Meter vor uns die Baumhecke und ich weiß, daß dahinter das Ufer liegt. Die merkwürdigen schwarzen Insekten werden uns dahin nicht folgen. Ich habe meine Stute gut im Griff, und mit eingezogenem Kopf geht sie mutig dem erstickenden Angriff entgegen. Diese Insekten stechen nicht. Sie sind nur in solcher Zahl um uns herum, daß sie uns daran hindern, normal zu atmen. Vielleicht bekommen sie so ihre Opfer.

Für Cash ist die Versuchung zu groß, und trotz Savoyanes schützendem Hinterteil zieht er wie Billy die Flucht vor! Und verflixt nochmal! ich kann meinem Tier doch nicht zumuten, ganz allein und für nichts zu kämpfen, denn auch wenn wir diesen Überfall überstehen, ist es keine Belohnung für sie, wenn sie merkt, daß sie ihre Gefährten verloren hat. Ich klopfe ihren Hals und wir reiten also auch zurück. Wo wir schon so nah am Ziel waren!

Nach einem Umweg von mehr als zwei Stunden unter einer mörderischen Sonne kommen wir endlich auf einem gewundenen Weg zum Seeufer. Auf diesem Weg haben wir Stechmücken vorgefunden, die sich nicht zweimal haben bitten lassen, um ihre Stachel tief in unsere Haut zu versenken. Am Hals der Pferde läuft das Blut herab. Wir wischen unaufhörlich mit der Hand darüber, um die elenden Biester zu verjagen, die sich schon innerhalb einer Viertelsekunde vollgesaugt haben. Und kaum zerquetschen wir sie, als sich schon andere zu Hunderten auf die Pferde stürzen. Wir sind ganz offensichtlich in den wasserreichen Gegenden von Manitoba angelangt!

Am sandigen Ufer suchen wir eine Stelle, wo alle Platz finden können, die Pferde, das Gepäck, wir selbst ... Aber da ist nichts weiter als ein feiner Sandstrand und gleich dahinter Bäume. Nicht ein Eckchen, wo die Pferde heute abend grasen können. Wir müssen also weitersuchen. Und schließlich finden wir eine kleine Stelle mit Gras, und der See liegt wie eine riesige Tränke gleich dahinter.

In der Nacht kommt ein Sturm auf. Mit ungewöhnlicher Macht, beinahe unwirklich. Tara hat sich nach vorn in mein Zelt verkrochen. Man könnte meinen, daß sie nicht einmal zu atmen wagt. Der See ist entfesselt und die Wellen schlagen krachend gegen die Böschung und hallen im sandigen Boden dumpf wider. Ich höre die Bäume knarren und den Wind rasen. Auch nach mehreren Stunden hat die Gewalt des Sturmes nicht nachgelassen!

Plötzlich öffnet sich der Reißverschluß von meinem Zelt: Zapp! Und Maxine und Ken kriechen herein, so still, daß einem angst und bange werden kann. »Unser Zelt ist davongeflogen, es ist weg!« bringt Maxine schließlich mit bleicher Stimme hervor. Die Pferde!!!

Leute die es bei Panik mit der Angst kriegen, davon habe ich einige Fälle auf meiner Reise erlebt, und ich habe sie nicht alle erzählt. Aber dadurch kann ich mir erlauben, über andere ein Urteil zu fällen: Man stürzt sich nicht in ein Abenteuer, das ein wenig von den festgetretenen Wegen abweicht, wenn man nicht ein bißchen Kaltblütigkeit in Reserve hat!

Der Sturm hat die Ausmaße einer kosmischen Erschütterung angenommen. Die Wolken rasen über den Himmel und in dem bleichen Mondlicht kann man den Zustand der Örtlichkeiten nicht genau einschätzen. Als ich aus meinem Zelt krieche, kann ich kaum die Stelle erkennen, wo Maxine und Ken das ihre am Vorabend aufgebaut hatten. Und doch war es nicht weit von meinem entfernt gewesen.

Ich taste mich zu den Pferden hinüber, bis ich eins an der Kruppe berühre. Sie haben sich nicht von der Stelle gerührt. Sie sind sogar außergewöhnlich ruhig, mitten in den wütenden Elementen. Vor dem, an dem ich mich bis zum Kopf entlangtaste, gähnt ein schwarzes, glänzendes Loch. Riesig groß. Als ob ein Meteorit dort eingeschlagen hätte. Das Tier hat seine Longe ganz gespannt, um nicht mit den Füßen in diese Art Graben hineinzutreten. Ich seh mir auch die anderen an. Sie sind ebenso ruhig. Und alle stehen am Ende der gespannten Longe ... Ich schaue nach: zu ihren Füßen derselbe glitzernde Graben!

Größer als eine Pferdebreite und von rundlicher Form.

Dieser wahnsinnige Wind läßt mich keinen klaren Gedanken fassen. Ich kann einfach nicht mehr denken. Ich finde keine logische Erklärung für diese drei Löcher mit den eher regelmäßigen Umrissen vor den Pferden. Und für ihre Gleichgültigkeit und ihren Widerwillen, hineinzutreten. Das ist es, jetzt hab ich's! Aber es hat lange gedauert: Sie haben mit ihren Vorderhufen gewühlt, um ihre Furcht zu bekämpfen, und der See hat nach und nach die Löcher mit Wasser gefüllt!

Ich binde sie auf der anderen Seite an und kehre ins Zelt zurück. Drinnen ist das verstärkte Heulen des Windes und der Widerhall der Wellen im Boden geradezu furchterregend. Ich kann nicht schlafen bei diesem Lärm. Tara liegt immer noch ganz bedrückt in der Ecke. Ken fragt mich, was mit den Pferden sei, und ich antworte ihm, daß alles in Ordnung sei. Bis zum frühen Morgen fällt kein weiteres Wort. Und am nächsten Morgen hat der Wind kein bißchen nachgelassen. Aber die Wirkung ist bei Tageslicht nicht mehr dieselbe. Der Himmel ist klar, wie blankgefegt. In der Ferne ziehen noch Gruppen von kleinen Wölkchen mit großer Geschwindigkeit vorüber.

Das Seeufer sieht jetzt ganz anders aus: Entwurzelte Bäume liegen mit dem Wipfel im Wasser und die in die Luft gereckten Äste geben ihnen ein goyeskes Aussehen. Die Vögel, die gestern noch in den Zweigen zankten, sind verschwunden. Alles Leben scheint den Planeten verlassen zu haben.

Gegen Ende des Tages beruhigt sich der Sturm. Wir sind zu Fuß ins Dorf gegangen, auf den Spuren der Pferde, die uns davongelaufen sind. Dort redet man von nichts anderem als von dem Ereignis. »Seit -zig Jahren haben wir soetwas nicht mehr erlebt! Hundertachtzig Stundenkilometer, könnt ihr euch das vorstellen? Scheunen sind weggeflogen, Autos sind umgestürzt . . .« Ein Stück Land zwischen zwei Seen. Am nächsten Tag können wir an Aufbruch denken. Ein Indianer hat uns gesagt, daß wir am Ende der Bucht eine Sandbank finden, wo wir mit den Pferden mitten durch den See zum anderen Ufer gehen können, ohne daß uns das Wasser höher als bis zur halben Kniehöhe reicht.

»Ihr müßt nur vor Sonnenuntergang hinübergehen. Wegen der Augen der Pferde; ihr geht nämlich genau nach Westen.«

Bevor wir aufbrechen, bekommen wir Besuch von Pelikanen, die ganz niedrig über den Lagerplatz fliegen, den wir soeben zusammengeräumt haben.

Wir reiten zwischen Himmel und Wasser. Spätnachmittag. Wir sind mitten im Wassergebiet der Großen Ebenen. Als Tara den Fuß in die Wellen setzt, sieht sie ihr Bild sich im Wasser widerspiegeln. Neugierig steigt sie über die runden Kiesel und beobachtet dabei den Hund, den sie da unter sich sieht.

Savoyanes Sattel hängt ein wenig schief. Sie geht locker und entspannt aufs Ufer zu. Ich habe sie losgelassen, weil ich weiß, daß sie Durst hat und ihre Kameraden Cash und Billy nicht mehr einfach so im Stich lassen wird . . . Die beiden werden von Maxine und Ken gehalten, die ebenfalls auf's Wasser zugehen.

Der Abend bricht herein und der flammende Sonnenuntergang am Himmel vermischt sich mit dem Glitzern des Wassers. Das Universum besteht hier nur aus zwei Elementen: dem Himmel, der sich im Halbkreis über die ausgedehnte Wasserfläche legt, die sein Bild ins Unendliche widerspiegelt.

Wir wollen in diesem vibrierenden Paradies unser Lager aufschlagen. Das Gras für die Pferde ist nicht von allzuguter Qualität, doch bei der Menge haben sie die Wahl. Ihre Schwänze schlagen lässig nach den Mücken, die jetzt, zum Ende des Sommers hin, weniger aggressiv sind. Die drei Pferde grasen mit herabhängender Leine zwischen Himmel und Erde. Das Zeltlager ist errichtet. Die Feuerstelle zwischen runden, im Kreis angeordneten Steinen, ist bereit.

Die Nacht senkt sich sanft über uns herab und nur das Feuer inmitten dieser dunklen Unendlichkeit zeigt an, wo wir sind.

Danny Weedon ist Naturforscher. Wenn er über den Wald spricht, wirkt er so glücklich, daß man wünschte, man könnte hierbleiben, um alles von ihm zu erfahren.

Wir sind an der Grenze zum Riding Mountain Nationalpark, einem der zahlreichen Naturschutzgebiete in Kanada, angekommen. Bevor Danny sich selbständig gemacht hat, war er hier Führer. Ganz so wie der verstorbene Grey Owl, der britische Intellektuelle, der sich am Anfang des Jahrhunderts als Indianer ausgab. Das Leben in den Wäldern und mit den Indianern im Norden Ontarios hatte ihn zum Naturforscher gemacht. Und er begann, Bücher über die Tierwelt zu schreiben, die heute zu den wichtigsten Werken über das Leben in der kanadischen Wildnis gehören.

Danny lebt mit seiner Frau und seinen Kindern in einem großen Holzhaus am Rand der Riding Mountains. Er erzählt uns vom Leben an diesem privilegierten Ort in tausendundeiner Anekdote.

Die Pioniere mußten die Berge in den Großen Ebenen zu Pferd überqueren. Daher ihr Name. Es gab keine Möglichkeit, in dieser Gegend der Provinz das damals übliche Transportmittel, nämlich Kanus, zu benutzen.

Der Abenteurer Grey Owl hatte seine Blockhütte am Ufer des Clear Lake gebaut. Er lebte dort in Gesellschaft seiner zahmen Biber, deren Verhalten er studierte.

Danny erzählt uns, daß es im Jahre 1980 einen riesigen Waldbrand gegeben hat. Ein Waldbrand bedeutet die Naturkatastrophe schlechthin, die Zerstörung allen Lebens ohne Hoffnung auf Rettung. Er spricht davon, als ob es sich um ein Lebewesen mit zerstörerischem Charakter handelte: »Es stürmte voran wie ein Hurrikan, zerstörte alles auf seinem

Weg. Die Tiere flüchteten in Scharen, kleine und große: Wölfe, Bären, Elche, Luchse, Eichhörnchen ... alle rannten miteinander um ihr Leben. Die Naturgesetze waren aufgehoben. Viele sind in den Flammen umgekommen. Und manche haben überlebt, weil sie in den Feuchtgebieten geblieben sind, sich hinkauerten und warteten. Das Feuer umzingelte sie, bildete einen Kreis um Seen oder Sumpfgebiete und setzte dann seinen Weg fort.«

Die Nationalparks haben die gesamte Flora wieder angepflanzt und drakonische Maßnahmen zu ihrem Schutz ergriffen.

Außerhalb der Touristensaison zieht Danny allein durch die Wälder. Er erzählt uns noch eine Geschichte, die von dem Wolf, der ihn zu seinem Rudel geführt hat, ohne zu wissen, daß der Mensch ihm folgte. »Vielleicht wußte er es. Und er führte mich aus freien Stücken hin? Drei Tage lang bin ich ihm gefolgt, und ich habe ein Erlebnis gehabt, das zu den schönsten meines Lebens gehört. Das Wolfsrudel hatte sich bei einem felsigen Bergausläufer angesiedelt. Ihr hättet sie sehen sollen! Die meisten lagen in der Sonne, als ich hinkam. Sie leckten sich die Pfoten oder spielten mit ihren Jungen, hielten Siesta ... Wölfe unter sich. Und was mich bei diesem ersten Anblick besonders erstaunt hat, das war die Ähnlichkeit, die ihr Verhalten mit der menschlichen Gesellschaft hatte.«

Abends, als wir zum Zelt zurückkommen, erfüllt Koyotengeheul die Luft. Sie scheinen sich, mehr oder weniger weit entfernt, rund um uns herum niedergelassen zu haben. Tara stellt verblüfft die Ohren auf. Doch schnell scheint sie zu begreifen, daß dieses Geheul keinerlei Gefahr bedeutet und möchte, daß ich sie hinauslasse.

Danny Weedon führt uns durch den Riding Mountain Parc. Er leiht sich ein Pferd von Freunden aus, die wir bei späterer Gelegenheit auch kennenlernen. Jim und Jane Irwin sind Rancher am südlichen Rand des Nationalparks. Sie haben dort einen herrlichen Besitz und haben ein Zentrum für Ausritte in die Umgebung aufgezogen; Thistledown Farm in Lake Audy liegt in einer Hügllandschaft, und man hat das Gefühl, bei der Fauna zu Besuch zu sein. In den Seen, auf den Hügeln und in den Wäldern wimmelt es von Tieren. Sie sind überall.

Mit einem Führer in einen Naturschutzpark zu gehen bringt meiner Reise eine Bereicherung, die ich erst richtig einzuschätzen weiß, als ich im Sommer darauf ganz allein in den Rocky Mountains bin. Für heute habe ich die Gelegenheit, hautnah einen der Urinstinkte kennenzulernen, den man bewahren sollte, wenn man sich in einer Umgebung aufhält, die einem feindlich werden kann: lernen, sich zu beherrschen, nicht in Panik zu geraten, wenn sie einem nur schaden kann. Wir sind morgens in der Gruppe aufgebrochen. Die Besitzer von Thristledown Farm haben beschlossen, sich unserer Karawane anzuschließen, um einen ihrer Reitrundwege wieder einmal zu besichtigen. Den ganzen Tag über reiten wir durch Wald. Und in der Dämmerung stellen wir fest, daß der Weg, auf dem man wieder herauskommt, auf der Karte nicht richtig eingezeichnet ist.

Danny hält die Karawane an. Er bittet uns, genau hier stehenzubleiben, während er wegreitet und versucht, sich zu orientieren. Er hat sich für eine Richtung entschieden, die ihm am wahrscheinlichsten vorkommt. Das dichte Blätterdach und die herabsinkende Dunkelheit hindern uns daran, uns nach dem Sonnenstand zu richten. Ruhig dringen wir wieder ins Unterholz ein. Einer hinter dem anderen. Schweigsam. An einem Baum, an dem wir vorüberreiten und den uns Danny mit ausgestrecktem Arm zeigt, bemerken wir tiefe Krallenspuren. Später erklärt er uns, daß wir durch das Territorium eines Bären ritten. Wir reiten eine unbestimmte Zeit lang immer weiter. Danny ist von Zeit zu Zeit und immer schweigend bemüht, den Weg wiederzufinden: er lenkt unsere Aufmerksamkeit auf Stellen, wo sich die Tierwelt zu bestimmten Tätigkeiten zusammenfindet. Hier ist der Platz, wo zwei Hirsche miteinander gekämpft haben; der Boden ist von großen Spalthufen aufgewühlt und die Umgebung des Ortes ist vom wilden Kampf zerstört. Die weiblichen Tiere, um die es ging, und der Rest des Rudels, haben die jungen Triebe rund um den Kampfplatz abgefressen. Wir kommen zu einem Biberdamm, dessen kunstvoll verschlungene Zweige einen genialen Baumeister verraten.

Dann sehen wir hoch oben auf einem Ast einen Great Grey Owl hocken, der uns schweigend beobachtet. Der große graue Uhu, der vom Aussterben bedroht ist, hat sich in diesem verborgenen Eckchen der großen Ebenen die Zuflucht gesucht, die für ihn lebensnotwendig ist. Naturforscher aus aller Welt reisen bis nach Riding Mountain, um die letzten Exemplare davon zu sehen. Plötzlich lichten sich die Bäume und wir haben den Waldrand wieder erreicht.

»Du darfst niemals in Panik geraten, wenn du merkst, daß du dich verirrt hast«, erklärt mir Danny später. »Die Panik bringt die Menschen um in einer Umgebung, in der sie sich nicht auskennen.«

Auf dem Kiesweg, der in den Süden der Ebenen führt, lockt der Schritt unserer Pferde eine Gruppe Kinder herbei, die alle in derselben merkwürdigen Art angezogen sind.

Die Mädchen tragen eine Art schwarze Toque auf dem Kopf und sind alle in die gleichen langen Röcke aus schwerem Tuch gekleidet, die ihnen bis über die Waden hinabreichen. Die Jungen tragen allesamt eine grobe Arbeitsjacke, die auf derbe Hosen herabhängt.

Das sind Mennonitenkinder. Sie sehen alle sehr artig aus. Die Kleineren haben sich ordentlich um die beiden Ältesten geschart. Man könnte meinen, ein Bild aus den fünfziger Jahren. Sie sehen uns nach, wie wir vorüberreiten, schweigend und ein bißchen aus dem Hintergrund. Als wir unseren Fotoapparat zücken, stieben sie auseinander wie ein Schwarm aufgeschreckter Spatzen.

Die Mennoniten sind eine Religionsgemeinschaft, die im 19. Jahrhundert aus dem kaiserlichen Rußland kam. Sie leben außerhalb der Gesellschaft, beinahe autark, und haben ein strenges soziales Schema. Sie lehnen bestimmte Aspekte des technischen Fortschritts der Gesellschaft ab.

Dies ist unser letzter Abend in den gebirgigen und wasserreichen Ebenen. Wir haben unser heutiges Lager neben einer frischgemähten Wiese aufgeschlagen.

Gegenüber gibt es einen See. Ich werde mich heute allein dorthin zurückziehen. Als ich am Ufer die Wellen plätschern höre, stelle ich fest, daß der See widerlich riecht! Als ich hineinsteige, um mein tägliches Bad zu nehmen, verstehe ich, warum; der Boden besteht aus Schlamm. Meine Füße gleiten auf der trüben Substanz aus, als ich tiefer in den See hineingehe. Rings um mich her ist das Wasser trübe, darin schwimmen irgendwelche Wasserpflanzen, die sich um meine Beine schlingen wie längliche, klebrige Wesen. Nachdem ich meine rituelle Waschung hinter mir habe, befreie ich mich aus dieser schlammigen Welt, ohne die wohltuende Frische zu fühlen, die mir normalerweise ein Bad in den natürlichen Wellen beschert.

Während ich mich abtrockne und Tara an meiner Seite vor sich hindöst, bemerke ich draußen auf dem See eine längliche Form, die an der Oberfläche auf mich zuzuschwimmen scheint. Plötzlich hält sie in der Bewegung inne, verharrt einige Sekunden in derselben Position und schwimmt dann in entgegengesetzter Richtung mit kräftigen, regelmäßigen Bewegungen davon. Auf diese Entfernung können meine Augen nichts Genaues erkennen, und vielleicht bin ich auch ein Opfer meiner Einbildungskraft. Aber der Spur nach, die das seltsame Wesen im Wasser hinter sich herzieht, darf ich annehmen, daß mein Gesichtssinn etwas Wirkliches wahrgenommen hat.

Eine leichte Brise erhebt sich und ich ziehe mich weiter an, die Augen immer noch auf die Stelle gerichtet, wo die Gestalt verschwunden ist.

Plötzlich taucht sie wieder auf. Und diesmal schwimmt sie genau auf mich zu, nähert sich bis auf zwanzig Meter und schwimmt dann wieder in anderer Richtung mit der Geschwindigkeit eines Schnellbootes davon. ich habe gerade Zeit genug gehabt, den Kopf eines großen Tieres zu erkennen und ein seltsames Klatschen zu hören, als es sich umwandte. So als ob es wütend sei. Aber was habe ich ihm getan?

Als es zum dritten Mal auftaucht, habe ich endlich begriffen, daß es sich um einen Biber handelt. Er hat wohl sein Haus am rechten Ufer des schlafenden Sees, er ist es nicht gewohnt, durch Eindringlinge gestört zu werden und verlangt klar und deutlich von mir, daß ich verschwinde. Zu Befehl, Herr Biber! Ich steige wieder den Hügel zu unserem Lager hinauf.

Wir befinden uns erneut in den großen Ebenen, wie man sie vom Trans-Canada Highway aus sieht. Der Horizont vor uns breitet sich wieder ins Unendliche aus und der Blick sucht vergebens nach einer Bodenerhebung, an der er sich festhalten könnte. Zum erstenmal haben wir eine geteerte Straße benutzen müssen. Wir mußten zwar nur etwa zehn Kilometer auf ihr entlangreiten, und doch war selbst das zuviel.

Maxine und Ken haben sich nach der Mittagspause schon wieder angeschrieen. Vielleicht arbeitet in ihnen die Rückkehr zum Stall. Und um ihnen aus dem Weg zu gehen, habe ich mit Savoyane die Straße überquert. Als ich auf der anderen Seite ankomme, zwingt mich etwas, mich umzudrehen, aber es ist schon zu spät. Die kleine Tara, die mir auf dem Fuß gefolgt war, ist von einem Auto in voller Fahrt erfaßt worden. Da liegt sie, vor meinen Augen, ausgestreckt, winselnd, bewegungsunfähig.

Aus weiter Ferne höre ich Maxine schreien und ich wünschte, sie möge still sein, damit der kleine Hund sich nicht noch mehr ängstigt.

Tara winselt immer noch, ohne sich dessen bewußt zu sein. Mitten auf der Straße beuge ich mich über sie, Savoyane, die hinter mir steht, an der Longe. Ich kniee mich neben den kleinen Hund und schiebe meine Arme unter seinem Körper hindurch. Ich spreche zu ihr, sag ihr, daß alles gut wird; sie muß sich beruhigen, ganz ruhig atmen. Sie hört mich und hört auf zu winseln. Ein Blutfaden ist ihr aus dem Maul gelaufen, gleich nach dem Aufprall. Der Fahrer, der sie überfahren hat, ist stehengeblieben. Er tritt zu mir und sagt ganz leise, daß ich mich mitten auf der Straße befinde, daß ich zur Seite gehen muß. Ich gebe ihm Savoyanes Zügel in die Hand, und als er sie irgendwo festgebunden hat, hole ich die Hacke und bitte ihn, mit der flachen Seite der Waffe Taras Leiden ein Ende zu setzen.

Die Reise bringt uns keine Freude mehr. Die Präriehunde jaulen wie immer, wenn wir vorüberreiten, doch da ist niemand mehr, der ihnen zu verstehen gibt, daß der einzige Platz, der ihnen zusteht, wenn unsere Karawane vorbeizieht, ihr Bau ist.

Einige Tage später sind wir wieder auf der Höhe des Trans-Canada Highways. Wir werden eine Woche in Carberry bei Rod, einem Freund von Maxine und Ken, verbringen.

Der Winter in den Wäldern des Nordens

Ich habe für Savoyane und mich einen Transport für die Rückkehr nach Ontario organisiert. Bob wird uns dann abholen. Er hat gerade zusammen mit einem Kameraden vom Eishockey eine Holzfällergesellschaft gegründet. Und wir werden während der Zeit des Holzfällens mitten im Wald leben.

Während Savoyane ihre Zeit mit süßem Nichtstun verbringt, sehe ich zu, wie der Winter im tiefen Wald, im Norden der Provinz Ontario, einzieht. Der Herbst erhellt den Himmel mit all der Pracht des Altweibersommers. Die Blätter verfärben sich, doch nie alle auf einmal. Es liegt ein Konzert von schillernden Farben über dem Wald, der sich ebenfalls bis ins Unendliche erstreckt.

Hier werde ich zusammen mit Bob Monate der völligen Einsamkeit verbringen.

Als die Blätter alle herabgefallen sind, beginnt der Waldboden aus Moos und Felsen jeden Tag mehr in einer Art Winterschlaf zu erstarren. Nach den ersten Frösten kommt der Schnee und überzieht alles Leben im Wald mit einem dünnen, weißen Film. Die Seen frieren zu und die Elche haben ihre Wälder wieder ganz allein für sich. Die Bären haben für die sechs Monate, die sie in Unbeweglichkeit verharren, einen Unterschlupf gefunden, die Biber haben in der Nähe ihrer Unterwasserbaue genug Reisig zusammengetragen, um die kalte Jahreszeit abseits von der Welt oben verbringen zu können. Nur die Vögel, die nicht in den Süden ziehen, werden uns Gesellschaft leisten.

Und die Stille überdeckt alles. Der Wind und das Knarren der Bäume im Frost sind die einzigen Lebenszeichen um uns herum. Die Tage folgen aufeinander mit Schneegestöber oder klarem Sonnenschein. Wir ziehen mit unseren Schneeschuhen Spuren über den zugefrorenen See.

In diesem Universum erkennt man sich selbst nicht wieder. Ich mache schwindelnde Reisen in die Zukunft und andere, sehr schmerzhafte, in

Auf halber Strecke, unterwegs zu den Sommerweiden, ruhen sich die Kälber, die jetzt sechs Monate alt sind, aus und grasen. Vier Monate später kommen sie von allein bis ins Tal herunter, wo die Cowboys auf sie warten; am Brandzeichen, dem »branding«, können die verschiedenen Besitzer ihre Tiere wiedererkennen, die inzwischen fast doppelt so dick geworden sind.

oben links: *Eine zweijährige Elchkuh. Sie ist nicht aggressiv, weil sie dieses Jahr kein Junges zu beschützen hat. Sie sieht uns neugierig an, bereit zur Flucht.*

oben rechts: *Die Glocke an Chicks' Hals dient dazu, die wilden Tiere, vor allem die Grizzly-Weibchen mit Jungen, vor uns zu warnen.*

unten: *Die erste Nacht in der Einsamkeit: Ich habe die Welt der Cowboys zugunsten der Tierwelt im Gebirge verlassen.*

Am nächsten Morgen muß ich den Packsattel zurechtrücken, der bei dem steilen Aufstieg verrutscht ist.

die Vergangenheit. Einzelheiten meines Lebens kehren wieder, so lebendig, daß ich den Eindruck habe, sie in der Einsamkeit noch wirklicher zu erleben.

Wenn die Temperatur sehr tief sinkt und der Wind weht, sind meine Nächte sehr unruhig. So als ob dadurch im Unbewußten Überlebenskräfte geweckt würden, die keine Grenzen kennen. Die Träume sind es, die dem Geist Klarheit bringen. Wie Träume, die Vorboten von Krankheiten sind. Ohne die Barrieren der Alltäglichkeit, die Einzelheiten des täglichen Lebens, die uns in einem sozialen Milieu leben lassen, fühle ich mich zeitweise völlig verloren.

Bob hat einen schrecklichen Unfall im Wald gehabt, und die Rettungsmannschaften sind so entsetzt, daß sie nicht wissen, ob er durchkommen wird. Die riesige Maschine, mit der sie das Langholz ziehen, ist auf ihn gefallen. Halb bewußtlos hat man ihn in einem Krankenwagen weggebracht, der aus 80 Kilometern Entfernung kommen mußte.

Dann die Rückkehr in den Wald und damit die Realität: Bob, der Mann des Waldes, für den die körperliche Kraft bei dem Leben, das wir hier führen, einer der wichtigsten Trümpfe ist, ist behindert. Er verbringt drei Monate in einer Art Winterschlaf. Dann kehrt nach und nach seine Energie zurück.

»Ich breche diesen Sommer wieder auf, um meine Reise zu beenden. Wenn ich es nicht tue, bleibt es für immer in meinem Kopf und wird mich für den Rest meines Lebens blockieren.«

Bob erwidert, daß ich gehen kann, aber daß ich ihn bei meiner Rückkehr nicht mehr vorfinden werde.

Ist dies so, mit jemandem zusammenzuleben? Alles aufzugeben, was man ist, sich völlig zunichte zu machen, um mit dem anderen übereinzustimmen?

Im Frühjahr nehme ich den Zug in den Westen der Großen Ebenen, die ich im letzten Sommer durchquert habe. Inzwischen ist meine Hündin aus Frankreich eingetroffen.

Das Leben zu zweit macht mir so fürchterlich Angst ... Es gibt da so viele Dinge, die ich nicht begreife.

Und warum wieder weggehen, jetzt, wo ich einen Hafen gefunden habe? Was treibt mich dazu, jene Fackel wieder aufzunehmen und bis zu dem Ziel zu tragen, das ich mir gesetzt habe? Woher soll ich wissen und wie kann ich es Bob versichern, ob ich wiederkommen werde?

Manchmal scheint es, daß Gedanken und die Erfahrung weit in einen selbst hineinführen: Man »weiß«, daß ein Ereignis für einen wichtig sein wird, noch bevor man es erlebt hat.

Ich habe das Bedürfnis nach Stille und Einsamkeit. Weil ich in zwei Wanderjahren Geschichten erlebt habe, die mir zum großen Teil den Glauben in die Menschen genommen haben. Und ich will nicht so verbleiben. Ich muß die Reaktion meiner Existenz auf ein gerechtes Universum spüren. Das Leben in der Wildnis scheint mir dazu das Richtige zu sein. Ich glaube, es wird mir eine tiefe Befriedigung verschaffen. Ich werde eine Welt entdecken, von der ich nicht die geringste Ahnung habe. Aber sie wird mich gefangennehmen und Reaktionen von mir fordern, Überlegungen, die jenseits des für mich Gewohnten liegen und über meine augenblicklichen Grenzen hinausweisen.

Seit Beginn meiner Reise höre ich von den Rocky Mountains reden. Man sagt, daß dort ein schrecklicher, fast legendärer Bär lebt: Der Grizzly. Es scheint, daß er ein Mörder ist. Aber gehörte Geschichten sind noch keine erlebten Geschichten.

Der Zug fährt ein. Ich erfahre, daß Tweed nicht mit mir reisen kann.

»Nur Blindenhunde sind in den Abteils erlaubt«, erklärt mir der Bahnhofsvorsteher.

Sie muß mehr als fünfzig Stunden im Gepäckraum in ihrem Käfig bleiben? Ich breche zusammen. Und ich verstecke mich vor Bob, als mir die Tränen herunterlaufen. Ich erwarte so viel von der Hündin in diesem Teil meines Lebens, und es beginnt damit, daß ich ihr eine solche Behandlung zukommen lassen muß.

Sie liegt ausgestreckt in ihrem großen Käfig, die schwarze Schnauze zwischen den blonden Pfoten, die Augen weit aufgerissen. Sie weiß und scheint zu akzeptieren, was auf sie zukommt.

»Sie würde lieber bei Ihnen bleiben, was?« ruft ein Schaffner Bob zu, als er mein aufgelöstes Gesicht sieht.

Es ist tiefe Nacht und der Zug fährt sofort los, sobald die Reisenden ihr Gepäck verstaut haben. Ich kann nach meinem Hund sehen, so oft ich will, hat mir derselbe Junge versichert. Die Tür ist immer offen.

Ich gehe zu meiner ROOMETTE zurück. Der Wagenschaffner kommt zu mir, um sich mit mir zu unterhalten. Er ist aus Québec. »Morgen, wenn du aufwachst, sind wir schon in der Prärie. Wenn du irgendwas brauchst, rufst du mich, klar?«

Er zeigt mir eine kleine Klingel. Die ROOMETTE der Langstreckenzüge ist ein winziges Zimmerchen mit einem Klappbett, einer Toilette, einem Waschbecken, Klimaanlage, großem Spiegel, Schuhschrank ...

Am frühen Morgen sehe ich in die Landschaft hinaus. Der Junge hat gelogen; wir sind immer noch im endlosen Wald von Ontario. Ich stehe auf, um nach Tweed zu sehen. Ich muß durch ungefähr zehn Wagen gehen. In den Liegewagenabteilen schläft noch alles. Der Frühstücksraum dagegen ist bereits hellwach: grelles Licht, ein feiner Duft nach warmem Brot und die Kaffeemaschine in Betrieb. Im Vorübergehen greife ich mir eine Tasse Kaffee und setze dann meinen Gang fort, im Rhythmus des Zuges, der leise durch dieses grüne, morgendliche Universum fährt, hin- und herschwankend. Die Sonne ist schon aufgegangen. Es wird ein schöner Tag werden. Jetzt kommen die Sitzwagons, wo die Leute kreuz und quer durcheinander schlafen. Der Andrang zur Expo '86 in Vancouver hat die Züge dieses Jahr schon früh gefüllt. Die Tür zum Gepäckwagen; ich stoße sie auf, und dahinter ist Tweed und wedelt heftig mit dem Schwanz. Auf dem Boden sitzend trinke ich meinen Kaffee, während meine Hündin genießerisch ihre Hundemahlzeit frißt und dazu das Wasser aus den Toiletten trinkt. Sie hat die Nacht gut verbracht und ich eigentlich auch.

Wenig später öffnet sich der Horizont auf die Großen Ebenen. Manitoba. Die Wiesen sind grün. Die Getreidefelder ziehen sich hin, soweit der Blick reicht. Die Landschaft wird den ganzen Tag über dieselbe bleiben. Morgen nachmittag sind wir in Calgary in Alberta. Und dann sind wir immer noch in den Ebenen ... Bei jedem längeren Halt springen Tweed und ich vom Gepäckwagen. Ungefähr alle vier Stunden. Der Tag ist sehr heiß und die Lokomotive, die sich genau vor dieser Hundezelle befindet, kündigt sich an jedem Bahnübergang mit einem gellenden Pfiff an. Fast nach jedem Kilometer.

Für die Reisenden dagegen ist das tägliche Leben im Zug recht lustig. Ich lerne ein Paar aus New Brunswick, der östlichsten Provinz Kanadas, kennen, das das Land von einem Ende zum anderen mit dem

Zug durchquert. Sie fahren bis Victoria, der Hauptstadt der Insel Vancouver.

»Fünf Tage und vier Nächte«, ruft mir die Dame fröhlich zu. »Wir amüsieren uns köstlich! Wir haben ein privates Abteil für uns beide, das man tagsüber in einen kleinen Salon und nachts in ein gemütliches Schlafzimmer verwandeln kann.«

Die Bar scheint über ein tolles Rezept zu verfügen. Das Restaurant ist zu jeder Mahlzeit überfüllt. Nachdem man ein paar Stunden so vor sich hingezuckelt ist, findet man Freunde, die man bei einem Bummel durch die verschiedenen Wagons tagsüber immer wiedertrifft.

Jacynthe und Jacques sind aus dem Québec. Sie sind seit fast drei Tagen unterwegs und haben sich gestern kennengelernt. Jacques arbeitet für eine Fluggesellschaft in Montréal, aber er meint:

»Ich vertrage das Fliegen nicht. Es macht mich ganz krank . . .« Und Jacynthe hat in Québec alles liegen und stehen gelassen, ihre Wohnung, ihre Gewohnheiten, ihren Freund, um, wenn nicht ein neues Leben, so doch zumindest einen schönen Sommer in Banff in den Rocky Mountains zu verbringen, wo sie ihren Beruf als Friseuse ausüben will. Sie hat eine wildzerzauste, rote Mähne und vor Intelligenz sprühende Augen. Mit meinen neuen Freunden wird mir die Zeit nicht lang. Vom Aussichtswagen aus, der auf die metallische Reihe der Wagondächer hinausgeht, spähen wir nach der geringsten Bodenerhebung im Westen aus, die die Rocky Mountains ankündigt.

Von Zeit zu Zeit gehen wir ans Zugende in einen speziellen Salon, um eine andere Aussicht zu genießen. Von hier aus sieht man, wie sich die Landschaft entfernt. Wir erzählen uns ein bißchen aus unserem Leben, und Jacynthe berichtet uns dann von einer erstaunlichen Erfahrung, die sie kürzlich gemacht hat.

»Wir waren zwischen Montréal und Québec. In der Prärie. Es war dunkle Nacht. Das Autoradio spielte laute Musik, da plötzlich spürten wir alle vier so etwas wie eine Präsenz. Ein fremdes Element, drinnen im Wagen. Wir haben ein sehr starkes Licht gesehen. Es ist nähergekommen und hat uns ganz eingeschlossen . . .«

Jacynthe wirft uns einen Blick zu. Hören wir ihr zu oder machen wir uns über sie lustig?

»Und dann?« fragen wir beide zugleich heftig interessiert.

»Und dann ist es dageblieben, hat uns einen Augenblick lang angestrahlt, und plötzlich war es wieder fort.«

»Was glaubst du, kann das gewesen sein?«

»Was sonst?« antwortet sie.

»War es eine Botschaft oder was?«

»Ich denke, ja«, sagt Jacynthe nach kurzem Schweigen. »Es gibt andere Wesen außerhalb unserer Welt. Sie suchen sich unter den Menschen Vermittler aus, denen sie dann erscheinen. Ich kann das nicht jedem erzählen.«

Der Zug rollt langsam vor sich hin. Die Bar ist überfüllt. Ich setze mich auf das freie Eckchen einer Sitzbank. Pierre und Jacynthe sind durch die Wagen bummeln gegangen. Wenn ich will, kann ich sie leicht wiederfinden, dank der leuchtendroten, wilden Mähne der Freundin aus Montréal. Es war Nacht, dann Tag und jetzt beginnt der zweite Abend. Im kanadischen Langstreckenzug ist das ohne große Bedeutung: Das Leben spielt sich vor allem im Innern ab. Vom »Eisernen Pferd« aus ist die Landschaft nur ein vorüberziehendes Bild.

Die Erfahrung mit der Trans-Canada-Bahn sollte man machen, wenn man sich eine Vorstellung von der Ausdehnung dieses Landes machen will. Wenn ich aus dem Fenster sehe, frage ich mich oft, wie ich es nur geschafft habe, diese ganze Strecke zu Pferd zurückzulegen.

Alberta

Die Tierwelt der Rockies

Über der Betonstadt Calgary lastet die brütende Hitze der Hundstage. Pierre und Jacynthe helfen mir, die Kartons und den Hundekäfig auszuladen. Sie fahren weiter, der eine bis Vancouver, wo er morgen am späten Vormittag ankommen wird, die andere bis Banff, im Herzen der ersten Gebirgskette der Rockies.

Vom Zug aus haben wir das Gebirge gesehen. Eindrucksvoll stand es in der Ferne da; endlich offenbaren sie sich, die Rocky Mountains, und sie sind genauso geheimnisvoll und wunderbar, wie ich sie mir vorgestellt habe. Der erste Gebirgskamm, der den Horizont von Südosten nach Nordwesten versperrt, verbirgt die dahinterliegenden, die sich fast bis zur Westküste des Landes hinziehen. Auf den Gipfeln liegt noch Schnee. Der Frühling ist spät gekommen; Mitte Mai gab es in Calgary, der Stadt, die aufgrund der Chinooks, jener Winde aus den Bergen, die plötzliche Wärmeeinbrüche bewirken, einen launischen Winter kennt, den letzten Schneesturm.

Jetzt, Ende Mai, die Berge noch nicht begehbar, denn die Wildwasser sind über die Ufer getreten und stürzen sich außerhalb ihres Flußbettes in die Tiefe. Am Campingplatz von High River, 40 Kilometer südlich der Hauptstadt, wo ich mein Zelt aufgestellt habe, hat man einen Damm aufgeschüttet, damit der Hochwasser führende Fluß nicht einen Teil des Dorfes überschwemmt. Ich kenne niemanden hier, aber dies ist die Provinz der Cowboys, und es dürfte demnach keine allzu großen Probleme bereiten, Pferde zu finden.

In meinem Adreßbuch steht der Name eines Ranchers, der westlich von High River wohnt. Syd Wyatt und seine Frau Donna züchten Appaloosa-Pferde. Ein Student der Geisteswissenschaften in Paris, der einen Sommer lang auf ihrer Farm gearbeitet hat, hat mir den Kontakt zu ihnen ermöglicht. Für den jungen Thomas war das wohl eine entscheidende Erfahrung, da er danach beschloß, sich der Landwirtschaft zuzuwenden.

Wir hatten uns in Paris lange darüber unterhalten, und er hatte in mir die Lust geweckt, diese ungewöhnlichen Leute kennenzulernen.

Ich rufe sie an und wir treffen uns. Sie zeigen mir ihr Gestüt: zahlreiche Zuchtstuten, die mit ihren gescheckten Neugeborenen auf dem weitläufigen Gelände umhertollen. Der Vater dieser stattlichen Nachkommenschaft ist Warren Nite Shift, ein prachtvoller, stolzer, eigenwilliger Hengst! Vor einem Glas Orangenlimonade erkläre ich ihnen mein Vorhaben und bitte sie, mir zwei Pferde, ein Packpferd und ein Sattelpferd, zu beschaffen. Syd überlegt eine Weile, aber er wüßte keines seiner Pferde, das im Augenblick zu haben wäre.

»Ich werde darüber nachdenken«, sagt er, als wir uns trennen. »Es müßte möglich sein, hier in der näheren Umgebung zu finden, was du brauchst. Es ist komisch«, fährt er fort, »vor ein paar Jahren ist auch ein Mädchen bei uns abgestiegen, wie du. Sie kam aus dem Westen, mit ihren Pferden und mit ihrem Hund; sie kam auf unsere Farm, weil sie keinen Tabak mehr hatte.«

Syd und Donna müssen für ein paar Tage verreisen. Wenn sie wieder zurück sind, soll ich sie anrufen. Ich kehre also zu meinem einsamen Zelt auf dem Campingplatz zurück. Die Hitze ist immer noch unerträglich.

Am nächsten Morgen macht ein großer, schlaksiger Hund Tweed den Hof. Anfangs kommt sie seiner Aufforderung zum Spiel nur träge nach, dann jagen sie sich gegenseitig, verschwinden und tauchen wieder auf. Es gefällt mir an meiner Hündin, daß sie auch beim Herumtoben immer in meiner Sichtweite bleibt. Plötzlich hat sie genug und wirft sich hechelnd in den Schatten. Ihr Kumpel sieht sie an, verwundert und erregt, und um sie zum Weiterspielen zu ermuntern, geht er vor ihr in die Knie, als ob er eine Verbeugung machte, und fängt an, wild zu kläffen. Die Stimme eines Welpen in einem großen, gut entwickelten Körper. Ich gehe zu ihm hin und lese, was auf seiner Hundemarke steht. Er hat nur eine Nummer, keinen Namen. In Übereinstimmung mit Tweed nenne ich ihn Ufo, Ovni in Kanadaenglisch. Der Name paßt zu ihm: er sieht aus, wie ein wildgewordener Sputnik. Da Tweed weiterhin gleichgültig bleibt, nähert er sich ihr mit lautem Gekläff und knappt sie ins Ohr ... Und das geht meiner Afghanenhündin denn doch zu weit! Sie springt empört auf und stürzt sich auf den Flegel; sie jagt ihn bis außerhalb der Grenzen, die ihrer Meinung nach unser Territorium bilden.

Ich habe die Tierärztin des Dorfes aufgesucht. Es zeigt sich, daß sie mit leidenschaftlicher Begeisterung durch die Bergwildnis reitet. Val zeigt großes Interesse für mein Vorhaben und wir tauschen eine Menge praktischer Details aus.

Ich wollte den Rat eines Experten und konnte es nicht besser treffen:

»Für die Hufe deiner Pferde mußt du dir etwas einfallen lassen. Auch die Pfoten des Hundes sollte man einreiben. Das Mittel ist eine Lösung zum Auftragen, so wird die natürliche Bewegung des Fußes nicht behindert. Unterwegs geht sie nach und nach ab, und wenn du durch ein paar Bäche am Tag gehst, solltest du sie sogar neu auftragen.«

Ich frage sie auch, ob ich für den Fall eines Schlangenbisses ein Serum mitnehmen soll, doch sie meint, daß die Klapperschlangen mehr südlich meiner Route zu finden sind. Bevor wir auseinandergehen, gibt sie mir noch die Telefonnummer von Roger und Marion, einem Rancherehepaar im Ruhestand, die sich in den Bergen und vor allem auf dem Weg, den ich für die Überschreitung der ersten Bergkette einschlagen will, gut auskennen. Vom Campingplatz aus rufe ich sie an und gleich am nächsten Morgen in der Frühe kommt Roger angefahren. Er kommt sofort zur Sache:

»Hello! Ich habe die Karten mitgebracht.«

»Soll ich Ihnen einen Kaffee machen?«

Ich habe einen kleinen Vorrat an dürrem Holz und bald kann ich meinen Kaffeetopf daraufstellen. Auf dem langen Tisch des Campingplatzes breitet er die Karten aus, um mir den Weg zu zeigen, den ich einschlagen muß.

Wir betrachten das Gewirr der Pfade, die über den ersten Paß führen. Dann muß er wieder fahren und er läßt mir den Packen mit den Karten da, damit ich sie studieren kann.

Die Gymnasiasten des Städtchens High River haben sich angewöhnt, mich nach der Schule zu besuchen. Sie sind alle sehr interessant. Einer von ihnen, Jim, kommt öfter als die anderen, weil er seinen Hund regelmäßig ausführen muß. So kommt er jeden Morgen gegen zehn Uhr vorbei.

Wir führen lange Gespräche über die Tierwelt im Gebirge, über Elche, Bären, Koyoten und andere, die dort vorkommen. Jim ist in dieser

Gegend am Fuß der Berge geboren, und er ist mit den Geschichten dieser Welt, die für mich noch voller Geheimnisse ist, aufgewachsen.

»Der Elch ist gefährlich für die Autofahrer, vor allem bei Nacht, weil er die Scheinwerfer für einen Feind hält und einfach drauflosstürzt. Auf der Straße nach Banff hat es schon ein paar Unfälle gegeben. Jetzt gibt es so ein kleines, elektronisches Spielzeug, das durch eine Pfeife mit Ultraschall das Tier warnt, wenn sich ein Auto nähert. Man bringt das Ding an seinem Auto an und hat so eher die Chance, daß einem nicht so ein 150 Kilo schwerer Vierbeiner bei 60 Stundenkilometern voll ins Auto rennt.«

Steve wohnt auf einer Farm, etwa zehn Kilometer von High River entfernt, und seine Kameraden haben ihn zum Campingplatz mitgebracht. Er erzählt mir den Tratsch der Gegend, von der Feindseligkeit der Cowboys untereinander. Von der ganz eigenen Meinung, die die Rancher oder die Berufscowboys über die Reitspezialisten vom Rodeo haben:

»Die können einem Pferd noch nicht mal den Sattel auflegen!« Nach dieser Bemerkung muß er gehen, weil er siebzehn Kapitel Platon für den nächsten Morgen vorbereiten muß! Roger kommt eines Morgens ganz schnell vorbei, um mich zum Abendessen einzuladen.

»Wir zeigen dir Fotos vom letzten Jahr mit der Landschaft, die du nach dem ersten Paß vorfinden wirst.«

Immer wenn Jim, der Student, zu seinen regelmäßigen Besuchen vorbeikommt, unterhalten wir uns über die Tierwelt. Ich bin voller Wissensdurst und möchte unbedingt mehr von dem Leben erfahren, das ich antreffen werde, so daß ich ihn jedesmal gleich wieder auf das Thema zurückbringe.

»Der Bär ist in seinem Verhalten etwas unberechenbar, aber wenn du ganz vorsichtig bist, riskierst du nichts. Wenn er Lebensmittel findet oder riecht, schlägt er alles kurz und klein. Du mußt eben nur daran denken, ihn zu warnen. Eine Bärin mit Jungen, die überrascht wird, wird sich natürlich verteidigen. Wenn du einem deiner Pferde ein Halsband mit einer Glocke umhängst, wird das Tier im allgemeinen versuchen, dir aus dem Weg zu gehen. Jedenfalls brauchst du nicht erst einen zu sehen, um zu wissen, daß du dich in ihrem Territorium aufhältst. Sieh immer auf den Weg und wenn du Exkremente von Bären siehst, sei vorsichtig! Du wirst viele wilde Tiere in den Bergen sehen«, fährt er mit verträumtem Blick fort.

Freitags abends kommen sie alle bei mir vorbei, die Jungs mit ihren Freundinnen, es ist ein unaufhörliches Kommen und Gehen. Sie treffen sich bei mir, um sich an dem Feuer, das ich immer brennen habe, zu entspannen, und ihre erfrischende Gesellschaft gefällt mir sehr.

Auch Tweed hat bestimmte Gewohnheiten angenommen, seit wir uns hier auf diesem Campingplatz niedergelassen haben.Gestern bin ich mit ihr zur Bank gegangen, und die Bankangestellten haben sie wiedererkannt; sie zeigten mit dem Finger auf sie und erklärten mir:

»Sie kommt uns besuchen; sie kommt mit einem Kunden durch die automatische Tür herein, legt sich in eine Ecke, um die Klimaanlage zu genießen und nach zehn Minuten geht sie wieder, so, wie sie gekommen ist und setzt ihren Stadtrundgang fort.«

So eine verflixte kleine Vagabundin.

Heute ist der Tag, an dem ich Syd und Donna anrufen soll.

»Na, wie geht's denn unserer kleinen Französin? Wir haben zwei Pferde für dich gefunden. Eine Stute, die Jim, unser ältester Sohn geritten hat, als er Cowboy in den Bergen war, und ein Wallach, der das Tier bereits kennt. Sie kosten zwar ein bißchen mehr als das, was du dafür ausgeben wolltest, aber sie sind gut für diese Route.«

»Okay. Morgen muß ich zu einer Kälberbrandmarkung, aber übermorgen, ist's euch da recht?«

»Bestens!« dröhnt Syd's Stimme. »Wir kommen dich abholen.«

Mai und Juni bei den Cowboys. Rogers Erlebnis mit dem Grizzly

Am nächsten Morgen kommt Roger wie verabredet vorbei, um mich mit dem Lastwagen abzuholen. Tweed springt hinten auf. Der Wagen rollt durch eine ausgeprägte Hügellandschaft. Am Horizont sieht man die von einem Dunstschleier umgebenen Rocky Mountains.

»Sie sehen jeden Tag anders aus«, sagt Roger.

Dann biegen wir am Eingang zur Farm der McLeans ab und fahren bis zu den Koppeln, wo schon mehrere Leute zusammenstehen. In einem Pferch ist die beeindruckende Herde der diesjährigen Kälber versammelt.

»Dieses Jahr gibt es vierhundert Stück Jungvieh.«

Das Gebrüll ist ohrenbetäubend. Es ist das erste Mal seit der Geburt vor sechs Monaten, daß die Kühe von ihren Jungen getrennt sind. Falls sie sich noch an das erinnern, was man jetzt mit ihren Nachkommen vorhat, müssen sie Qualen leiden ... Auf der anderen Seite der Holzgatter, die die Kälber einschließen, grasen die gesattelten Pferde der Cowboys auf der riesigen Weide, wohin die Kälber nach der bevorstehenden Prozedur gebracht werden.

Hier und da stehen Gruppen von Cowboys beisammen und diskutieren; Roger, der sie fast alle kennt, stellt mich rechts und links vor. Man wartet noch auf einige andere Reiter, bevor man mit dem Markieren beginnt; jeder hat seine Thermosflasche mit gezuckertem Milchkaffee dabei.

Die Zeit des BRANDING zieht sich über die Monate Mai und Juni hin. Man markiert den neuen Viehbestand mit glühenden Eisen mit dem Zeichen seines Besitzers. Man sengt den Ansatz der Hörner ab, man kastriert die männlichen Kälber durch einen scharfen Schnitt mit dem Skalpell und verpaßt allen eine dicke Spritze mit vier Impfstoffen auf einmal.

Dies ist auch eine Gelegenheit für die Farmer, die weit verstreut in ihren abgelegenen Farmen leben, zusammenzukommen. Und zu Roy und

Lenore McLean kommen immer viele, wegen der großen Herde. Dank der traditionellen gegenseitigen Hilfe dauert das Markieren einen Tag, während sie mit ihren eigenen Angestellten eine Woche dafür brauchen würden.

Roger erklärt mir, daß er, seitdem er im Ruhestand ist, einen Monat lang von einer befreundeten Farm zur anderen zieht, um mitzuhelfen.

»Im Mai und im Juni bin ich immer sehr beschäftigt, obwohl ich im Ruhestand bin. Dann, im Juli, reite ich meistens mit Val, der Tierärztin, ihrer Assistentin, Lee, unserem Hufschmied und meiner Frau Marion ins Gebirge. Hier gibt es was für jeden Geschmack: Skifahrer können sich den ganzen Winter über auf einem unerschöpflichen Netz von Pisten vergnügen, und der Liebhaber unberührter Natur kann im Sommer hier soviel Zeit verbringen, wie er will.«

»Sag mal, Roger, wenn du in die Berge gehst, nimmst du dann ein Gewehr mit?«

»In den Bergen braucht man immer eine Waffe, mit der man auch umgehen kann. Das kann dir sehr von Nutzen sein. Weißt du, vor zwei Jahren ist uns ein kleines Abenteuer passiert. Wir waren unterwegs, wie jedes Jahr im Sommer. Ich war mit Lee losgezogen, um den Weg auszukundschaften, den wir am nächsten Tag nehmen wollten. Und die Frauen waren im Lager. Wir mußten etwa zwei Stunden wandern, hin und zurück. Und mehrmals hatten wir beide bemerkt, daß er uns folgte.«

»Wer, ›er‹?«

»Ein Bär. Ein Grizzly. Wir befanden uns wohl in der Nähe seines Territoriums und er überwachte uns. Solange er uns nicht angriff, ließen wir ihn gewähren.«

»Aber das ist doch gefährlich. Das weißt du doch am besten, wo du dich in den Bergen auskennst. Ist es in einem solchen Fall nicht besser, den Bären zu töten?«

»Nein. Er beobachtete uns nur. Wenn jeder auf seinem Platz bleibt, warum denn auf ihn schießen?«

»Und dann, als ihr ins Lager zurückgekommen seid, wartete er auf euch, in Gesellschaft von Val und Marion?«

»Er hatte festgestellt, wo wir waren, und das genügte ihm wohl. Jedenfalls dachten wir das. Und dann haben wir nicht mehr daran gedacht, um die Wahrheit zu sagen. Weil wir an solche Situationen gewöhnt sind und die Regeln des Zusammenlebens kennen. Wir haben zu Abend gegessen, wie gewöhnlich. Und die Nacht senkte sich über das friedliche Lager, als der Bär plötzlich heranstürmte. Er ist einfach den Abhang heruntergekommen, geradewegs auf die Pferde zugelaufen, die an den Bäumen festgebunden waren, und im letzten Augenblick ist er an ihnen vorbeigerannt. Vielleicht wollte er uns zu verstehen geben, daß er immer noch da war, und daß wir nicht so einfach in sein Territorium eindringen durften, was weiß ich?

Aber eigentlich glaube ich eher, daß er sich über uns lustig machte, daß er uns zum Spaß Angst einjagen wollte. Er weiß ganz genau, daß er der Herr in den Bergen ist. Das einzige, wovor ein Grizzly wirklich Angst hat, ist eine Elchkuh mit Jungen. Sie stürzt sich voller Wut auf alles, was sich bewegt, und nichts kann sie aufhalten. Davon einmal abgesehen, scheint der Grizzly zu wissen, daß er der unbestrittene König im Reich der wilden Tiere ist. Und dann ist er auch träge, weißt du. Was ihn nicht direkt betrifft, ist ihm egal. Es kümmert ihn nicht.«

Bei den Informationsgesprächen mit meinen englischsprechenden Gesprächspartnern hörte ich immer wieder, daß die Bären überall im Land SCAVENGERS seien. Da ich kein Wörterbuch bei mir habe, muß ich mich manchmal mit meiner persönlichen Übersetzung begnügen. Ich interpretiere also, daß es sich um Tiere handelt, die eine niedrige Reizschwelle haben. Wegen der Endung des Wortes »venger«, d. h. »rächen«. Schließlich könnten sie auf das Menschengeschlecht böse sein, aus Gründen, die ich nicht kenne. Es gibt genug Schauergeschichten von Überraschungsangriffen von Bären, die das bestätigen könnten.

Bis zu dem Tag, wo ich schließlich nach eingehenderen Nachforschungen feststelle, daß es sich in Wirklichkeit um ein Ernährungsverhalten handelt: »scavenger« heißt wörtlich Arbeiter bei der Müllabfuhr. Die Sohlengänger sind die Müllmänner des Gebirges, so wie die Haie die der Ozeane sind.

Einerseits beruhigt mich die Entdeckung, daß ich für das Tier, vor dem ich mich fürchte, kein bevorzugtes Gericht bin. Aber andererseits finde ich es wirklich nicht sehr romantisch, vielleicht im Magen eines anderen zu enden, der das noch nicht einmal zu schätzen weiß.

Die Cowboys sind jetzt alle in dem Pferch, wo sich die Kälber und die Folterwerkzeuge befinden. Ich habe mir meinen Fotoapparat geschnappt. Zwei Reiter, Lenore, die Besitzerin, und ihr Sohn, nähern sich vorsichtig der Herde, die sich auf der gegenüberliegenden Seite zusammendrängt. Sie lassen ihr Lasso kreisen und die Schlinge am Ende zieht sich über einem Hinterlauf zusammen. Das kleine Tier, das gefangen wurde, versucht, vor Entsetzen brüllend, sich aus dem Seil zu befreien. Die Reiter drehen sich um die eigene Achse und bringen das Kalb zu den wartenden Cowboys. Lenore beschreibt einen Kreis um sie, wobei sie immer noch das Tier am Ende des Lassos hinter sich herzieht. Dann stürzen sich zwei Männer darauf, bevor es aufstehen kann, und machen seine Beine los; Lenore zieht ihr Lasso wieder ein und kehrt zu der Herde zurück, während die Männer das junge Rind, je nach seinem Geschlecht, mit allen vier Foltern auf einmal quälen.

Mit vor Entsetzen und Schmerz verdrehten Augen springen die Kälber dann auf und laufen zur Herde zurück, während ihnen das Blut zwischen den Beinen herunterrinnt. Ich sitze auf einem Zaun, als man mich ruft, damit ich helfen soll. Ich lege den Fotoapparat beiseite und frage mich, was man sich wohl von mir für eine Hilfe erwartet. Man drückt mir ein eiskaltes Fläschchen in die Hand. Schnell verstehe ich meine Aufgabe: Ich soll es nur bei den männlichen Kälbchen anwenden. Ich muß das Mittel, das ich in der Hand halte, sofort nach der Kastration auftragen. Es ist eine Art Insektenschutzmittel. Es soll verhindern, daß sich Fliegen auf die Wunde setzen. God bless them.

Syd und Donna Wyatt

Am nächsten Tag um 11 Uhr kommt Donna vorbei, um mich abzuholen. Da ich mit Syd am Telefon nichts anderes vereinbart habe, denke ich, daß ich den Tag bei ihnen verbringen und mir die Pferde anschauen soll. Donna amüsiert sich köstlich, als sie mein Zelt immer noch auf dem Campingplatz aufgebaut sieht. »Na, was ist? Willst du dein Zelt der Stadt vermachen? Du kommst doch zu uns und bleibst ein paar Tage, oder nicht?«

»Gut . . . einverstanden.«

Ich öffne also mein Refugium und nehme den Daunenschlafsack heraus, den ich ganz eng zu einer Wurst zusammenrollen und dann in einen wasserdichten Sack stecken muß. Dann ziehe ich die Heringe des Außenzeltes aus dem Boden, laß die Stangen umkippen und die Firststange herunterfallen und lege das ganze zu einem ordentlichen Paket zusammen. Ein paar präzise, schnelle und geübte Handgriffe und innerhalb von zehn Minuten bin ich damit fertig.

Schließlich laden wir das ganze in den Kofferraum des Wagens. Mein Sattelzeug ist bei Roger und Marion. Wir können später dorthin fahren.

Tweed, die schwarze Nase zwischen den blonden Pfoten, hat die Szene beobachtet. Jaja, Tweed, jetzt tut sich was! Hopp, steig ein! Ich habe die hintere Wagentür aufgemacht und der Afghane springt hinein. Über Donnas schönem, bereits von tiefen Falten durchfurchten Gesicht liegt ständig ein Lächeln. Ich glaube, sie findet mich ein bißchen ulkig.

Die Farm von Syd und Donna liegt in den FOOTHILLS, die sich bis zum Fuß des ersten Bergkamms der Rocky Mountains hinziehen. Von hier aus kann man die Berge in der Ferne sehen; sie sind eine Autostunde oder drei Tagesreisen zu Pferd entfernt.

Kaum sind wir angekommen, zeigt man mir, wo ich schlafen kann und wo die Mahlzeiten am Familientisch eingenommen werden. Eine Stunde später habe ich bereits Granie, Syd's Mutter, kennengelernt, die ihr Haus nebenan hat, und ich habe Warren Nite Shift, für Freunde »Shifty«, noch einen Besuch abgestattet, und er hat seinen mächtigen Hengsthals vor mir geschüttelt, daß die Mähne nur so flog. Angeber!

Ich habe jeden der elf Hunde, die die Farm vor den Koyoten beschützen, gestreichelt, habe ausfindig gemacht, wo die Hühner sind, für den Fall, daß Tweed sich an ihre Jägervergangenheit erinnern sollte. Kurzum, ich habe das Gefühl, daß ich Teil des Hauses, Teil der Familie bin. Und ich darf bald feststellen, daß das keine Illusion ist. Syd und Donna betrachten mich auch als solchen.

Am ersten Nachmittag gehen wir aufs Feld, um Zäune zu reparieren.

»Bei so viel Land gibt es immer etwas zu tun. Und da Tiere auf den Weiden sind, muß man die Zäune dauernd überprüfen.«

Wir sind zu einem Feld hinausgefahren, das vielleicht zwei Meilen vom Haus entfernt ist. Tweed ist, wie sie es jetzt immer tut, hinten auf den Laster gesprungen. Dieser war mit einer großen Zisterne beladen. Die Hündin lag während der rumpelnden Fahrt quer über dem Faß. Das wird sie für das, was noch auf sie zukommt, abhärten. Ich beobachte Donna, wie sie hilft, den Stacheldraht in Ordnung zu bringen. Drei Reihen pro Zaunpfahl und eine Hammerlänge Abstand zwischen den einzelnen Drähten.

Tweed streicht in der Gegend umher. Als ich es merke, rufe ich sie. Ruhig kommt sie von einer kleinen Anhöhe heruntergetrabt, dicht gefolgt von einem Koyotenweibchen, das offensichtlich außer sich ist vor Wut.

»Sie hat wahrscheinlich einen Bau aufgestöbert«, sagt Syd. »Sie hat Glück, daß das Weibchen allein ist. Wenn es ein ganzes Rudel gewesen wäre, hätte deine Hündin in Schwierigkeiten kommen können.«

Die Koyotenmutter umkreist uns weiträumig, immer noch voller Wut. Tweed zollt ihr keinerlei Aufmerksamkeit und ich wende mich wieder meinem Zaun zu, ramme dicke Holzpfähle in den Boden, als ich erneut Jaulen höre. Offensichtlich hat Tweed schon wieder was angestellt. Denn er, oder sie, heult wieder hinter ihr her. In derselben gemütlichen Gangart kommt die Hündin zu uns zurück, ohne sich weiter für den Vetter des Wolfes, der sie so beschimpft, zu interessieren. Auf dem Rückweg will Syd uns einen Bau zeigen, den er entdeckt hat. Wir nähern uns ganz vorsichtig. Tweed darf nicht mitkommen und vom Führerhaus des Lasters aus sieht sie uns zutiefst beleidigt nach.

Syd geht mit gebeugten Knien und setzt die Füße nach Indianerart auf dem trockenen Boden auf, um kein Geräusch zu machen. Er hebt seinen rechten Arm und bedeutet uns, zurückzubleiben, damit er die Stelle, wo sich der Wurf befindet, ausmachen kann, ohne die Tiere zu stören. Er findet die Baue wieder. Ein Blick auf den ersten, den zweiten und dann den dritten; er richtet sich wieder auf und ruft laut zu uns herüber:

»Ich versteh nicht, wo sie geblieben sind! Normalerweise sind sie zumindest in der Nähe des Baues, wenn sie schon nicht drin sind.«

Keine Koyoten also.

Wir fahren zur Farm zurück. Später gehe ich auf die Weide zu den Pferden, um sie in den Pferch zu bringen und zu versuchen, Boots und Chicks einzufangen. Syd hat sie mir aus der Ferne gezeigt, als wir zu dem Feld hinausgefahren sind.

Zu Fuß umzingeln wir die Herde und drängen sie zu der Weide, deren Haupttor offensteht. Alle Pferde gehen auf einmal hindurch und wir schließen hinter ihnen das Gatter. Überrascht, daß sie so plötzlich eingesperrt sind, rennen sie ein bißchen im Kreis herum. Zuerst werden wir das eine, danach das andere fangen. Syd geht auf Boots zu und nimmt gleichzeitig fünf oder sechs andere Pferde mit:

»Du machst das Tor des kleinen, runden Pferchs zu, sobald sie alle drin sind!«

Die Pferdegruppe kommt auf mich zu. Schulter an Schulter und in schnellem Trab. Durch meine Anwesenheit verhindere ich, daß sie durch das Tor laufen und sie wenden sich nach links, der einzigen Ausweichmöglichkeit, die sie haben. Und schon sind sie im runden Pferch. Ich schließe die Holzschranke.

»Jetzt hol ihn dir. Paß auf deine Bewegungen auf, er ist nicht sehr an den Umgang mit Menschen gewöhnt.«

Das Fell des großen Appaloosa-Pferdes ist herrlich gescheckt. Sein Hals ist mit weißen Punkten übersät und auf seiner schönen, weißen Kruppe hat er rote, ovale Flecken.

Er hat begriffen, daß ich ihn will. Ebenso ruhig wie ich dreht er sich in die andere Richtung, sobald ich mich ihm nähere. Syd sieht uns zu und sagt nichts.

Ein wenig weiter schneide ich ihm den Weg ab. Das gibt ihm erneut

Gelegenheit, sich vor mir umzudrehen und wieder in die entgegengesetzte Richtung zu gehen. Inzwischen laufen auch die anderen Pferde in der engen Koppel durcheinander und langsam entsteht ein ziemliches Chaos.

Syd kommt mir zu Hilfe. Im Westen fängt man die Pferde auf eine Art, die mir nicht geläufig ist. Er nähert sich dem Pferd, wie ich es getan hatte, aber als er bis auf zwei Meter herangekommen ist, spricht er immer wieder seinen Namen aus, laut und gebieterisch. Und das Pferd bleibt aufmerksam stehen. Dann legt er ihm das Halfter über.

Ich weiß schon Bescheid:

»Boots hat zweimal in seinem Leben einen Sattel auf dem Rücken gehabt. Im Augenblick reitet ihn niemand hier. Deshalb steht er dir auch zur Verfügung. Du machst aus ihm dein Pferd, zwingst ihm deine Regeln auf, aber zuerst mußt du sehen, daß er dich akzeptiert.«

Syd rät mir, mein Pferd auf die westkanadische Art zuzureiten. In der kleinen, runden Koppel von vier Metern Durchmesser soll ich ihn reiten, nachdem ich ihn vorher mit der Nase gegen das Holzgatter gestellt habe.

»Wenn sie vor dem Gatter stehen, wissen sie, daß sie sich nicht rühren dürfen«, erklärt mir Syd.

Zuerst werde ich ihn satteln. Dann lasse ich ihn mit dem ganzen Gepäck auf dem Rücken gehen. So gewöhnt er sich gleich von vornherein an alle Besonderheiten, die später sein tägliches Leben ausmachen werden.

Er hat sich an meine Stimme gewöhnt und nach zwei Tagen macht er sogar schon zärtliche Annäherungsversuche. Ich merke es immer deutlicher: Das ist ein ganz verschmustes Tier und ich werde diese Neigung noch unterstützen. So wird er sich daran gewöhnen, bei mir Trost zu suchen, er wird sich sicher fühlen, wenn ich in seiner Nähe bin, und genau das will ich bei ihm fördern.

Dieses Pferd hat mir sofort gefallen, als ich es sah: Seine kräftige Gestalt und das völlige Fehlen von schlechten Angewohnheiten lassen mich über Einzelheiten hinwegsehen, die auf den ersten Blick das Bild trüben könnten; er ist sechs Jahre alt und hat den größten Teil seines Lebens auf der Weide zugebracht, ohne durch den Menschen irgendwie eingeschränkt worden zu sein. Was man übrigens auch als Vorteil sehen kann; dieses Pferd kann nämlich keine Fehler haben, die sich aufgrund einer schlechten Behandlung entwickeln. Er hat gesunde Glieder, einen gesunden Körper und einen gesunden Kopf. Er ist in jeder Hinsicht ganz jung und sein Wachstum ist völlig abgeschlossen.

Heute gehen wir zur nächsten Phase über: die Reiterin auf dem Rücken. Wir gehen in den Ring. Und ichstelle ihn gegen das Gatter. Dann lege ich die Zügel auf seinem Hals zurecht und schwinge mich in den Sattel. Syd steht auf der anderen Seite des Geländers und sieht der Kontaktaufnahme zu.

Als mich das Pferd auf seinem Rücken spürt, legt es die Ohren an. Ich spreche zu ihm und klopfe ihm sanft den Hals. Es entspannt sich. Als seine Ohren wieder etwas lockerer geworden sind, lasse ich es nach rechts gehen. Es gehorcht willig. Es vertraut meiner Hand und gewöhnt sich in aller Ruhe an das neue Gleichgewicht, das es mit meinem Gewicht auf dem Rücken finden muß.

Chicks, die weiße Stute, ist dieses Jahr nicht trächtig. Und doch war sie, wie alle Stuten der riesigen Herde von Syd und Donna, von Warren Nite Shift, dem preisgekrönten Star der Pferdeausstellung 1985, gedeckt worden.

Weil wir uns gerade rechtzeitig begegnet sind, wird Syd die Stute dieses Jahr dem Hengst nicht mehr zuführen.

»Sie könnte ein hervorragendes Packpferd für dich abgeben. Sie war zwei Sommer lang mit Jim, unserem ältesten Sohn, in den Bergen.Sie war dort sein Packpferd.«

Was bedeutet, daß das Tier Erfahrung hat. Mehr als Boots, was Kontakt mit Menschen betrifft, und mehr als ich, was die Berge und ihre Besonderheiten, wie zum Beispiel die Gegenwart eines Bären usw. betrifft. Sie ist das Element, das unserem Team fehlte.

Jeden Abend bringt Syd vier Kühe, die tagsüber mit den Pferden auf der Weide sind, in den Stall zurück. Ich helfe ihm dabei.

»Morgen wirst du die kleine Stute ausprobieren. Sie wird sich rasch an ihr früheres Leben erinnern. Mit ihr und Boots hast du ein gutes Team.«

»Ich werde sie daran gewöhnen, nebeneinander herzugehen, so wie sie es die meiste Zeit tun sollen.«

»Und dann«, fügt Syd hinzu, »können wir uns auch ein anderes Arrangement überlegen als daß du die Pferde kaufst. Wir können sie dir vermieten oder sie dir sogar ausleihen, wenn du sie uns danach wiederbringst.«

Ich stelle fest, daß ich mich nicht getäuscht habe, als ich mich hier aufgenommen fühlte, wie eine Freundin. Nicht das Geld spielt bei Syd die Hauptrolle, sondern das Interesse, das man den Pferden entgegenbringt. Wie man damit umgeht, vielleicht auch. Das Vertrauen dieser Leute zu haben, ist sehr ermutigend. Denn ihre Pferde sind ihr Leben.

»Das Gap könnte ein guter Ausgangspunkt für dich sein«, sagt Syd zu mir.

»Jedes Jahr«, setzt Donna das Gespräch fort, während sie ein dampfendes Ragout auf den Tisch stellt, »bringen wir die neuen Kälber nach dem Markieren in die Berge. Wie alle Rancher dieser Gegend. Und wir treffen uns alle am Gap. Der Viehauftrieb zu den Sommerweiden dauert ein paar Stunden. Wenn du willst, kannst du mit uns mitkommen.«

Während der zwei oder drei Tage, die bis zum Aufbruch noch vergehen, verbringe ich meine Zeit mit den Pferden. Chicks muß wieder an den Zügel gewöhnt werden. Auch sie gewöhnt sich schnell an meine Stimme und mein Gewicht. Meine Pferde sind nicht mehr die Fremden für mich, die sie noch vor einer Woche waren. Ich weiß, daß sie ihrem gescheckten Kameraden ohne auch nur den Schatten eines Problems folgen wird.

Boots dagegen muß ich mir die ersten Tage der Reise ein bißchen allein vornehmen, bevor ich mir die Longe von Chicks, die hinter ihm hergehen soll, schnappe. Er kennt mich, er akzeptiert mich, aber er scheint sich immern noch zu fragen, was ich da auf seinem Rücken tue.

Tweed sieht all diesen Vorbereitungen mit einem leisen Schimmer von Interesse in den Augen zu. Obwohl sie mit einer solchen Art von Leben nicht die geringste Erfahrung hat, mache ich mir ihretwegen keine Sorgen. Dank der guten Beziehungen, die zwischen uns bestehen, werde ich von ihr ein bestimmtes Verhalten verlangen können, ohne befürchten zu müssen, daß sie nur nach ihrem eigenen Kopf geht.

Donna ist damit beschäftigt, eine Krone aus bunten Perlen für den Appaloosa-Verein zu basteln, der in einem Monat seine Königin wählen wird. Die jungen Mädchen, die sich dafür bewerben, müssen bestimmte Regeln beherzigen: Sie müssen ein Jahr lang ohne Freund gelebt haben, müssen sich gut ausdrücken können, einen wachen Verstand haben und natürlich das Appaloosa-Pferd, das sie vorstellen, hervorragend kennen.

Prüfungen im Reiten, im Reden, in der Persönlichkeit ... Die Königin bekommt dann, außer einem herrlichen Cowboyhut, die Perlenkrone, die Donna Wyatt nach der Methode der Nez-Percés gemacht hat, dem ersten Indianerstamm, der das Appaloosa-Pferd benutzt hat.

Im Rahmen der Legenden, die sich um das gescheckte Pferd ranken, erzählt man sich, daß es den Nez-Percés gelungen sei, die amerikanische Armee, die sie verfolgte, dank der ungewöhnlichen Ausdauer ihrer Pferde, abzuschütteln. Sie hatten den ganzen Stamm auf die Flucht mitgenommen: Greise und Kinder, und ihre Pferde hatten mehrere Tage gehen, tragen und galoppieren müssen, wobei sie kaum Zeit hatten, zu grasen und sich auszuruhen. Vor allem während der Mahlzeiten, wenn alle bei Syd und Donna versammelt sind, wird miteinander geredet und erzählt. Für Syd ist das die Gelegenheit, seinen Gastfreunden oder gelegentlichen Besuchern sein Talent als Spaßmacher vorzuführen.

Anfangs muß ich mich ziemlich konzentrieren, um seinen Anekdoten folgen zu können, doch als ich schließlich einen Witz bereits in der Frische des Augenblicks verstehen kann, weiß ich, daß ich anfange, zweisprachig zu werden.

Deshalb lächle ich verständnisvoll, als er beginnt, davon zu erzählen, wie ein geheimnisvolles Tier vor sieben Jahren die Gegend unsicher gemacht hat. Auch diesmal scheint er, wie sonst, ganz ernst zu sein. Doch heute ist er es wirklich. »Fast alle Farmer südlich von Calgary haben Vieh gefunden, das auf der Weide lag, offensichtlich ohne die geringste Verletzung, doch vollkommen blutleer.«

»Aber das ist doch ein Witz. Jemand hatte vielleicht aus irgendeinem obskuren Grund etwas gegen die Farmer.«

»Man hat Untersuchungen angestellt. Und man hat nichts gefunden. Unser Nachbar hat seinen Stier mit abgeschnittenen Hoden gefunden, und das Tier hatte keinen Tropfen Blut mehr im Leib. Außerdem hat er ihn auf der Weide neben der gefunden, wo er ihn hingebracht hatte. Keinerlei Spuren von einem Sprung im Gras, keine Verletzung an dem Tier ... Vor sieben Jahren ist das passiert. Und dann hat es ganz plötzlich aufgehört, und man hat nie eine Erklärung dafür gefunden. Man hat Kühe in demselben Zustand gefunden, aber mit einem abgeschnittenen Ohr. Mit einem sauberen Schnitt, wie mit dem Skalpell.«

»Das ist ja ein Ding. Ihr habt doch sicher irgendeine Erklärung dafür?«

»Nein. Nicht die geringste. Ein vollkommenes Rätsel.«
»Und wenn du jetzt, rückblickend, davon erzählst, wie ist das für dich?«
»Es macht mir Angst!. . .«

Es gibt noch eine andere Geschichte vom Fuß der Berge, doch diese ist aktuell: Jeden Tag bringen die Nachrichten in Radio und Fernsehen Einzelheiten über Rettungsmannschaften, die eine nach der anderen in die Gegend von Kananaskis geschickt werden. Zu Beginn des Sommers zerschellt ein kleines Flugzeug mit Touristen an den Felsen des Gebirges. Der Kontrollturm, der mit dem Flugzeug in Verbindung steht, bemerkt sein Verschwinden, als er keinen Funkkontakt mehr mit ihm hat.

Eine Rettungsmannschaft wird ausgeschickt und stürzt ihrerseits ab, bevor sie eine Spur des Flugzeugs entdeckt hat. Die beiden Menschen an Bord sind bei dem Unglück umgekommen und die Spezialisten können sich diesen zweiten Absturz nicht erklären, obwohl dieses Flugzeug gefunden wird.

Eine weitere Rettungsmannschaft wird ausgeschickt, an Bord befinden sich sieben Personen. Sie erleiden dasselbe Schicksal. Und man gibt die Suche auf. Man will nicht das Leben weiterer Rettungsmannschaften aus ungeklärten Gründen aufs Spiel setzen, weil damit den Opfern das Leben nicht zurückgegeben wird.

Bevor ich die Zivilisation für eine unbestimmte Zeit verlasse, möchte ich in die Bar gehen. Weil man in den Bars Billard spielt, Bier trinkt, Zigaretten raucht, weil es Musik gibt, man sich ernsthaft unterhalten oder sich amüsieren kann, einfach so. Kurz, hier spielt sich etwas ab, was für das kanadische Leben typisch ist, und ich habe Lust, mich da noch einmal hineinzustürzen. Deshalb geh ich mit Donna in die Bar von Longview. Als wir oben auf dem Hügel ankommen, zeigt Donna auf die Felder, die die kleine Stadt da unten im Tal umgeben.

»Vor dreißig Jahren waren all diese kleinen Täler bewohnt. Im Longview hatte man soeben Erdöllager entdeckt. Und jetzt, siehst du, ist nichts mehr davon da. Das Städtchen lebt von vorüberkommenden Touristen oder vom Handel mit den Leuten hier in der Gegend. Nur noch ein paar Bohrstellen sind in Betrieb.«

»Hier gibt es also vor allem Erdöl?«

»Und Erdgas. Du hast doch in der Nähe der Farm den hohen Schornstein gesehen, aus dem hin und wieder Feuer kommt; wenn man die Flamme sieht, heißt das, daß das Gas verunreinigt ist.«

»Hmmm ... Ganz schöne Umweltverschmutzung!«

Von außen sieht die Bar etwas wohlhabender und eleganter aus als die Wohnhäuser. Innen stehen etwa fünfzig Tische vor der Theke.

Das Barmädchen kommt zu uns her und erkundigt sich mit einer Kopfbewegung nach unseren Wünschen:

»Zwei Bier.«

Was trinkt man sonst in einer kanadischen Bar?

An der Wand neben uns hängen die Embleme der Markierungseisen aller Rancher des Ortes. Donna zeigt mir ihres, das von Syds Bruder, das seiner Mutter.

Dann sprechen wir über die Reise. Ich erzähle ihr ein paar Einzelheiten über bestimmte Abschnitte des Trans-Canada-Highway. Anekdoten und Situationen, die ich manchmal erlebt habe.

»Du lebst deine Träume wenigstens aus. Und das ist so erfrischend. Aber die Berge ... ich würde nicht hingehen.«

»Warum?«

»Einmal wegen der Bären. Aber man kann sich auch leicht dort verirren, wenn man sich nicht auskennt. Ich finde, du hast Mut. Weißt du, daß du den Traum verwirklichst, den alle Cowboys haben?«

»Nein, eigentlich nicht. Für mich bedeutet, in die Berge zu gehen, den Zweck meiner Reise zu erfüllen. Es ist ein Erfolg. Und eine Erfüllung. Vor allem eine Erfüllung.«

Der Viehauftrieb in den Rockies

Beim Gap sind schon mehrere Gruppen von Menschen eingetroffen, die ihr Vieh hergebracht und in den für diesen Zweck aufgestellten Pferchen untergebracht haben.

Der Ort ist wirklich recht ungewöhnlich. Syd und Donna hatten mir schon vorher von der Schönheit dieses Platzes erzählt oder vielmehr vorgeschwärmt. Das Gap liegt am Grunde eines breiten Tales. Man hat einen herrlichen Blick auf die umliegenden, waldbedeckten Berge.

Der Platz, wo sich die Cowboys jedes Jahr mit ihren Herden einfinden, liegt abseits der Schotterstraße, die die Täler miteinander verbindet. Morgen werden wir übrigens dieser mit dem Vieh einige Kilometer weit folgen, bevor wir die Herde auf den Weg treiben, der in die Berge führt.

Claude, ein befreundeter Kameramann und Photograph aus Winnipeg, ist in Begleitung seiner Tochter Geneviève, die bei dieser Gelegenheit die Cowboyprovinz ihres Landes kennenlernen kann, für ein paar Tage hierhergekommen. Syd stellt uns einigen seiner Freunde vor.

Da ist der alte Tom mit dem Gesicht voller schwarzer Bartstoppeln. Der braune, ebenfalls von der Sonne gegerbte Hut krönt sein Gesicht. Es ist eine Kopfbedeckung von vollendeten Proportionen. Die Krempe hat immer dieselbe Breite, und doch erscheint sie mal breiter, mal schmaler, je nachdem, wer den Hut trägt.

Man stellt uns auch Bill vor, der etwa dreißig ist, und seiner Frau Sarah:

»Salut!«

Lachende Augen und ein offener Händedruck.

»Das sind alles echte Cowboys, diese Leute hier, Dominique!«, sagt Donna zu mir, die mich nach dem Vorstellen beiseitegenommen hat.

Der Viehauftrieb ist eine an die Jahreszeit gebundene und im Berufsleben des Cowboys einzigartige Tätigkeit. Früher war er ein Ereignis von größter Bedeutung. Die Gelegenheit für den Cowboy, durch die Geschicklichkeit, mit der er die riesigen Viehherden vorantrieb, sein Können unter Beweis zu stellen, und durch das rauhe Leben hatte er die Möglichkeit, sich völlig abzuhärten. Die Tiere kamen so von ihrem Herkunftsweideland bis zu einem Verkaufsort, wo sich ihr Handelswert um dreißig bis vierzig Prozent erhöht hatte.

Damals betrachtete man fünfhundert Stück Vieh als kleine Herde. Die Geschichte einer Rinderherde von fünfzehntausend Stück ist überliefert.

Die Reiter hatten ganz bestimmte Positionen, um die Herde voranzutreiben. Da gab es einen Führer am Kopf der Herde und einen am Ende, den Pistenchef und die, die von der Flanke her darauf achteten, daß die Herde zusammenblieb. Heutzutage spielt sich der Viehauftrieb etwas anders ab. Er dauert nicht mehr so lang und jeder Cowboy führt seine eigene Herde an.

Früher legte das Vieh 1100 Kilometer in vier Monaten zurück. Morgen brechen wir zur ersten Gebirgskette der Rockies auf, zu einem Ritt, der acht Stunden dauern wird.

Am Spätnachmittag treffen immer mehr Reiter ein, die hier etwa zwanzig Tiere, da fünf oder sechs einkreisen. Die meisten kommen mit Spezialtransportern zum Gap, da manche Farmen bis zu zwei Autostunden weit entfernt sind. Da gibt es sogar einen langen, stahlfarbenen Lastwagen, der Kälber in einen der Pferche auslädt.

Einer der berittenen Herdenführer, den wir von weitem haben ankommen sehen, kommt zu uns herüber, nachdem er seine Tiere in eines der Gehege gebracht hat. Das Leder seiner CHAPS, der ledernen Beinschützer, die über den Jeans getragen werden, hat eine undefinierbare Farbe angenommen, nachdem es allen Unbilden der Witterung ausgesetzt gewesen ist. Sein Hut ist abgewetzt, sein Gesicht ist staubig, nur seine Augen blitzen.

Auch er ist ein Bekannter von Syd und Donna. Brian, so heißt er, drückt allen die Hand. Seine Begleiter kommen dazu. Wir sitzen alle im Kreis, in der Nähe der Viehtransporter und der gesattelten Pferde. Colaflaschen, Rum und Bier und andere Erfrischungen werden ausgepackt. Bei dieser Hitze dauert es nicht lange, bis einem der Alkohol in den Kopf steigt. Und es ist sicherer, sitzen zu bleiben, zumindest, was mich betrifft. »Wir haben ein Kalb in einem Viehgitter verloren«, erzählt Brian.

Die Gitter, von denen er spricht, sind mitten in die Straße eingelassen und hindern die weidenden Tiere daran, von einer Abteilung in eine andere zu gehen. Dadurch vermeidet man, daß sich die Herden vermischen. Aber das junge Vieh macht manchmal Fehler. Deshalb ist es auch so schwer zu führen. Wenn man die Herde durch verschiedene Weiden führt, kann man seitlich von der Straße ein Gatter öffnen und alle auf einmal hindurchlassen.

»Ein paar Kälber haben den Kopf verloren«, fährt Brian fort, »als wir in die Nähe des Gitters kamen. Wir haben sie im letzten Moment zurückhalten können, bis auf eins. Es hat sich ein Bein gebrochen. Wir haben es erschießen müssen.«

Wenn einige Kühe in einer Herde erschreckt werden, kann sich das schnell auf die anderen übertragen. Man nennt das einen »Stampede«. Das ist eine allgemeine Panik.

Ich höre mir die Geschichten an und betrachte die Art, in der jeder mit Hilfe seines Hutes, der Form und der Art von Lederchaps, Gürtelschnalle und Boots seiner Persönlichkeit Ausdruck verleiht... Man hat mir schon zu verstehen gegeben, daß der Hut das wichtigste Attribut im Aufzug des Cowboys ist. Zunächst spielt er eine wichtige Rolle: Er schützt vor Regen, Sonne, allen Unbilden der Witterung, denen diese Leute, die die meiste Zeit im Freien leben, ausgesetzt sind. Darüberhinaus ist er eine Kopfbedeckung und muß also seiner besonderen Rolle gerecht werden, seinen Träger vorteilhaft zur Geltung zu bringen. Ein Hut ist hier genauso wichtig, wie richtig im Sattel zu sitzen; mit einem Blick kann man erkennen, ob einer okay ist oder ob etwas mit ihm nicht stimmt.

Am Abend wird rund um ein riesiges Lagerfeuer gefeiert. Und morgens um fünf Uhr sind schon alle mit den Pferden beschäftigt.

Syd ist in einem der Pferche, um seine Tiere von den anderen Herden zu trennen. Jeder kreist seine eigenen Tiere ein. Während des Auftriebs werde ich mit seiner Gruppe reiten. Tweed bleibt im Lager. Hunde, die nicht an die Arbeit mit dem Vieh gewöhnt sind, würden nur Unruhe stiften. Das gäbe vielleicht ein Muhkonzert! Die meisten Kälber sind schon voneinander getrennt und in den verschiedenen Gruppen zusammengefaßt worden.

Nach dieser ersten Aufregung ist es Zeit für das Frühstück. Die Zelte werden zusammengelegt, das Lager steht binnen kurzer Zeit wieder genauso da, wie wir es gestern nachmittag bei unserer Ankunft vorgefunden haben. Ich habe Boots gesattelt, und Chicks lasse ich zusammen mit Tweed hier. Am Abend werden wir wieder zurück sein. Syd teilt mir mit, wo mein Platz während des Auftriebs ist. Ich werde mit anderen Cowboys hinten reiten und wir müssen die Tiere antreiben.

Der Tag ist jetzt angebrochen. Der Morgennebel steigt von der Erde und den Berghängen ringsumher empor. Nach und nach erwacht die Landschaft, als alle anfangen, die verschiedenen Viehtrupps, die sich dann unterwegs zu einer einzigen Herde zusammenfinden werden, anzutreiben.

Auf der Schotterstraße taucht plötzlich inmitten einer ockerfarbenen Staubwolke die riesige Herde auf. Ich habe mich an den Platz begeben, den Syd mir zugewiesen hat und bin von allen Seiten von jungen Rindern umgeben, die hintereinander herlaufen, offenbar ohne zu verstehen, wohin man sie führt. Die brüllende Masse schwenkt in einem homogenen Ganzen nach rechts ab, und die Reiter an den Flanken kommen herbeigetrabt, um die Flut auf die Straße zurückzuleiten.

»Sie gehen sehr schnell«, sagt Syd nach ein paar Kilometern beunruhigt. »Am Ende werden sie nicht durchhalten. Wir werden sie vielleicht treiben müssen.«

Die Herde folgt jetzt etwas geordneter und wie auf Schienen dem schnurgeraden Schotterweg. Und die Cowboys entspannen sich ein wenig im Sattel. Acht Stunden Reiten ohne Pause, außer der am Mittag, wo die Tiere auf der Wiese grasen werden, das muß man langsam angehen. Für alle die in CHAPS gekleideten Reiter stellt dieser Nonstop-Ritt nicht das mindeste Problem dar. Sie sind abgehärtet. Ich nicht; nach zwei Stunden tut mir mein Hinterteil scheußlich weh. Gewöhnlich gehe ich unterwegs oft neben meinen Pferden her, aber hier kann davon nicht die Rede sein; man darf das Risiko nicht eingehen, das Vieh zu erschrecken. Bevor wir ins Gebirge abbiegen, begegnen wir Touristen mit Campingwagen. Als sie die Herde sehen, stellen sie sich an den Straßenrand, die meisten machen den Motor aus und wir ziehen ohne jede Schwierigkeit an ihnen vorbei.

Die Kälber laufen weiter, sich ständig gegenseitig stoßend, sich hin und herschiebend ... Sie haben dasselbe Tempo beibehalten.

»Wenn wir sie im Oktober von der Sommerweide abtreiben, sind sie viel kurzatmiger.«

Sie werden bis dahin mehrere zig Kilo zugenommen haben und nicht mehr wiederzuerkennen sein.

Im allgemeinen ist es der erste Schnee in der Höhe, der sie ins Tal hinabtreibt. Man kann sie dann ziemlich leicht zusammentreiben. Jetzt sind die Brandzeichen jeder einzelnen Ranch wichtig, damit man sie wiedererkennen kann. Wie sollte man sonst wissen, welches wem gehört, auf den Regierungsweiden, wo sie alle sechs Monate lang durcheinander gelaufen sind?

Der Tag ist ideal für den Marsch. Die Sonne zögert, hinter der dicken Nebelschicht hervorzutreten. So werden die Tiere weniger versucht sein, sich vor der Hitze zu schützen, indem sie die Kühle unter den Zweigen aufsuchen, sobald wir im Wald sind. Wir kommen zu einem Viehgitter. Die vierhundert Stück zählende Herde ist lang auseinandergezogen und nimmt die ganze Schotterstraße ein.

Wir müssen sie zusammentreiben. Die Tiere am Kopf des Zuges wollen von selbst den Durchgang vermeiden und biegen nach rechts ab, noch bevor die Reiter eingreifen können. Die ganze Herde folgt ihnen nach. Dann lassen sich die Tiere von den Cowboys auf die entgegengesetzte Seite der Straße lenken und laufen durch das offene Gatter am Straßenrand.

Wir folgen jetzt dem Tal, das nach Westen geht und in die Berge führt. Zu diesem Zeitpunkt weiß ich noch nicht, daß dies der Weg ist, auf dem ich mich wiederfinden werde, nachdem ich mich mit den beiden Pferden und Tweed im Gebirge verirrt habe.

Die Herde hat ihren eiligen Laufschritt etwas verlangsamt. Nach vier Stunden Marsch werden die jungen Tiere müde und suchen die Kühle des Unterholzes auf. Die Gruppe hat sich wieder in die Länge gezogen, was das Wiedereinfangen erleichtert.

Syd hat sich an die Verfolgung von etwa zehn Kälbern gemacht, die in den Wald gelaufen sind. Er braucht fast zwei Stunden, um sie zusammenzutreiben und wieder auf den Weg zurückzubringen. Die meisten Cowboys und Cowgirls sind in derselben Situation. Und bald bin ich auch dran. Syd hat mir die Führung von sechs Kälbern übertragen, die mir eine Menge zu schaffen machen. Eins davon verschwindet links in einer Vertiefung, als es seinen ausbrechenden Kameraden nachläuft. Die anderen folgen ihm auf dem Fuß und ich finde mich ganz allein auf dem Weg wieder. Glücklicherweise mag Boots Kühe. Für ihn scheint es ein Vergnügen zu sein, sie zu suchen, und als wir sie endlich sehen, stürzt er sofort auf sie zu, sprengt dadurch das Grüppchen auseinander, was mich in Panik versetzt ...

Damit sie nicht in alle Himmelsrichtungen davonlaufen, ziehe ich mich mit meinem vor Freude ganz aufgeregten Pferd zurück. Die Kälber beruhigen sich und wir nähern uns ihnen erneut. Ich kreise sie ein und es fehlt nur noch, daß Boots sie mit seiner Nase anschubst. Ich bringe sie zum Weg zurück und endlich lassen sie sich führen. Wenn sie jetzt keine Dummheiten mehr machen, bin ich gerettet; schließlich finden wir den Weg, dem wir vorher gefolgt sind. Jetzt sind wir da und die Kälber wenden sich gottseidank nach links, Richtung Westen, um ihren unterbrochenen Marsch wieder aufzunehmen. Uff.

oben: *Die Pariser Afghanenhündin offenbart unerwartete Qualitäten als Wachhündin . . .*

unten: *Die Pferde haben sich schnell an das seltsame Aussehen meiner Hündin gewöhnt. Aber für manche Hunde im Westen blieb sie ein Rätsel; viele von ihnen ergriffen die Flucht, wenn sie sie sahen.*

Tweed und die Pferde sind ideale Reisegefährten, und ich fühle mich auch gegen die größten Gefahren beschützt.

Auf dem Weg von Alberta nach Britisch-Kolumbien ist der Wald soeben abgeholzt worden. Die breiten Spuren der »skidders«, der riesigen Fahrzeuge, die das Langholz ziehen, kann ich durch das Brachland sehen, das bald neu bepflanzt werden wird.

oben links: *Nördlich der kleinen Siedlung Elkford in Britisch-Kolumbien, die vor zehn Jahren im Gefolge des Kohlebergbaus gegründet wurde, haben einige Braunbären und Grizzlys einen reichgedeckten Tisch gefunden: den öffentlichen Müllabladeplatz.*

oben rechts: *Warren und Huydn haben beschlossen, mich über den Paß am Verbrannten Fluß zu begleiten.*

unten: *Die Straße im Verlorenen Tal. Die Achtzigtonner, die die Baumstämme in die Stadt transportieren, fahren hier sehr schnell; um unliebsame Überraschungen zu vermeiden, habe ich alle Tiere angebunden.*

Gegenüber von mir stellen sich plötzlich kleine Ohren auf; das Elchkalb hat uns gehört, aber es kann uns nicht wittern. Der Wind steht günstig für uns, und das ist unverhofftes Glück, denn die Mutter hätte sich nicht lange bitten lassen, um uns zu überrennen. Eine Elchkuh mit Jungen ist äußerst gefährlich; sie beschützt die Flucht ihres Kalbes, indem sie denjenigen, der es bedroht, bis zur Erschöpfung verfolgt.

Britisch-Kolumbien

Ohne Gewehr bei den Grizzlys

Syd und Donna rufen mir zu: »Hier fängt der Weg an. He! Vergiß nicht die Angelschnur und die Haken!«
Verflixt, jetzt hätte ich beinahe das Wichtigste dagelassen. Dann gehen sie fort und ich bleibe mit meiner Mannschaft allein.

Noch ein bißchen wollen wir weitergehen. Die Pferde werden schon ungeduldig mit ihrer halben Last auf dem Rücken. Und ich auch: Seit drei Jahren bin ich jetzt zu diesen Bergen unterwegs. Und da werde ich doch nicht, genau am Fuß der ersten Bergkette, ein Lager aufschlagen. Der Nachmittag ist noch nicht allzu weit fortgeschritten. Ich bringe das Packzeug auf Chicks in Ordnung, wiege die beiden schweren Taschen; die eine wiegt achtzehn Kilo, die andere neunzehn. Ich muß den Striegel umpacken, dann ist das Gleichgewicht wiederhergestellt.

So weit, so gut. Syd hat mir einen Rat gegeben:

»Reite immer zuerst den Wallach. Dann nimmst du die Stute an die Longe. Sie wird euch folgen.«

Ich besteige meinen Gaul, der die Ohren anlegt ... und sich, wie immer, vor Nervosität anspannt. Wie immer, warte ich ab, bis er wieder lockerer wird, während die Stute am Baum daneben angebunden ist. Dann machen wir ein paar Schritte auf den Weg zu. Schritt zur Seite: »Will nicht ohne sie gehen. Und was machen wir überhaupt da ...« Wir kommen eilig zur Stute zurück, die inzwischen wie eine Wahnsinnige um ihren Baum herumgerannt ist. Wenn das so ist, werde ich euch eben gleich mit der Realität konfrontieren, Pferdebande.

Ich springe von dem gescheckten Appaloosa ab, um die nicht Gefleckte loszubinden. Sie beruhigen sich. Sie sind sogar richtig froh, nach der Trennung von einer Minute wieder zusammenzusein. Die Longe der Stute ist lang. Ich lege sie so zusammen, daß sie mir nicht das Handgelenk abschnürt, falls sie zieht. Dann führe ich sie vorsichtig hinter Boots' Hinterteil und gehe mein Pferd von links an. Das Aufsitzen von rechts werden wir später lernen ... Das Seil in der rechten Hand auf der Höhe des Sattelknaufs, fasse ich mit der linken nach dem Horn und schwinge mich hinauf. In dem Augenblick, wo ich das Bein auf die andere Seite lege, laß ich schnell und vorsichtig meine rechte Hand los: Hopp! ich bin im Sattel und halte das Packpferd an der Leine; sie haben die List nicht bemerkt.

Gut. Jetzt den ersten Schritt. Ich rufe »Chicks, vorwärts!« und kitzle Boots mit den Beinen. Wir marschieren los, wie im Traum. Und Tweed? Sie folgt uns nach, ohne daß ich es von ihr verlangt habe. Sie geht ganz selbstverständlich in den Spuren des Packpferds. Bestens. Im Gebirge wird das ihr Platz sein. Wegen der Tiere soll sie nicht herumschnüffeln oder vor dem Konvoi herlaufen. Chicks' Glocke bimmelt regelmäßig.

Der Weg zieht sich am Fluß entlang. Langsam geht es aufwärts. Ein Seitenarm des Flusses muß überschritten werden. Die Pferde gehen hindurch, dann Tweed. Und wieder der Weg. Etwas weiter noch ein Wasser, das hell über runde Kiesel fließt. Zwei Stunden lang gehen wir über festen Boden und durch kleine Wildbäche. Die Pferde schreiten so kräftig aus, daß wir auf diese Weise zwölf Kilometer zurücklegen. Das ist ein guter Rekord für den ersten Tag; gleich hinter dem Wasserlauf, der vielleicht etwas schwieriger zu durchschreiten war, als die anderen, sehe ich ein relativ flaches Stück Grün, wo es für die Pferde und für mich ganz bequem sein dürfte. Während ich mich der Stelle nähere, sehe ich, daß es sich um ein Cowboylager handelt, das sicher hin und wieder benutzt wird; die Feuerstelle ist von einem Kreis aus runden Steinen umgeben, aus einem langen, auf zwei Baumstümpfen liegenden Brett hat man eine Bank gemacht, ein Ast für die Sättel ist auch da. Ganz in der Nähe fließt der Bach vorbei. Er gibt eine hervorragende Tränke heute für uns alle und eine Luxusbadewanne für mein abendliches Bad ab.

Tweed legt sich hin und beobachtet mit einem Auge, was um sie herum vorgeht. Nachdem ich Boots an einem Baum festgebunden habe, lade ich die Stute ab. Sie grast mit herabhängender Leine, während ich an ihr beschäftigt bin. Ein Packsack, dann der andere. Sattelbogen und Decke werden ebenfalls abgenommen. Ich massiere ihr den Rücken und streiche das Fell gegen den Strich, damit es schneller trocknet. Sie fährt fort, zu grasen. Ich wende mich Boots zu, um ihm das Gepäck abzunehmen: das Buschmesser, das am Sattelhorn befestigt ist, den Proviantsack, in dem die Bananen einen Geruch ausströmen, der anzeigt, daß sie langsam überreif werden ... Dann die Leine, die Chicks und ihre Fußfessel an den Baum binden soll, um den herum sie dann so lange grasen kann, wie es ihr paßt, schließlich die Feldflasche ... Ich löse den Sattelgurt und nehme meinem Tier den Sattel ab.

Kaum habe ich ihn auf den Ast zwischen den zwei Bäumen gelegt, da hebt Chicks in plötzlichem Interesse an ihrer unmittelbaren Umgebung den Kopf. Blick nach rechts, nach links ... Hupps! ich gehe auf sie zu, aber bevor ich bei ihr bin, hat sie schon einen sehr entschlossenen Schritt auf den Fluß zu gemacht, durch den wir gekommen sind. Vor dem Wasser zögert sie eine Sekunde. Ich erreiche sie von hinten und bücke mich, um die Leine aufzuheben, die sie hinter sich herzieht. In dem Moment, als ich danach greifen will, stürmt die Stute in schnellem Trab auf die andere Seite hinüber. Dann steigt sie mit wehendem Schweif den Pfad auf der anderen Seite hoch und verschwindet auf der Höhe des Hügels.

Ich mag es nicht glauben. Sie wird doch nicht weit laufen ohne ihren Kumpel! Ich gehe ebenfalls durch den Fluß. Ich habe nicht die Zeit, darüber nachzudenken, daß ich nachher mit nassen Schuhen herumlaufen muß. Keine Zeit, einen anderen Übergang zu suchen; ich bin auf der Spur meiner flüchtigen Stute und fühle eine dumpfe Panik in mir aufsteigen, gegen die ich nichts vermag. Da kommt Tweed. Und Boots rennt um seinen Baum herum, wie ein Wahnsinniger. Ich höre ihn verzweifelt wiehern. Einige Sekunden später kommt er in schnellem Trab hinter mir her, mit hochgestelltem Schwanz. Ich stelle mich ihm in den Weg. Eingeschüchtert bleibt er mit hängender Leine vor mir stehen. Ich greife ihn mir und gemeinsam machen wir uns an die Verfolgung der Stute. Wir rennen. Meine Füße rutschen in den Schuhen, aus denen das Wasser quillt. Ich stolpere über rollende Steine, weil Boots mich rücksichtslos vorwärtszieht. Wir kommen an einem großen, weißen Stein vorbei. Automatisch springe ich hinauf, um mein flüchtiges Roß zu besteigen. Irrtum. Ein Pferd, das an das Zusammenleben mit dem Menschen gewöhnt ist, wäre niemals überrascht gewesen, er dagegen läßt mich über seinen Kopf hinweg absitzen. Ich finde mich in einer Wasserpfütze wieder, einen gekrümmten Finger emporgereckt, das Gesicht gerötet von der Anstrengung, der Aufregung, dem Sturz ... Das ist nicht unser Abend. Boots ist ebenfalls verschwunden.

Gottseidank ist Tweed da. Sacht nähert sie sich mir. Ich steh also wieder auf und mache mich an seine Verfolgung. Sie läuft voraus und alle dreißig Sekunden etwa verlangsamt sie ihren Schritt und sieht sich um, ob ich noch immer hinter ihr bin. Nach und nach gibt sie mir Energie und Mut zurück. Schließlich werden die Pferde heute abend nur dorthin zurückkehren, wo wir heute morgen aufgebrochen sind.

Tweed ist etwa fünfzig Meter vor mir. Sie läuft im Schrittempo. Zweifellos ist auch sie müde nach dem ersten Marschtag. Aber sie zeigt es nicht. Ihr Schritt ist leicht und lebendig. Während ich ihr folge, fühle auch ich nicht mehr die Kilometer dieses Tages, und ich empfinde auch nicht die Angst, die mir diese Umgebung normalerweise einflößen würde.

Die Nacht senkt sich auf das Gebirge. Langsam wird es dunkel, auch zwischen den Bäumen. Ich bin mitten im Wald und bald werde ich nicht mehr sehen, wohin ich meine Füße setze. Dabei gehe ich jetzt schon mehr als eine Stunde lang, und es kommt mir vor, als seien es erst zehn Minuten: ich bin in Hochform. Ich folge den Spuren meiner Hündin, früher oder später werde ich meine Pferde wiederfinden, und weiter will ich nicht denken. Nach zweieinhalb Stunden komme ich zu dem Schotterweg, der Nord-Süd-Verbindung, die ich ein paar Stunden vorher verlassen habe.

Ich gehe den Weg entlang und plötzlich sehe ich in der Ferne zwei vertraute, vierbeinige Gestalten sorglos grasen. Die Mondsichel erhellt schwach die Szene; das Licht scheint wie durch ein Sieb auf Boots' geschecktes Fell und läßt das von Chicks gleichmäßig leuchten. Vorsichtig nähere ich mich, und als wir nur noch wenige Meter getrennt sind, fange ich an, auf sie einzureden. Beide heben den Kopf und ihre unruhigen Ohren versuchen, die Herkunft der ihnen bekannten Stimme zu orten. Boots macht sich wieder daran, zu grasen und Chicks, die satt zu sein scheint, stellt sich auf drei Beine, das andere zum Ausruhen angewinkelt.

Es gibt viele Pferde im Gebirge, die, so wie sie, den Menschen davongelaufen sind und aus eigener Kraft dort weiterleben, so wie jeder wildlebende Pflanzenfresser. Ich habe Glück; die Wildpferde halten sich eher nördlich der Kette auf, die wir gerade überqueren. Wenn ich mit meinen Pferden und dem Hund auf ihrem Territorium wäre, würden sie es verteidigen und der Leithengst würde bestimmt versuchen, meine Stute seiner Herde einzuverleiben.

In der Ferne ertönt das Heulen eines Koyoten. Zuerst ein einzelner, langer Schrei, wie eine Klage. Dann fünf oder sechs andere Stimmen, die ihn wiederaufnehmen. Dies ist eine der Vibrationen der Wildnis. Wenn ich den Ruf der Koyoten nicht mehr höre, bin ich in einem anderen Territorium, und dort ist die Tierwelt wieder eine andere.

Ich befinde mich am Rande der FOOTHILLS. Bin zu meinem Ausgangspunkt zurückgekehrt. Und ich versuche, meine Pferde einzufangen. Sie müssen schon eine gute Weile hier sein und grasen. Sie haben nicht einen einzigen Schweißfleck auf dem Fell und ihr Atem ist ruhig und regelmäßig. nach den Spuren zu schließen, die sie auf dem Weg hinterlassen haben, haben sie die zwölf Kilometer in schnellem Trab zurückgelegt.

Sie machen sich über mich lustig! Nicht genug, daß sie mich mehrere Kilometer hinter sich herlaufen lassen, nach einem arbeitsreichen Tag und im Dunkeln, nein, als ich mich ihnen vorsichtig nähere, wobei ich zu ihnen spreche mit Worten, die noch nicht einmal meinen Zorn verraten, scheinen sie aus einer bequemen Trägheit – ich vermute, der Verdauung – zu erwachen, heben den Kopf, scheinen mich jetzt überhaupt erst zu bemerken und traben tänzelnd außer Reichweite. Jetzt spielen sie aber mit meiner Geduld.

Ein Motorengeräusch läßt mich auffahren. Tatsächlich sind wir durch die Flucht meiner beiden Irren in die Zivilisation zurückgekehrt. Über die Straße rast ein Truck, daß die Steine in Garben zur Seite spritzen. Ich mache ihm ein Zeichen, daß er langsamer fahren soll. Als er auf meiner Höhe ist, macht er halt. Aus dem Innern sehen mich vier Indianer mit rabenschwarzem Haar fragend an.

In gebrochenem Englisch berichte ich ihnen kurz von der Flucht meiner Pferde im Gebirge. Sie sehen mich voller Erstaunen an. »Bist du ganz allein? Was machst du hier?«

Mit ein paar Worten teile ich ihnen nähere Einzelheiten mit. Dann öffnet der Fahrer seine Tür und greift mit der Hand nach hinten. Er zieht ein Lasso hervor und hält es mir hin.

»Ehem . . . wenn ihr mir dabei helfen könntet, wäre es leichter.«

Erneutes Schweigen. Sie sehen mich weiter an, ohne ein Wort zu sagen. Die Aufregung, die Müdigkeit, die Situation . . .: kurz, ohne daß ich es hätte voraussehen können, ohne also rechtzeitig etwas dagegen unternehmen oder mich beherrschen zu können, sehe ich das Lasso und dann die schweigsamen Indianer in ihrem Wagen und dann meine Pferde an und breche in Tränen aus. Die Indianerin im Führerhaus reagiert als erste. Ich habe in ihren Augen gelesen, daß sie die Männer überreden würde, mir zu helfen. Tatsächlich steigen sie alle zusammen aus, und wir können meine Pferde, die es gewöhnt sind, in einem Pferch eingefangen zu werden, leicht in die Ecke treiben.

Einer der Männer streift meiner Stute das Lasso über den Hals und gibt es mir in die Hand. Der andere hält Boots am Halfter. Beide haben ihre Leine zerrissen. Bei Chicks ist nur noch ein Stück Schnur übrig, das etwa zwanzig Zentimeter lang von ihrem Halfter herabhängt. Und der Wallach hat ein längeres Stück zurückbehalten, das jedoch der Länge nach eingerissen ist. Der Indianer legt sein Lasso wie einen Zügel über den Kopf des Tieres und sagt zu mir, während er mir den Rest von Chicks' Leine in die Hand drückt:

»Hast du keine Angst vor den Bären? Hier gibt es viele, weißt du?«

Die Bären, ich weiß! Und ich will jetzt nicht daran denken, weil das auch nichts ändert. Dann winken sie mir freundschaftlich mit der Hand zu und steigen wieder in ihren Truck. Ich habe gerade noch so viel Zeit, sie zu fragen, woher sie sind. Sie wohnen im Indianerreservat an der Straße nach Banff, mehr als 150 Kilometer entfernt. Die Vorsehung hat sie hier vorbeikommen lassen.

Auf Boots' blankem Rücken, Chicks an der Leine, reite ich die Schotterstraße entlang. Tweed folgt entweder neben oder hinter den Pferden nach. Ich habe Boots fest zwischen meinen Schenkeln und Chicks geht in Boots' Fußspuren mit kleinlauter Miene, als ob sie sagen wollte: »Ach ja, das Leben ist nicht immer lustig.« Denn Chicks denkt.

Und ich auch: Ich überlege, wo wir diese Nacht verbringen können. All meine Sachen sind am Lagerplatz im Gebirge und es ist zu spät, um dorthin zurückzukehren. Die Worte des Indianers haben meine Angst vor den Bären wieder geweckt. Daß sie sich an meine überreifen Bananen im Proviantsack heranmachen. Sie brauchen mich nicht, um mein Gepäck zu zerfetzen.

Auf der ins Dunkel getauchten Schotterstraße sehe ich die Scheinwerfer eines anderen Autos auf uns zukommen. Vor unserer Karawane verlangsamt es seine Fahrt. Die Scheinwerfer werden abgeblendet und der Motor scheint leiser zu brummen, als ich sehe, wie jemand den Kopf aus dem Fenster streckt: Es ist ein Ranger. Mein Herz hat sich zusammengekrampft, als ich mir vorstellte, das Langsamerwerden des Autos könnte eine List bedeuten. Meine Paranoia.

Ausgesprochen nett bemüht er sich, mir für heute nacht einen Lagerplatz zu finden.

»Ich fahre vor und leuchte dir.«

Eine Stunde später kommen wir zu einer Stelle, wo die Pferde auf einer eingefriedeten Wiese grasen können. Ich setze mich in eine Ecke und entfache ein Feuer. Tweed döst bereits neben mir. Das war ein langer erster Tag.

Der Ranger läßt uns allein:

»Ich komme nachher wieder.«

Später künden die Scheinwerfer seine Rückkehr an.

Er ist mit einem Mitarbeiter und einem Erste-Hilfe-Kasten gekommen. Mein Finger ist dick angeschwollen und ganz violett. Der Mann trägt eine Salbe auf und legt eine Schiene an. Dann unterhalten wir uns ein wenig:

»Welchen Weg hast du genommen?«

Ich zeige auf der Karte die Stelle, wo ich in der Katastrophe das Gepäck zurückgelassen habe. Und ich erkundige mich:

»Kennt ihr den Ort?«

Ich stelle diese Frage, um zu erfahren, ob sich dort gewöhnlich Bären aufhalten. Um zu wissen, was morgen früh auf mich zukommt.

»Nein, aber ich weiß, wo das ungefähr ist. So wissen wir wenigstens, wo du morgen hingehst. Was wirst du tun, wenn du dort bist?«

»Das kommt darauf an. Wenn mein Lager in der Nacht nicht zerstört worden ist, werde ich, glaube ich, dort eine Etappe einlegen. So können die Pferde sich von dem langen Weg heute erholen. Wenn das Lager dagegen Besuch gehabt hat, ziehe ich schon morgen weiter.«

»Deine Pferde werden nach dem Aufstieg müde sein. Es wäre gut, wenn du da anhalten könntest. Und dann, wo willst du dann hingehen?«

Ich zeige ihnen auf der Karte meine weitere Reiseroute.

»Du verstehst, wir müssen das für deine Sicherheit tun. Sobald du an einen Ort kommst, wo es dir möglich ist, ruf uns bitte an. Wenn wir in vier Tagen nichts von dir gehört haben, müssen wir eine Suchaktion starten. Du bist mitten im Grizzlygebiet.« Bevor sie aufbrechen, geben sie mir noch den Rat, so oft wie möglich unterwegs bei Rangerstationen haltzumachen.

»Wenn du deine Reiseroute und deinen Standort durchgibst, übernehmen wir die Kosten für die Nachforschungen«, fügt er hinzu, um mich von der Notwenigkeit zu überzeugen.

Sie haben mir einen Daunenschlafsack mitgebracht und ich bin ihnen dafür dankbar. Die Nächte in den Bergen sind recht frisch. Der erste Ranger hat auch seinen privaten Kühlschrank durchstöbert und mir ein Joghurt, ein Stück Brot und Käse mitgebracht. Da macht Tweed beide Augen auf und wir teilen uns den willkommenen Überraschungsproviant auf recht ungleiche Weise; sie frißt den ganzen Käse und leckt einen Großteil des Joghurt auf und läßt mir großzügig ein paar Scheiben Brot.

Am nächsten Morgen kommt ein anderer Ranger vorbei, um den Schlafsack wieder abzuholen. Wir machen uns erneut auf den Weg in Richtung des Pfades, der in die Berge führt. Ich reite Boots, wie gestern, ohne Sattel und führe ihn mit dem Lasso, das als Zügel über seinem Kopf liegt.

Chicks folgt an der einzigen geretteten Leine. Ich halte sie auf der Höhe meines linken Beines. Mal sehen, wie wir die schwierigeren Wegstrecken hinter uns bringen werden. Tweed läuft neben der Karawane in ein paar Metern respektvoller Entfernung her.

Ich habe keine Karte dabei, aber ich habe die des Rangers gründlich studiert. Der Weg ist leicht zu verfolgen, da er zu zwei Dritteln neben dem Fluß entlangführt. Und die Spuren vom Vorabend sind streckenweise noch zu erkennen, sogar vom Pferderücken aus. Boots und Chicks laufen brav wie Engel. Um zu vermeiden, daß sie die Überquerung des ersten Flußarmes verweigern, was sehr lästig wäre, bereite ich sie darauf vor, sobald ich das schwierige Wegstück sehe.

Ich habe Boots fest zwischen meinen Schenkeln und wende mich in festem Ton an Chicks, damit sie gleich versteht, daß es einen Wechsel der Gangart geben wird und daß sie sich dem Laufschritt anpassen muß. Boots beginnt ein bißchen zu tänzeln, als wir uns dem Fluß nähern. Ohne ihm Zeit zum Nachdenken zu lassen, zwinge ich ihn mit den Beinen zu einem einzigen großen Sprung vorwärts. Chicks folgt seiner Bewegung und Tweed auch.

Wir reiten weiter und ich lobe sie. Leider habe ich nicht genug Hände, um den Worten die Tat folgen zu lassen. Aber sie haben begriffen. Und als wir zum nächsten Flußarm kommen, verlangsamen sie nicht einmal ihr Schrittempo, bevor sie ins klare Wasser steigen. Das ist ein Sieg. Denn es gibt im Ganzen sieben schwierige Übergänge wie diesen, bevor wir zum Lager kommen.

Unterwegs arbeite ich in meinem Kopf einen Plan aus, wie ich am sichersten unser Lager angehen kann, falls sich dort ein Bär niedergelassen hat. Ich stelle mir einen Grizzly vor, der mit rundem Bauch auf dem Rücken liegt, den Kopf auf meinem Sattel. Ein anderer, breiter Bach ist zu durchschreiten und dann noch einer. Nach zwei Stunden kommen wir an den letzten, den, der an dem Platz vorbeifließt, wo sich unser Gepäck befindet. Gestern haben wir einen Umweg gemacht zu einer Stelle, wo das Ufer weniger steil ins Wasser abzufallen schien. Wir schlagen den Seitenweg von gestern ein. Und die beiden Pferde nehmen ihn tapfer in Angriff. Erst als es sich darum handelt, das Wasser zu durchqueren, wird alles kompliziert. Meine beiden Trabanten weigern sich stur. Sie haben jetzt sechs ebensolche Bäche überquert, aber gegen diesen sträuben sie sich. Sie wissen, daß das Lager in der Nähe ist, und sie wollen nicht dorthin zurückkehren.

Von der Stelle aus, wo wir stehen, kann ich nicht erkennen, ob unser Platz Besuch bekommen hat oder ob er etwa noch besetzt ist. Das klare Wasser fließt in kräftigem Schwall vorbei, weil hier noch ein anderer Bach mündet. Auf dem gegenüberliegenden Ufer kann man den Weg erkennen, ein schmaler Streifen, der sich durch das schöne, hohe, grüne Gras zieht.

Die Pferde wollen wirklich nichts davon wissen. Ich springe ab und packe Chicks mit der einen, Boots mit der anderen Hand und zwinge sie, gleichzeitig mit mir ins Wasser zu gehen. Einige Sekunden später sind wir endlich am anderen Ufer. Tweed hat auch gezögert, aber schnell hat sie einen anderen Weg gefunden, um hinüberzukommen. Den Pferden reichte beim Hinübergehen das Wasser bis zu den Knien. In dieser Tiefe hätte die Hündin schwimmen müssen, und das wäre bei einer solchen Strömung unmöglich gewesen. Sie ist wirklich eine großartige Reisegefährtin! Sie hat ganz allein den besten Übergang für sich gefunden.

So können wir mit vereinten Kräften die Situation angehen. Schließlich erreichen wir den Lagerplatz. Der Wind stand günstig für uns und wir sind ganz leise vorwärtsgegangen, um im Notfall die besten Chancen für eine Flucht zu haben. Nach soviel Sorge ist es fast enttäuschend; nichts hat sich verändert. Der Sattel liegt immer noch über dem dicken Ast zwischen den beiden Bäumen, zusammen mit dem Sattelbogen des Packsattels. Der Proviantsack hat keine Begehrlichkeit geweckt, was wirklich ein gutes Zeichen ist, und die Satteldecken, die ich nicht mehr die Zeit hatte, mit den Riemen festzubinden, sind weggeflogen ... Wir können also über Nacht bleiben. Die Grizzlys scheinen unser Lager nicht ausfindig gemacht zu haben. Ich muß nur noch das Zelt, das ich gestern aus dem Packsack gezogen habe, aufstellen und ein Feuer machen, um daran wieder einmal meine Stiefel zu trocknen. Ich lausche den ganzen Nachmittag auf die Tiere, die unbekannten Geräusche um mich herum. Ich gewöhne mich an meine neue Umgebung.

Die Pferde sind festgebunden. Tweed hat sich wie gestern neben das Feuer gelegt. Ich bin damit beschäftigt, grüne Zweige um die Feuerstelle herumzulegen. Sie dienen mir als Halt für die Kaffeekanne.

Wir befinden uns am Talende. Im Schatten der felsigen Ausläufer, die wir morgen überqueren werden. Nach den Großen Ebenen ist die Gegenwart, die Allgegenwart der Bergzinnen um uns herum etwas verwirrend. Die Hügellandschaft am Fuß des Gebirges verursachte nicht dasselbe Gefühl. Weil da alle Gipfel mit Gras bewachsen waren. Hier kommt der Fels hervor, hart, scharf hebt er sich vor dem Blau des Himmels ab. Drohend, als der Abend hereinbricht. Wirklich großartig und gefährlich. Und dieser Felsvorsprung, unter dem ich heute abend mit meinen Pferden und meiner Hündin lagere, flößt mir zwiespältige Gefühle ein; einmal ist es angenehm, sich durch ein natürliches Bollwerk beschützt zu fühlen, zum anderen ist da die Unsicherheit, nicht zu sehen, was auf einen zukommt. Wenn mein Gepäck durchwühlt worden wäre, hätte ich nur alles schnell zusammengerafft und wäre gegangen.

Wie die Ortsansässigen sagen, genügt es, die Tiere zu warnen, um keine Überraschung mit ihnen zu erleben. Für mich gehören die wilden Tiere der Rocky Mountains einer Welt der Legenden an, die ich gehört habe und deren Tenor meistens dramatisch ist. Es ist ein Universum, das ich in meinem Kopf, entsprechend den Fakten, die ich als wirklich erkannt habe, rekonstruiert habe, und das jetzt auf brutale Weise in meine augenblickliche Gegenwart einwirkt.

Ich brauche Zeit, um mich daran zu gewöhnen. Und, was noch schwieriger ist, ich muß die jetzige Situation in meinem Kopf ordnen.

Und da kommen mir die Worte von Claude, dem Fotografen aus Winnipeg, in den Sinn, der vor meinem Aufbruch gesagt hat: »Du hast die Gelegenheit, das schwarze Tier, das in jedem von uns ist, das unsere Ängste hervorruft, das man nicht beherrschen kann, das stärker ist, als wir selbst, zu besiegen ... Wenn du es gar nicht erst hochkommen läßt, wird es dir nicht wehtun. Wir müssen stärker sein als die Schrecken, die wir im Geist noch verschlimmern oder sogar erfinden.«

Dieser Satz schien direkt aus einem Band Indianergeschichten zu stammen. Ich hatte damals nur die märchenhafte Seite davon erfaßt. Im Laufe dieses letzten Abschnitts meiner Reise wird er seine ganze Bedeutung offenbaren.

Als die Dunkelheit von den mich umgebenden Hängen herabsteigt, habe ich die Pferde wieder festgebunden. Sie haben mehr als zwei Stunden Zeit gehabt, zu grasen.

Ich fühle mich hier wie auf einem anderen Planeten. Die menschliche Zivilisation ist weit weg in diesem Tal: Im Norden, wo ich heute abend bin, gibt es sie überhaupt nicht. Im Westen weiß ich nicht genau, wieviel Zeit ich genau bräuchte, um sie anzutreffen, und im Süden wird sie unsichtbar bleiben bis zu der Öffnung in der Bergkette, die ich gerade zu überqueren versuche.

Ein starkes Rauschen ertönt am Himmel. Ich hebe den Kopf, um das Flugzeug zu sehen, das die Ursache dafür sein muß. Die Nacht ist klar und dennoch bemerke ich keinerlei Lichtschein. Da stelle ich fest, daß die großen Bäume an den Hängen um mich herum begonnen haben, einen seltsamen Tanz aufzuführen. Der ganze Wald ist in Bewegung. Oder vielmehr, die grüne Masse, die meinen einsamen Schlupfwinkel überdeckt, wird in alle Richtungen bewegt. Eine Baumgruppe wird von einem Wirbelwind hin- und hergerissen; der Rest dagegen scheint von einer Kraft getrieben, die seine Blätter alle in ein und dieselbe Richtung drängt. Ich bin durch das Geräusch auf dieses Phänomen aufmerksam geworden. Und ich habe es einer Situation zugeschrieben, die ich schon einmal erlebt hatte: einem Flugzeugmotor, und das war falsch. Von unten, aus meiner Position, habe ich die Töne wohl anders wahrgenommen. Ich hatte noch niemals zuvor den Wald in einem solchen Zustand erlebt.

Ich habe mein Zelt in einiger Entfernung vom Feuer aufgebaut, damit der Rauch des Essens, das ich mir kochen will, nicht daran haften bleibt; wenn wir Besuch von Bären bekommen, werden sie, vom Geruch angelockt, vielleicht da mit ihrer Suche beginnen. Ganz in der Nähe habe ich bereits einen Baum »ausprobiert«. Das ist nämlich die schnellste Methode, sich außer Reichweite der gefürchteten Krallen zu begeben. Diese Bestien können schließlich in einer Anwandlung von schlechter Laune einen Kopf mit einem einzigen Prankenhieb abtrennen.

Den Fotoapparat habe ich bereits im Wipfel installiert. So werde ich mein Entsetzen bekämpfen, indem ich mich damit beschäftige, dessen Ursache zu fotografieren.

Ich habe gerade meine zweite Kaffeekanne für diesen Abend auf das knisternde Feuer gestellt. Ich möchte so lange wie möglich wach bleiben, um das Verhalten der Pferde zu beobachten.

Chicks' helles Fell hebt sich in der Dunkelheit gut ab. Das von Boots verschwimmt mehr mit der Landschaft, aber ich kann ihn aufgrund der weißen Flecken doch erkennen.

Es ist eine wunderbar milde Nacht. Chicks hebt ein Hinterbein, um sich mit den Zähnen am Fuß zu kratzen. Dann stellt sie ihr Bein wieder ab und begibt sich erneut auf drei Beinen in Ruhestellung.

Die ganze Nacht über behalte ich die Stute im Auge: Sie kennt die Berge. Ungewöhnliche Geräusche werden sie sofort aufschrecken. Tweed ist schon seit geraumer Zeit im Zelt, als ich beschließe, mich hinzulegen. Ich schlafe schlecht, aber immer noch besser, als wenn ich nicht das Verteidigungssystem auf dem Baum neben dem Zelt eingerichtet hätte. Die ganze Nacht über höre ich das unheimliche Knacken von Zweigen. Dann werfe ich jedes Mal einen flüchtigen Blick auf die Stute. Da diese völlig ruhig ist, schlafe ich mit einem Auge wieder ein, bis Tweed im Schlaf mit der Pfote zuckt . . .

Die ersten Sonnenstrahlen am Morgen treiben mich aus meinem Schlafsack. Es muß ungefähr fünf Uhr sein. Die Pferde sind schon wach und ganz geschäftig. Boots bewegt sich mit einer gewissen Ungeduld um seinen Baum herum und Chicks versucht, einen Grashalm zu erhaschen, der etwas zu weit weg für sie ist. Ich werde ihr die Fußfessel anlegen, indem ich das Lasso nehme, das das Seil ersetzen soll, das ich für diesen Zweck vorgesehen hatte und das seit ihrer Flucht als Longe dient. Das ist jetzt auch der richtige Moment, um Boots an seine Fußfesseln zu gewöhnen. Beide sind viel zu sehr mit Grasen beschäftigt, als daß sie merken würden, daß sie gefangen sind. Chicks hat noch viel Freiraum mit ihrem Seil. Wenn sie an seinem Ende ankommt, ärgert sie sich nicht und grast so lange weiter, bis es wirklich nicht mehr geht. Dann geht sie vorsichtig rückwärts, dreht sich um und frißt in der anderen Richtung weiter. Dieses Tier ist vielleicht ein Ausreißer, doch dafür hat es andere gute Eigenschaften.

Boots ist mit Grasen beschäftigt. Und ich lerne, wenn Boots grast, kann nichts ihn ärgern. Was auch immer passiert, er wird immer versuchen, diesem Akt der natürlichen Wiederherstellung den Vorrang zu geben. Heute zum Beispiel: Er sieht sich mit einer neuen Technik konfrontiert, der er sich unterwerfen muß. Wie bei allen Pferden, die lernen, sich mit Fußfesseln zu bewegen, bilden seine Beine ein beinahe perfektes gleichschenkliges Dreieck. Sicher, seine Körpersprache drückt hie und da eine gewisse Überraschung aus. Es kommt vor, daß er neugierig seine beiden gefesselten Vorderbeine ansieht. Er hat versucht, erst ein Bein und dann das andere vorzusetzen. Und logischerweise hat er dann gemerkt, daß es einfacher ist, beide gleichzeitig zu bewegen. Bei Pferden hat das Wichtige immer Vorrang.

Nachdem ich sie eine Zeitlang beobachtet habe, bin ich über ihr Schicksal beruhigt. Zumindest im Augenblick: Chicks hat gerade wieder eine elegante, kleine Pirouette gedreht, damit das Seil sie nicht stört. Sie kommt bestens damit zurecht. Ich ziehe mich also zu meinem Lager zurück, um es langsam abzubrechen. Das Zelt sinkt zusammen, die Heringe sind eingesammelt, Tweed döst noch ein bißchen vor sich hin, die Sonne steigt strahlend empor ... und Chicks hat sich soeben abrupt umgedreht, weil das Seil sie behinderte. In ein paar Sekunden macht sie sich selbst zur Gefangenen, indem sie drei Beine in der Leine verheddert. Tweed ist sofort aufgesprungen, um mit mir nachsehen zu gehen. Die Stute springt wild umher, dreht sich im Kreis, versucht dann, sich zu befreien, indem sie sich in der anderen Richtung dreht. Ich versuche, beruhigend auf sie einzureden. Solange sie nicht mit diesen Bocksprüngen aufhört, kann ich nicht näher herangehen. Sie macht dabei zu heftige Ausweichmanöver.

Plötzlich bleibt sie stehen, um Atem zu holen. Ich laufe zu ihr hin und halte ihren Kopf fest, während ich zugleich an der Schlinge ziehe, die ich um den Baum gemacht habe. Jetzt ist sie frei. Aber sie zittert noch vor Schreck. Armes kleines Pferdchen. Ich tröste sie, und lange Zeit verharren wir beide so. Als sie sich ein bißchen beruhigt hat, binde ich sie mit der gleichen Methode an einer anderen Stelle fest. Wieder fängt sie ruhig an, zu grasen, wobei sie das Seil, das sich durchs Gras schlängelt, sorgsam vermeidet.

Ich habe beschlossen, sie an einem Baum festzubinden. Boots dagegen kann mit seinen Fußfesseln herumspazieren, soviel er will. Er kann sogar weglaufen, wenn er will. Im Galopp, bei dem beide Vorderbeine und beide Hinterbeine gleichzeitig auftreten, könnte er in kurzer Zeit auf und davon sein. Aber das wird er nicht tun. Ohne die Stute ist er verloren. Mit ihr baut er seine Welt auf, egal wo. Ich weiß auch, daß Chicks, wenn es ihr gelänge, sich heute loszureißen, wieder weglaufen würde, trotz des Rings um ihre Fessel und des Seils, das daran befestigt ist.

Heute morgen habe ich fast drei Stunden gebraucht, um mich fertigzumachen. Bis das Gepäck verstaut war, der Kaffee auf dem Feuer stand und die Pferde gefressen hatten ...

Ich habe noch einmal auf meine Pferde einreden müssen, bis sie durch den Fluß gingen und wir den Weg, der auf der anderen Seite weiterführt, nehmen konnten. Es stimmt, dies ist nicht derselbe Flußarm wie gestern. Wenn sie gehofft haben, daß wir umkehren und zu unserem Ausgangspunkt zurückkehren würden, müssen sie eine herbe Enttäuschung erlebt haben.

Während ich gegen Boots' Weigerung ankämpfe, stelle ich fest, wie herb diese Enttäuschung sein muß. Wie Syd mir geraten hatte, habe ich zuerst den Wallach allein geritten, während meine Stute am Baum festgebunden blieb. Aber sein Gejammer ist so groß, daß ich den Wallach am Zügel in einem Umkreis von zehn Quadratmetern ganz nahe bei der Stute umherführen muß. Und das hat zur Folge, daß er sich von Anfang an nicht ganz gefügig gibt. In einem akrobatischen Akt, der olympischer Athleten würdig wäre, mache ich dann die Stute von ihrem Baum los. Gesegnet sei derjenige, der die großartige Idee hatte, sich Knoten auszudenken, die man schnell lösen kann. Chicks ist ziemlich aufgeregt, nachdem sie bei dem Gedanken gezittert hat, ihren Artgenossen zu verlieren.

Doch als ich sie dann beide an mich drücke, einen neben dem anderen, fühlen sie, daß ich stark genug bin, und sie wagen nicht, zurückzuweichen. Und so passieren wir den Wildbach. Als wir drüben angekommen sind, gerät mein Pferdegespann erneut in Aufregung; Boots galoppiert auf der Stelle und ich habe Schwierigkeiten, Chicks' Kopf zu halten. Ich habe sie angehalten, um zu sehen, wie Tweed den Übergang schafft.

Meine Hündin wählt rasch die für sie beste Lösung. Jedesmal, wenn sie so intelligent handelt, empfinde ich stolze Freude darüber. Ich habe mit meinen Gäulen genug zu tun. Ich hatte so große Befürchtungen, meine Hündin mitzunehmen in eine Welt, die nicht die ihre ist. Jetzt bin ich langsam sicher, daß sie bei allen Unvorhergesehenheiten am besten zurechtkommen wird.

Wir setzen uns wieder in Bewegung. An manchen Stellen verliert sich die Spur des schmalen Pfades. Dann wähle ich den Weg, der mir am wahrscheinlichsten vorkommt. Nach einigen Verschnaufpausen für die Pferde kommen wir zu einem herrlichen Aussichtspunkt: Ein riesiger Kreis von Bergen liegt da vor unseren Augen, und wir können nicht umhin, uns das eine Weile anzusehen. Wir steigen noch ein bißchen höher hinauf. Ich muß eine Stelle finden, wo ich sie anbinden kann, um Sattel und Packsack, die auf den Pferderücken etwas verrutscht sind, wieder zurechtzurücken. Danach erlaube ich uns noch einen Augenblick Entspannung. Die Berggipfel liegen bis in weite Ferne einer über dem anderen unter einem Himmel voller Schäfchenwolken, die das Weiß der Gipfel in dicken, wattigen Formen wiederaufzunehmen scheinen. Der Wald ist dicht und von einem erfrischenden Grün, Vitamine für den Geist. Ich entdecke, wie es ist, die Natur als Herrin zu empfinden.

Ich nehme diese Landschaft in mir auf wie eine Nahrung, aus der man neue Kraft zieht. »Ja, aber die Bären ...« Ja, dies ist auch das Land des furchtbaren Tieres. Gut, es ist Zeit zum Aufbruch. Es ist noch ein Stück Wegs bis zu dem Städtchen Elkford. Auf der Karte habe ich mir die Strecke angesehen. Wenn ich den jenseitigen Hang wieder hinabreite, auch wenn dieser mir ein bißchen zu sehr im Südosten zu liegen scheint, glaube ich, werde ich weiter unten ins Quellgebiet des Elk River kommen.

Und wieder sind wir in dichtem Wald. Wir befinden uns in etwa 1800 Metern Höhe. Der Hang ist ziemlich steil und wir sind in relativ kurzer

Zeit unten, trotz der schwierigen Passagen, die ich mit der Machete freihauen muß. Plötzlich überqueren wir die Flußquelle, obwohl wir ihr, der Karte nach, eigentlich folgen müßten. Da ich bei früheren Reisen schon öfters festgestellt habe, daß man den Karten nicht immer vertrauen kann, gehe ich weiter.

Und ich habe keine Lust, wieder nach oben zu steigen, um festzustellen, ob ich den richtigen Weg eingeschlagen habe. Ich habe schon einmal zurückgehen müssen, da, wo ich die Machete benutzen mußte, um meine Karte zu holen, die ich liegengelassen hatte.

Später kommen wir in ein Tal, das immer breiter wird.

Zweifellos werden wir über kurz oder lang nach Elkford kommen. Ich beschließe, eine Pause zu machen; die Pferde können sich an dem schönen Gras laben und Tweed und ich legen uns faul in den Halbschatten eines großen Baumes. Dann ziehen wir über einen gut sichtbaren Weg weiter.

Tweed streckt sich träge, bevor sie den Spuren der Pferde folgt. Wir befinden uns alle in einem Zustand sanfter Schläfrigkeit. Da plötzlich zerreißt ein Brüllen die feierliche Stimmung im Tal und hallt von allen Felswänden wider.

Der schreckliche Schrei wird etwas leiser von den Bergen zurückgeworfen. Er scheint sich uns zu nähern. Die Pferde reagieren fast unmittelbar. Sie stürzen im Galopp davon. Tweed tut es ihnen mit eingeklemmtem Schwanz nach, und ich bekomme eine Hühnerhaut und bin heilfroh, daß ich durch Zufall von Anfang an auf meinem Pferd saß.

Die wilde, fauchende Stimme, die mitten im Schweigen des Gebirges explodiert ist, entfernt sich schließlich und ich frage mich immer noch, was das sein konnte: vielleicht ein Luchs, oder gar ein Puma, auch Silber- oder Berglöwe – oder Kuguar – genannt. Die Panik und der wilde Ritt haben mir keine Zeit gelassen, den Einschaltknopf meines Walkman zu drücken. Schade. Doch ich erinnere mich an den wütenden Unterton. Und an den unerklärlichen Eindruck von Entfernung und Nähe des Tieres, das ihn ausstieß. Wir reiten einen, vielleicht zwei Kilometer talabwärts. Dann lasse ich meine Truppe in Schritt zurückfallen. Allein aufgrund ihrer Reaktion kann ich sagen, daß ich nicht geträumt habe. Wir sind noch einmal gut davongekommen: der Berglöwe ist ein Raubtier, das fast alle Arten von Tieren jagt, am liebsten Hirsche und pflanzenfressende Vierhufer im allgemeinen. Er lehnt es auch nicht ab, seinem Speiseplan mit Haustieren ein wenig Abwechslung zu verschaffen, wenn sich dazu die Gelegenheit ergibt. Es ist mehr als wahrscheinlich, daß das Tier meine vierbeinigen Kameraden ins Auge gefaßt hatte. Und sicher habe diesmal ich ihnen das Leben gerettet. Eins ist gewiß, das war heute nicht sein Jagdtag.

Der Wasserlauf entfernt sich immer mehr nach rechts. Auf der Karte führt der Weg an ihm entlang. Was soll's. Wir gehen weiter. Der Weg ist jetzt so breit wie diese Pisten, auf denen die vierrädrigen Motorräder entlangrasen, die der Schrecken mancher Cowboypferde sind und die den »Stampede« in den jungen Rinderherden auslösen, die man zur Sommerweide treibt.

Durch das Brüllen ist der Schritt der Pferde recht lebhaft geworden. Ich bin sicher, daß wir auf diesem problemlosen und immer geradeausführenden Weg fünf bis sechs Kilometer in der Stunde zurücklegen. Und außerdem kommt es mir vor, als ob mich die Landschaft, durch die wir hindurchreiten, an etwas erinnert. Ich schiebe diesen Gedanken beiseite, indem ich mir sage, daß sich manche Täler im Gebirge sicher ähnlich sehen. Auf der rechten Seite liegt ein unbenutzter Lagerplatz. Eine Etappe für Jäger, Cowboys, Leute, die sechs Monate im Jahr im Gebirge leben. Und einige Kilometer weiter treffen wir auf ein noch besser ausgebautes Lager. Da gibt es Standplätze für die Pferde, senkrecht in die Erde versenkte Pfähle aus sauber abgeschälten Baumstämmen. Der Weg wird zur Schotterstraße. Und plötzlich befinden wir uns auf einem Parkplatz.

Das ist beinahe ein Kulturschock. Trotzdem reite ich weiter, von einer Art Neugier angetrieben. Es ist niemand da. Und diesen Platz hier habe ich schon einmal gesehen, unter einem anderen Gesichtswinkel. Wo bin ich? Ist dies eine Landschaft, die in meinem Kopf existiert und die plötzlich Wirklichkeit wird, so wie einem das manchmal im Leben passiert? Je länger ich weiterreite, um so mehr wird das Bild Wirklichkeit: Wir sind dorthin zurückgekehrt, von wo wir vor zwei Tagen aufgebrochen sind. Nur etwas weiter südlich. Wir sind immer noch in Alberta. Die Pferde haben mich dahin zurückgebracht, wo sie hingehen wollten, indem sie nur einen anderen Weg eingeschlagen haben . . . Gleich über uns steht ein Auto mit einem Wohnwagen. Chicks' Glocke hat zwei Leute auf uns aufmerksam gemacht, sie sehen uns entgegen. Sie wirken überaus verwundert. Es ist ein älteres Paar. Schnell haben wir uns vorgestellt.

»Guten Tag, ich bin Allan«, sagt mir der alte Mann. »Und das ist Ruth.«

Er scheint von der Begegnung entzückt zu sein. Und fragt mich sofort mit Kennermiene, woher meine Pferde seien.

»Aus der Zucht von Syd und Donna Wyatt, in High River.«

»Ich hätte sie unter Tausenden heraus erkannt. Die Ranch Wyatt hat einen ganz besonderen Typ von Appaloosas.« Er zeigt auf Boots und bezeichnet besonders die langen Glieder meines Wallachs und seine kräftige Gestalt.

»Oh ja! Das sind wirklich die Pferde von Jim Wyatt! Jim ist der Vater von Syd.«

Und als Allan so unerwartet diese fremde Reiterin auf seinem Campingplatz auftauchen sieht, fällt er in Erinnerungen an die Zeit zurück, als auch er sich ein Pferd nahm und ins Gebirge ging.

Er fängt an, mir davon zu erzählen, wie er in jüngeren Jahren loszog. Er scheint einen eindrucksvollen Teil dieses Gebirgskamms durchritten zu haben.

Wir wollen ihn von Ost nach West überqueren, er aber hat ihn offensichtlich im Norden, im Süden und in all seinen Winkeln durchwandert.

Da es bereits Spätnachmittag ist, fragt er, warum nicht für die Nacht hier haltmachen. Meine Pferde können sich auf einer eingefriedeten Weide erholen. Tweed darf früher als vorgesehen alle Viere gerade sein lassen, und ich kann ein wenig mit Ruth und Allan plaudern.

Das Nötige, um die Pferde gut unterzubringen ist schnell getan. Diese Nacht wird sie an die Nächte in dem Land erinnern, aus dem sie kommen, dort, wo die Großen Ebenen aufhören. Dann kehre ich, gefolgt von Tweed, zu Ruths und Allans Campingplatz zurück. Beide sitzen draußen an einem Tisch mit einem Glas in der Hand, in dem Eiswürfel schwimmen. Sie bieten mir auch eins an; heute abend gibt es also was anderes als das lauwarme Wasser aus meiner Feldflasche. Allan ist ein kleiner, kugelrunder Mann, der einen alten Pulli und eine Sporthose trägt. An abgelegenen Plätzen zu campieren, scheint einen Großteil seiner Freizeitbeschäftigungen auszumachen. Auch Ruth mag die Ruhe, die der umgebende Wald den Augen bietet, ihnen allein, so mitten unter der Woche. Sie trägt eine Flanellhose, die wahrscheinlich für Ausflüge in die Wildnis aufgehoben wird, außerhalb ihrer städtischen Gewohnheiten.

So scheint der Mensch der Berge, der Kenner der Tierwelt eher Allan zu sein. Ruth fängt an, mir von einem »blauen Vogel« zu erzählen, doch sie wird von Allan, der bereits ein anderes Thema im Kopf hat, unterbrochen. Es wird Spaß machen, mit ihnen zu reden, und es wird eine echte Bereicherung sein.

Tweed hat sich im Schatten eines Gebüschs hingelegt, da, wo es wohltuend kühl ist und man einen guten Ausblick hat. Sie vergißt nie ihre Aufgabe als Wachhund ...

Ziemlich rasch versuche ich, Allan auf das Thema zu bringen, das mir nach wie vor am Herzen liegt. Ich komme zum ersten Mal aus den Bergen herab. Ich bin voller persönlicher Eindrücke, aber auch vollgestopft mit den Geschichten, die man mir über die Tiere, vor allem über die Grizzlys, erzählt hat, und bei denen ich noch nicht Realität und Fiktion unterscheiden kann. Allan spricht mit Nachdruck:

»Die Bären werden nicht angreifen. Du hast nichts von ihnen zu befürchten. Vor allem, wo eins deiner Pferde eine Glocke trägt, die sie vor euch warnt. Im Gebirge mach ich mir keine Sorgen um dich. Aber paß auf deine Pferde auf. Wenn sie einen Bären wittern, werden sie fliehen. Und um sie dann wiederzufinden, das ist ein ganz anderes Paar Schuhe! Die Bären werden die Vorsichtsmaßnahmen, die du triffst, wenn du in ihr Territorium kommst, respektieren; wenn du deine Kochsachen aufräumst und die Lebensmittel so hoch wie möglich aufhängst, dich nicht gerade in einem Areal mit wilden Kirschen niederläßt, das ein Bär vielleicht als sein privates Terrain betrachtet, deine Hündin nicht herumstreunen läßt, damit sie nicht auf junge Bären auf ihrem Spaziergang stößt ...«

Die Plätze, auf denen wir haltmachen, bestimmt Tweed mit den paar Quadratmetern um das Zelt herum, beim Feuer und dort, wo die Pferde stehen, als unsere persönliche Domäne. Wenn sich in der Nähe eine Bärin mit ihren Jungen aufhält, sehe ich darin eine Gefahr für unsere Karawane: Tweed würde sicher die Natur des Eindringlings auskundschaften. Aber es ist auch möglich, daß sie das Raubtier im Bären wittert, ihre Chancen als minimal erkennt und Fersengeld gibt. Ich hoffe inständig, daß sie im Falle eines Angriffs sich so verhalten würde. Ihre Schnelligkeit gibt ihr gute Chancen, davonzukommen. Ich jedenfalls ziehe es vor, allein mit dem Ungeheuer zurandezukommen, als zuzusehen, wie mein Hund vor meinen Augen zerfetzt wird.

Was die Pferde betrifft ... Die einzige Möglichkeit, sie im Falle einer durch einen Angriff provozierten Flucht wiederzufinden, wäre durch die Glocke gegeben, die Chicks an ihrem Hals trägt. Aber daran will ich jetzt nicht denken. Gut, und außerdem glaube ich fest daran ... Für den Augenblick schließe ich das Kapitel ab, weil ich weiß, wenn ich mit Allan noch weiter über dieses Thema rede, werde ich nicht mehr lange das Wohltuende seiner beruhigenden Worte empfinden. Ich müßte nur die Geschichte erwähnen, die dem Veterinär von High River in den Bergen zugestoßen ist, als er dort mit seinem Bruder zu Fuß spazieren ging, und wir würden alle miteinander zugeben, daß es im Land der Grizzlybären keine echte Sicherheit gibt. Allan ist immerhin ein Mensch, der die Situation, in der ich bin, am eigenen Leib erfahren hat. Ich werde im Laufe des Abends wieder auf die Verhaltensweisen dieser gespenstischen Ungeheuer zu sprechen kommen, doch erst muß ich abwarten, bis ich mich innerlich wieder beruhigt habe.

Meine neuen Freunde bieten mir noch ein Glas an; die Sonne geht langsam im Westen unter. Ich brauche mir über die Bequemlichkeit der Pferde heute abend keine Sorgen zu machen. Alles ist gut.

»Weißt du, woher der Knoten kommt, den wir für den Packsattel benutzen?« nimmt Allan das Thema wieder auf.

»Den Knoten in Form eines Karo-As?«

»Der, den du für deinen Packsattel benutzt«, bestätigt er.

Er hat offensichtlich keine Zeit gehabt, sich meinen Packsattel richtig anzusehen. Am Sattelbogen gibt es zwei Haken auf jeder Seite, an denen ich die Taschen befestige. Ich benutze keine Schutzplane, um das Ganze zu überdecken. Das heißt, daß ich jeden Abend etwas improvisieren und das Gepäck in eine Ecke schaffen muß, wo es vom Regen nicht naß werden kann. Wenn ich eine Schutzplane hätte, müßte ich das ganze einfach nur darunterschieben. Aber mit diesem verflixten Karo-As-Knoten bin ich nie zurechtgekommen. Ich erkläre ihm, wie mein Packsattel beschaffen ist und wie er funktioniert. Er spinnt seinen Gedanken weiter:

»Der Karo-As-Knoten, den die Reiter machen, wenn sie lange Strecken zurücklegen müssen, ist ein Seemannsbrauch, den die spanischen Pioniere mitgebracht haben. Man benutzte diesen Knoten, um auf den großen Segelschiffen die Hängematten an der Reling zu befestigen. Weißt du, die Spanier haben die ersten Pferde auf den Kontinent gebracht und auch einige Techniken, die dann den Bedürfnissen der Neuen Welt angepaßt wurden.«

Sie haben mich eingeladen, mit ihnen zu Abend zu essen, weil unsere Unterhaltung kein Ende zu nehmen schien. Und ich bin sehr froh, heute abend mit Artgenossen sprechen zu können. Die Einsamkeit der großen Weiten ist nicht sehr gut geeignet für verbalen Austausch. Vor allem, wenn man von Seinesgleichen, die an einem Ort leben, den man nicht kennt und mit dem man es zu tun hat, so viel zu lernen hat. Und wirklich lerne ich auch durch sie etwas über den Überlebensinstinkt, den man für das Gebirge braucht, hinzu.

Der alte Allan spinnt seinen Gedanken immer noch weiter:

»Die ersten Pferde sind mit den spanischen Seefahrern gekommen. Das war eine Kreuzung zwischen Arabern und Schwerblütern.«

»Und die Indianer? Wie haben sie sich fortbewegt, als es noch keine Pferde auf dem Kontinent gab, wenn sie von ihren Winterlagern in die Sommerterritorien zogen?«

»Sie gingen zu Fuß. Sie zogen mit der Familie um. Die Squaws stellten das Lager auf, während die Männer auf der Jagd waren. Als die Nachfrage nach Fellen begann, trockneten sie auch die Häute, die die Männer heimbrachten, und gerbten sie.«

»Und wie leben sie heute, die Indianer in diesem Teil Kanadas?«

Dieses Mal ergreift Ruth das Wort:

»Seit das Erdöl gefördert wird, kämpfen sie darum, einige Rechte auf ihre ursprünglichen Territorien wiederzubekommen.«

»Und wie stellen sie das an?«

»Man hat ein Ministerium für die Belange der Indianer und des Nordens geschaffen. Der jetzige Minister versteht die Indianer gut. Er ist selbst Mestize. Seit er dieses Ministerium innehat, sind zahlreiche Dekrete zugunsten der Sache der Indianer verabschiedet worden.«

Später am Abend kommt die Debatte über die Bären wieder auf den Tisch. Allan hört mir aufmerksam zu, was ich ihm zu sagen habe. Dann spricht er wieder über die Tierwelt im Gebirge.

»Mit deinen Pferden hast du wirklich nicht viel zu befürchten.«

Aber hierzu kann ich die Anekdote von Roger, dem Rancher im Ruhestand, beitragen. Und auch Roger kennt sich im Gebirge aus, er hat während seines gesamten Berufslebens damit zu tun gehabt und beschäftigt sich auch jetzt noch zum Vergnügen damit. Auch er hatte mir gesagt, daß es keine Gefahr gäbe, wenn wir einem Bären über den Weg laufen. Der Grizzly, den er und seine Begleiter gesehen haben, wie er ihre Pferde in Panik versetzte, machte sich über sie lustig, schien über ihre Angst zu lachen. Und doch sagt man übereinstimmend, daß die Tiere, wenn immer möglich, den Menschen sorgsam meiden. Und diesem Tier hatte es Spaß gemacht, den Menschen herauszufordern.

Wo also ist die Wahrheit? Es gibt keine. Der Grizzly ist der Herr über sein Gebiet. Die Studien, die man über ihn gemacht hat, halten fest, unter welchen Umständen Bären Menschen getötet haben. Es ist dort übrigens kein einziger Fall überliefert, wo ein Mensch in Begleitung eines Pferdes überfallen worden wäre. Der Geruch des Vierbeiners scheint den des Menschen zu überdecken. Seine Größe plus die des Reiters, der oben draufsitzt, flößt dem Sohlengänger vielleicht einen gewissen Respekt ein ... Seit zwei Tagen folge ich dem Tal auf der Schotterstraße. Und das Lager, das ich abends aufbaue, wird hin und wieder von den Scheinwerfern aller möglichen Fahrzeuge erhellt. Für heute abend habe ich einen Lagerplatz abseits von diesem Verkehr gesucht. Die Pferde, Tweed und ich laufen durch ein großes Stück Wiese, auf der in unregelmäßigen Abständen Grasbüschel wachsen, wie in einem Sumpf. Ich will versuchen, für die Nacht eine Stelle dort am Waldrand gegenüber zu finden. Wir durchschreiten einen Bach; die Straße ist immer noch in Sichtweite. Und wir gehen schräg Richtung Norden, indem wir dem kleinen Wasserlauf folgen. Vor uns liegt ein Winkel mit Gras, das etwas besser für die Pferde zu sein scheint. Ich binde sie an, lade sie ab, nehme die Sättel ab und lasse sie grasen. Fußfesseln für den Wallach und eine Fußfessel, die mit dem Lasso an einem Baum festgebunden wird, für die Stute.

Ganz nahe der Stelle, wo ich das Gepäck abgelegt habe, macht der Bach eine Schleife. Ich stelle das Zelt auf. Von der Straße aus kann man uns nicht sehen.

Monsieur Boots findet die Weide nicht nach seinem Geschmack. Er stellt sich auf die Hinterbeine und schlägt ein bißchen mit den zusammengebundenen Vorderläufen in der Luft, bevor er sie wieder absetzt, um dann wieder von vorn zu beginnen. Inzwischen hat er sich an die Fußfesseln gewöhnt. Und das flache Stück Land hier ist ideal für diese Art der Fortbewegung.

Da ich damit beschäftigt bin, das Lager herzurichten, habe ich nicht bemerkt, daß er bereits den Bach in der anderen Richtung überquert hat. Die Stute macht mich darauf aufmerksam. Ich gehe, um ihn zurückzuholen, nehme ihm die Fesseln ab und führe ihn ins Lager zurück.

Als ich die Stute zu einem anderen Baum führe, besehe ich mir die Rückseite ihrer linken Fessel. Die, an der sie sich verletzt hat, am ersten Abend im Gebirge, als sie sich gegen das Seil wehrte. Trotz der Kraft, mit der sie sich die Wunde geschlagen hat, ist die Verletzung nicht tief. Zuerst war sie angeschwollen und jetzt hat sich eine ganz schmale Narbe gebildet, die ich jeden Tag mit einer fetten Salbe einreibe. Die Haut ist an dieser Stelle äußerst dünn und ständig in Bewegung. Sie vernarbt schwer. Wenn sich Schorf daran bildet, entferne ich ihn sofort. Er könnte ihr mehr weh tun als der Schnitt selbst. Sie hat sich keinerlei Schwäche an diesem Bein anmerken lassen. Die Longe hat sie also nur oberflächlich verletzt. Wir haben Glück gehabt.

Tweed hält neben dem Zelt Wache. Sie sieht Boots zu, der in der Ferne weidet, immer ungeduldig auf der Suche nach besserem Gras. Sie überwacht auch die Straße, wo die paar vorüberfahrenden Autos uns daran hindern, uns mitten im Gebirge zu fühlen, obwohl es an dem Ort, wo wir uns heute abend befinden, keinerlei Anzeichen für Zivilisation gibt. Zwischen der Bachschleife und dem Zelt habe ich ein Feuer gemacht. Dort, wo es keinen Wind gibt, der uns die Funken herüberwehen könnte. Wo auch immer man sich für die Nacht niederläßt, bietet der Wald alles nötige Holz. So habe ich fast in Reichweite dürres Holz, daß hervorragend geeignet ist, um das Feuer zu entfachen, und ein bißchen weiter weg schneide ich mit dem Buschmesser Äste ab, die das Feuer den ganzen Abend über brennen lassen. Wenn ein Ast dick ist, muß man nur eine ganz einfache Taktik anwenden: Man schneidet, am besten an einer weichen Stelle, von beiden Seiten Kerben in das Holz, bis es nachgibt.

Sieh an, ich glaube, wir bekommen Besuch! Ein Truck hat auf der Straße, fast auf der Höhe unseres Lagers, angehalten. Der Fahrer steigt aus und schaut sich den Boden an. So als ob er unsere Spur suchen würde. Dann kommt er auf uns zu, den Blick immer zu Boden gerichtet. Tweed beobachtet ihn. Als er noch etwa hundert Meter entfernt ist, sehe ich, daß es sich um einen Ranger handelt.

Ich ziehe mich wieder an und bleibe beim Feuer stehen, um ihn zu empfangen; von dort aus, wo er jetzt ist, müßte er mich sehen, wenn er das Lager sucht.

»Guten Tag!«

»Hello!«

Sieh an, das ist der, den ich neulich abends gesehen habe, als ich mich mit den Pferden und einem Lasso auf der Straße wiederfand, das ganze Gepäck etwa zwölf Kilometer weit weg in den Bergen.

»Wie geht's?« ruft mir der Junge zu.

»Gut. Wir gehen das Tal entlang bis nach Dutch Creek, weil wir den anderen Weg nicht finden konnten. Ich kann jetzt noch ganz gemütlich zwei Tage hier weiterwandern, auf den Wiesen neben der Straße.«

»Kennst du den Weg über den Paß nach Britisch Kolumbien?«

»Von welcher Station kommst du eigentlich?«

»Von der nördlichen.«

Es gibt zwei Rangerstationen auf diesem Touristenweg, der auch oft von den Einheimischen benutzt wird. Die im Norden kümmert sich vor allen um den Verkehr, der dort auf die asphaltierte Straße nach Banff mündet. Die im Süden scheint eine eher lokale Rolle zu spielen. Vielleicht kann ich dort die Informationen bekommen, die mir zu meiner Strecke noch fehlen. Ich erkundige mich nach der Aufgabe, die die Ranger heute zu erfüllen haben.

»Ich dachte immer, ihr wärt beritten. Benutzt ihr überhaupt noch Pferde?«

»Ja, wenn wir im Gebirge Leute suchen müssen, an Stellen, wo man anders nicht hinkommt. Aber heutzutage sucht man die Leute eher mit Hubschraubern.«

»Euer Job besteht also daraus, Leute zu suchen, die sich im Gebirge verirrt haben ... und was macht ihr sonst noch?«

»Ziemlich alles, was hier so anfällt. Eigentlich haben wir eher die Aufgabe von Bewachern als von Rettern. Jeden Tag sehen wir nach, wer auf den Campingplätzen hier an der Straße angekommen ist, wir überprüfen, ob der Platz bezahlt ist und ob die Leute kein Feuer machen, wo es nicht erlaubt ist. Das Feuer ist ein riesiges Problem im Gebirge. Vielleicht hast du von dem Waldbrand gehört, der letztes Jahr in der Gegend gewütet hat, wo du hingehen willst. Der erste Berghang auf der Seite von Britisch-Kolumbien ist völlig niedergebrannt. Alles ist da jetzt tot.«

»Eure Rolle hat sich in den letzten zwanzig Jahren sehr verändert, oder nicht? Ich habe mir die Ranger immer als Leute vorgestellt, die mit Pferden durchs Gebirge reiten; ihr reitet zwar immer noch, aber ihr habt kein Gefühl mehr für die Berge. Oder irre ich mich?«

»Nein, du hast ganz recht. Die Ausbildung, die wir heute bekommen, schließt das nicht mehr mit ein, aber früher war es ausschlaggebend, wenn man Ranger werden wollte. Wir brauchen unser Gebiet nicht mehr bis in alle Winkel der Wildnis hinein zu kennen. Was wir vor allem zu tun haben, ist, das Feuer der Camper zu überprüfen. Und das ist nicht besonders interessant!«

»Aber wenn dir das alles bewußt ist, warum bist du dann Ranger geworden?«

»Ich wollte hier in der Gegend bleiben. Ich bin in den Bergen geboren und ich könnte mir keinen anderen Ort in der Welt vorstellen, an dem ich leben möchte. Also bin ich's zufrieden.«

Während der Unterhaltung habe ich dicke Äste und trockenes Holz nachgelegt. Das Feuer brennt gut. Ich habe Chicks und Boots angebunden, und Tweed ist neben mir eingeschlafen. Ich zupfe ihr die kleinen Zweige und anderes Grünzeug aus dem Fell, das sich im Lauf des Tages dort festgesetzt hat. Wenn wir jeden Tag so weit wandern, habe ich keine Zeit, sie so zu bürsten, wie ich es gern täte. Ich versuche, ihr Fell halbwegs gepflegt erscheinen zu lassen, indem ich jeden Tag mit den Fingern an den Stellen durchfahre, wo es sie am meisten stören könnte. Unter den Schultern, am Bauch und hinter den Ohren. Und ich sage mir, wenn wir endgültig in die Zivilisation zurückgekehrt sind, wird sie eine schöne, professionelle Pflege in einem Salon für Luxushunde zu schätzen wissen.

Zweiter Tag auf der Schotterstraße. Der Ranger hat mir noch einmal geraten, mich im nächsten Büro zu melden, bevor ich mich auf den Weg in die Berge mache. Bei der Gelegenheit kann ich dann auch fragen, wie die Berge auf der Seite von Britisch Kolumbien aussehen. Meine Karte hört an der Grenze zwischen den beiden Provinzen auf, und nach dem Paß werde ich in einer Art Niemandsland sein.

Obwohl das Tal breit ist und ich von weitem sehen kann, daß die Straße frei ist, habe ich meine Tiere alle zu einer einheitlichen Truppe zusammengebunden. Boots ist an Chicks festgemacht und Tweed, die neben den

Pferden hertrottet, ebenfalls. Von meinem erhöhten Posten aus ziehe ich die Fäden, falls notwendig.

Wir wandern immer noch auf dem Seitenstreifen die Straße entlang. Wir haben noch einen guten halben Tag Zeit, bevor wir ins Gebirge abbiegen. Da die Pferde unerwartete Ruhepausen hatten, können wir den ganzen Tag durchmachen. Tweed hat eine Ausdauer, die mich immer wieder aufs neue erstaunt. Und ich selbst spüre, daß meine Muskulatur endlich wieder voll entwickelt ist und meine Widerstandskraft entspricht in etwa der der Pferde. Tweed aber schlägt uns alle haushoch. Und sie wirkt so glücklich! Alles scheint ihr zu gefallen; von dem Augenblick an, wo wir ein Plätzchen gefunden haben und die Pferde versorgt sind, spreche ich jeden Abend zu ihr als meinem einzigen Ansprechpartner. Morgens wacht sie munter auf, bereit, einen neuen Tag anzugehen, unter einem neuen Himmel, in anderen Gegenden, was soll's, so lange nur der eigentliche Pakt eingehalten wird, nämlich, daß wir zusammenbleiben.

Längs der Schotterstraße zieht sich kilometerweit flaches Gelände hin. Manchmal führt sie durch einen dichten Wald, und dann wird sie von sehr geraden, jahrhundertealten Bäumen gesäumt. In diesem Teil der Provinz wird das Holz parzellenweise gefällt, die Bäume werden an genau abgegrenzten Stellen geschlagen, was von ferne gesehen seltsame Spuren hinterläßt und den Eindruck macht, als sei der Wald stellenweise kahl.

Jedesmal, wenn ein Schlag beendet ist, pflanzt der Staat junge Nadelbäume an, die in Gewächshäusern herangezogen wurden, und die Holzfällertrupps machen woanders weiter.

Es ist mitten in der Woche und auf der Schotterstraße ist wenig Verkehr. An manchen Abschnitten gibt es Straßenarbeiten, weil einige Stellen bis zu den Olympischen Spielen von 1988 verbreitert werden sollen. Die vorüberfahrenden Trucks sind von der Husky Oil Company, einer Privatfirma, der die erdölhaltigen Gebiete gehören.

Nach dem, was mir der alte Allan gesagt hatte, müßte ich auf dieser Straße bald einen Berg sehen, der besagter Gesellschaft gehört. Und von oben soll man eine herrliche Aussicht auf die Berge ringsum haben.

Neben uns hält ein Truck. Ich erkenne den Fahrer, er ist derselbe, der uns heute morgen gegrüßt hat, als er in der anderen Richtung fuhr. Ich bin gerade damit beschäftigt, die Schnalle vom Sicherheitsgurt des Packpferdes zu richten. Dieser Riemen verbindet die beiden Packsäcke auf dem Pferderücken miteinander. Auf diese Weise können wir eine schnellere Gangart anschlagen, ohne daß die schweren Säcke Chicks in die Flanken schlagen. – Der Truckfahrer steigt aus seinem Fahrzeug und stellt sich vor. Er heißt Ross. Er überwacht eine der Niederlassungen der Erdölgesellschaft. Offensichtlich ist er wegen meiner Pferde stehengeblieben.

»Ich laß meine auch hierherkommen, sobald ich kann. Dies ist ein herrliches Land für Pferde. Und außerdem kann man hier neben der Arbeit überhaupt nichts unternehmen.«

Ross wohnt in einem Lager, das für die Dauer eines Jahres errichtet wurde. Er besteht darauf, meine Nahtstelle mit einer Niete zu verstärken.

»So mußt du's nicht nochmal machen.«

Dann lädt er mich sehr nett in das Lager ein, in dem er und einige Angestellte der Gesellschaft wohnen.

»Es gibt jeden Komfort; du kannst duschen und wenigstens einmal im Warmen schlafen.«

Er sagt das ohne jeden Hintergedanken. Auch wenn hinter seinen Worten der interessierte Respekt zu spüren ist, den man natürlicherweise einem Vertreter des anderen Geschlechts entgegenbringt.

In diesem Zusammenhang hat Bob übrigens gewisse Vorkehrungen getroffen. Damals erschien mir sein Ring etwas naiv. Aber er kannte die Mentalität des kanadischen Mannes besser als ich, als er mir den Ring überstreifte. Und da es ein Geschenk von ihm ist, trage ich ihn überall, und passe gut auf, daß ich ihn nie verliere. Und ich muß ständig darauf achten, weil der Körper unterwegs unterschiedlichem Luftdruck ausgesetzt ist, vor allem im Gebirge; die Hände schwellen an oder werden dünner, ohne daß man was anderes tun kann, als sie ins kühle Wasser zu halten, wenn man an einen Bach kommt.

Ross hat meinen Ring ebenso bemerkt wie alle anderen, seit ich im Gebirge bin; ein Mädchen, das sich allein in die Rockies traut, betrachtet man eben besonders genau. Diese Männer, die ein rauhes Leben führen, die manchmal, aufgrund der Einsamkeit, zu der sie ihr Beruf verurteilt, wochenlang von ihrer Frau oder Freundin getrennt sind, haben einen höllischen Respekt vor der Frau. Nie werde ich von einem von ihnen belästigt. Sie kennen Bob nicht und sind ihm persönlich keinerlei Respekt schuldig, aber sie wissen, daß er existiert, und das genügt.

Ich sage ihnen, wie er heißt, wo er wohnt und was er tut: Er baut unser

Blockhaus am Ufer eines einsamen Sees, der von einem Taucherentenpaar bewohnt wird, das menschliche Schreie ausstößt, mitten im Nordwald, 40 Kilometer vom nächsten Dorf entfernt. Dann stellen sie meistens eine letzte Frage und damit ist die Sache dann erledigt:

»Wie kann er dich so ganz allein mitten in die Wildnis gehen lassen?«

»Er kann mich nicht zurückhalten. Ich muß etwas zu Ende bringen, etwas zu Ende leben, und ich muß es tun.«

Es ist früher Nachmittag und wir ziehen immer noch weiter. Der Himmel ist bedeckt und es weht eine frische Brise, die Pferde gehen im Schritt und Tweed trottet nebenher. Wir überqueren ein breites Tal. Ringsumher erstrecken sich flache, grüne, in einer Gebirgslandschaft seltsam anmutende Wiesen, zu denen die Kühe, die die Rancher vor einem Monat hiergelassen haben, herabsteigen, um zu grasen. Das Gras hier wäre auch hervorragend für die Pferde. Einige hundert Meter von der Straße entfernt wandern wir darüber hin. Da verlangsamt ein rotes Farmerauto die Fahrt. Ich meine, das des Cowboys wiederzuerkennen, von dem man mir erzählt hat, daß er mehrere Herden auf der Sommerweide hütet. Das Fahrzeug ist auf unserer Höhe stehengeblieben. Ich beschließe, hinzugehen, um zu hören, was er will.

Im Innern des Führerhauses unterscheide ich von Ferne einige mit Cowboyhüten bedeckte Köpfe.

»Hello, was machen Sie da?«

»Das sehen Sie doch, ich gehe hier mit meinen Pferden.«

»Kommen Sie von weit her?«

»Mit diesen Pferden hier bin ich südlich von Calgary aufgebrochen. Aber ich reise schon seit drei Jahren durch das Land. Die Berge sind der letzte Abschnitt meiner Reise.«

»Wenn Sie eine Zeitlang haltmachen wollen, wir haben eine Hütte, etwas weiter vorn. Sie finden den Ort leicht auf Ihrem Weg. Wir würden uns gern ein wenig mit Ihnen unterhalten, und Sie können sich ein bißchen ausruhen.«

»OK. Vielleicht bis später dann!«

Und bevor sie weiterfahren:

»Wissen Sie übrigens, wo die nächste Rangerstation ist?«

»Drei Kilometer von unserer Hütte entfernt.«

Mac und Renie

In der Zwischenzeit haben die Pferde angefangen zu grasen; sie können also nicht wissen, worum es sich handelt. Und doch bleiben sie dann von selbst vor dem Eingang zum Besitz von Mac und Renie stehen. Ich habe ihnen die Botschaft wohl unbewußt vermittelt.

Ich öffne das Tor, das auf eine große, eingezäunte Weide führt. Auf der anderen Seite gibt es einen gut markierten Weg, der sich um ein Gebüsch herumschlängelt und dann eine unerwartete Richtung, genau nach Westen, nimmt. Ich rufe Tweed, damit sie dicht bei mir bleibt. Schließlich habe ich von der Straße aus kein Gebäude gesehen und ich kann genausogut auf einem privaten Grundstück sein, wo Tiere an einem schattigen Plätzchen ihre Siesta halten. Dann plötzlich versperrt mir ein großer, weißer Wohnwagen die Sicht. Daneben ein kleines Lagerhaus aus Baumstämmen und dann, weiter weg, oben auf dem Hügel, eine hübsche Holzhütte.

Ich öffne ein weiteres Tor, und noch immer ist niemand zu sehen. Ich habe mich wohl geirrt. Ich lasse meine Tiere zur anderen Seite durch und schließe hinter uns das Gatter, das aus dicken Brettern gemacht ist. In diesem Augenblick taucht ein etwa zehnjähriger Junge auf, der sich mir gleich vorstellt, so, als ob er mich schon erwartet hätte:

»Hello! Ich bin Justin.«

Auch Mac kommt aus dem weißen Wohnwagen.

»Meine Pferde haben hierhergefunden. Von der Straße aus kann man überhaupt nichts sehen, außer daß es sich um Privatgrund handeln muß, weil er eingezäunt ist.«

»Das Land hat mein Großvater einmal gekauft. Willst du deine Pferde auf die Weide bringen?«

»Gern. Ich werde ihnen ein bißchen Gepäck abnehmen und sie festbinden. Sie können sich ausruhen und später bringe ich ihnen dann etwas zu trinken.«

»Ich hab meine auf die Wiese hinausgelassen. So können sie deine nicht stören.«

Er bringt einen Eimer mit Wasser, während ich die Pferde von ihrer Last befreie.

»Danke.«

Ich stelle den Eimer zur Seite. Die sprichwörtliche Gastfreundschaft der Cowboys ist wirklich Tatsache.

»Willst du mit uns essen? Wir haben eben die Töpfe aufs Feuer gestellt.«

»Nein danke. Ich habe gerade ein paar getrocknete Bananen und Erdnüsse gegessen.«

Jeder bedient sich im Innern des Wohnwagens aus Töpfen und Pfannen und kommt mit einem vollen Teller heraus, um auf der Wiese zu essen. Es sind eine Menge Leute da! Als ich von der Koppel zurückkomme, fällt mir ein, daß meine Bluse ihren Geist aufgegeben hat und auf der Vorderseite nur noch einen einzigen Knopf besitzt. Außerdem ist – oder war – es eine schicke Bluse und die Zahl der Knöpfe, mit der man sie auf dem Rücken schließt, ist auch auf zwei oder drei reduziert. Aber ich kann jetzt doch nicht umkehren, zu den Pferden zurückgehen, sie wieder satteln und davonreiten ... Ich zögere eine Sekunde. Ich fühle mich wirklich nicht wohl beim Anblick von so vielen Leuten, aber ich gehe weiter. Und sie sehen mich auch noch alle an.

Mit der linken Hand halte ich die Teile meiner Bluse zusammen, mit der rechten drücke ich allen die Hand.

»Guten Tag. Ich bin Dominique.«

Wenn man in Kanada zu einer größeren Gruppe hinzukommt, grüßt man nicht einfach in die Runde, auch wenn man niemanden kennt. Man wendet sich jedem einzelnen zu, der einem seinen Namen nennt und einem die Hand gibt.

Ich versuche, mich so wenig wie möglich ins Blickfeld der anderen zu setzen. Renie lädt mich ein, mir etwas zu essen zu holen. Was sie gekocht hat, riecht so gut, daß ich nicht widerstehen kann. Innen in dem weißen Wohnwagen sind noch mehr Leute. Ich werde erneut vorgestellt und ich muß wieder Hände schütteln, wobei ich mit der Linken mein zerrissenes Hemd zusammenhalte.

Der Raum zieht sich über die ganze Länge des Wagens. Renie hält mir einen Teller hin. Meine Situation wird immer schwieriger; mit einer Hand

Der Weg zum »Dach der Welt«: Die Rockies verändern sich, je mehr ich nach Westen vordringe; Gipfel und Täler werden immer unwegsamer. Der Eindruck von Abgeschiedenheit wird immer intensiver. Die Einsamkeit gefällt mir jetzt besser.

Majestätische, unsterbliche Landschaft . . .

Die Ranch vom »Dach der Welt« (unten links) in Britisch-Kolumbien, in der Nähe von Kimberley . . .
. . . nimmt Reitanfänger oder Fortgeschrittene in Landschaften mit, wo jeder glaubt, ein »Entdecker« zu sein.

unten rechts: *Silhouetten am Ende einer Reise durch ein lebendiges, unermeßlich großes Land, in der der Mensch an eine bescheidenere, menschlichere Stelle zurücktritt.*

einen Teller halten und ihn vollfüllen, während die andere mein zerrissenes Hemd zuhält, das erfordert Geschicklichkeit. Ich ziehe mich mehr schlecht als recht aus der Affäre.

Dann setze ich mich auf das niedrige Sofa. Und ich stelle fest, daß ich außerdem auch noch so schmutzig bin, daß jeder Mensch, der täglich duscht, es merken muß. Und das kann ich nur durch den Teller auf meinem Schoß verstecken. Ich wage nicht, meine Chaps abzulegen, in deren Leder der Straßenstaub, das Öl, das ich von Zeit zu Zeit auf die Hufe meiner Pferde streiche und die Salbe, mit der ich zweimal täglich Chicks' Fessel einreibe, tief eingezogen sind. Und die Hose darunter ist auch an einem Knie zerrissen.

Es kommt mir so vor, als ob die Freunde meiner Gastgeber mich etwas von der Seite anschauen, und das bewirkt, daß ich mich noch unwohler fühle. Als dann die allgemeine Überraschung vorbei ist, führen sie die Unterhaltung, die sie bei meinem Eintreten unterbrochen haben, fort und ich kann wieder freier atmen.

Ich beteilige mich sogar am Gespräch. Und das zieht sich so lange hin, daß es, als ich an Aufbruch denke, bereits fünf Uhr geworden ist. Mac und Renie schlagen mir vor, dazubleiben: »Da hinten, in der Hütte, da kannst du schlafen.«

Sie selbst kehren heute abend zu ihrer Ranch zurück, die vierzig Meilen entfernt ist. Sie erklären mir, daß sie einmal wöchentlich zur Hütte kommen, um ihrem Cowboy und ihrem Sohn Justin, der das Handwerk erlernt, Vorräte aus der Stadt zu bringen. Dann sprechen wir ein bißchen über meine Reiseroute und Mac schlägt mir vor, mit ihm zu den Rangers zu fahren.

»Die Station ist eine Meile von dem Weg entfernt, den du einschlagen wirst, um ins Gebirge zu kommen. Wenn du dich jetzt informierst, brauchst du morgen nicht bis dorthin zu reiten.«

Nachdem ich das Gepäck von den Pferden genommen habe, klettern wir in seinen Truck; Tweed ist auf die Ladefläche gesprungen, so wie es die Hunde der Cowboys immer machen.

»Seit wann habt ihr diese Hütte hier?«

»Mein Großvater hat das Grundstück im Jahre 1930 gekauft. Damals brachte er jedes Jahr noch zweitausendsechshundert Stück Vieh hier unter und die Tiere waren von Mai bis Oktober auf der Weide. Jetzt kann ich nur noch sechshundert Kälber hierher bringen und die Zeit der Sommerweide ist auch nicht mehr so lang. Vor etwa fünfzig Jahren hat eine große Feuersbrunst die chemische Zusammensetzung des Bodens verändert, und seitdem sind viele Bäume dort nachgewachsen, wo vorher Wiese war. Auf unserer Farm haben wir eine Bisonherde. Wir züchten sie wegen des Fleisches. Während der Touristensaison verkaufen wir jedes Jahr eine Menge davon.«

»Ich habe gesehen, daß der Wald an manchen Stellen ganz kahl aussieht.«

»Das liegt an der Erdgasgewinnung. An den Abgasen der Maschinen und am Abbau der Bodenschätze.«

»Um auf das Grundstück zurückzukommen: Mir kommt es so vor, als ob das der einzige Privatgrund in der ganzen Gegend ist. Ich habe keine einzige eingefriedete Weide gesehen, seit ich diese Straße entlangreite.«

»Ja, es ist der einzige Privatbesitz im südlichen Teil von Alberta.«

Als er das sagt, verraten ein paar Fältchen um seine Augen, wie sehr er seinen Großvater bewunderte, der einst diese glückliche Transaktion unternommen hat.

Wir kommen zur Rangerstation. Offensichtlich ist diese nicht, wie die im Norden, für Wettervorhersagen ausgerüstet; dort gab es eine Windkraftanlage, um die Windgeschwindigkeit zu messen, ein Barometer und gleich daneben ein kleines Häuschen, das als Käfig diente, um die blauen Vögel anzulocken, die man, laut Ruth, nie mehr vergißt, wenn man sie einmal in seinem Leben gesehen hat.

Wir gehen hinein. Es ist ein ganz einfaches Büro mit Prospekten für Touristen auf einer Tischecke und einem Telefon an der Wand.

»Ich will morgen in die Berge reiten und brauche Informationen über die Route, weil meine Karte ein bißchen ungenau ist.«

Dem Ranger scheint es unangenehm zu sein, daß er meine Frage nicht beantworten kann.

»Ich kenne den Weg nicht. Dort kommen wir nicht hin. Aber Sie können den Cowboy fragen, der die Kühe der anderen Rancher hütet. Ich werde mal nachfragen, aber ich glaube nicht, daß ich Ihnen vor heute abend Bescheid geben kann. Vielleicht morgen nachmittag. Wäre das in Ordnung?«

»Kein Problem«, sagt Mac. »Sie wissen, wo wir sind.«

Auf dem Rückweg werden wir von einer riesigen Rinderherde aufgehalten, an deren Spitze drei Cowboys reiten. Einer von ihnen kommt zu uns hergeritten, um uns zu helfen, durch die Tiere hindurchzukommen. Ich hoffe, daß Tweed bei dieser unerwarteten Situation keinen Ärger macht.

Mac begrüßt den Reiter, der ihm ein freundschaftliches Hello zuruft. Sein Pferd ist sehr unruhig, wegen der Kühe, die in wildem Durcheinander vorbeilaufen, aber es hält sich doch zurück, während sein Herr mit uns spricht.

Das Pferd geht im Schrittempo voran und wir folgen ihm durch die Herde. Die Kälber weichen vor dem Auto ruhig auseinander. Dann, als wir vorne sind, fragt Mac den Cowboy, ob er mir etwas Genaueres über den Weg sagen kann, den ich suche.

»Ich muß morgen selbst dorthin, um die Gatter an der Grenze zu überprüfen. Ich kann sie mitnehmen.«

Während wir miteinander sprechen, fahren wir langsam weiter.

»Gut, also dann bis morgen! Ich komme im Laufe des Vormittags vorbei. Um neun Uhr«, ruft er, bevor er zu seiner Herde zurückreitet.

Hinten auf der Ladefläche des Lieferwagens hält Tweed ihre Nase in den Wind. Glücklich schnuppert sie in die Landschaft.

Als wir zu dem privaten Grundstück inmitten des regierungseigenen Geländes zurückgekommen sind, zeigt mir Mac die Blockhütte, wo ich heute übernachten soll.

»Hier schlafen wir, wenn wir während der Sommerweidezeit einige Zeit hierbleiben.«

Wir treten in das kleine Holzhäuschen mit der niedrigen Decke ein; das Tageslicht dringt nur spärlich durch ein kleines Fenster. Davor steht ein Topf mit getrockneten Blumen und noch ein weiteres Gefäß aus Glas, mit zusammengefalteten Papierfetzen darin.

»Das ist der Topf für die Nachrichten«, sagt Mac. »Diese Hütte dient eigentlich mehr Vorüberkommenden als uns. Im Winter lassen wir immer einen Holzvorrat neben dem Herd liegen, der zugleich als Ofen dient, für die, die draußen sind und eine Nacht im Trockenen schlafen wollen.«

Das ist die Gastfreundschaft im Gebirge. Eine Regel, die immer von allen respektiert worden ist, die aber jetzt leider in Vergessenheit gerät.

»Letztes Jahr waren ein paar Typen hier, die mein ganzes Geschirr mitgehen ließen. Bis dahin hatte ich auch immer was für den Notfall dagelassen: Konservenbüchsen usw. Es war genug da, um mitten im Winter ein paar Tage in der Hütte zu bleiben, sich aufzuwärmen und sich auszuruhen. Aber wegen der wiederholten Diebstähle laß ich jetzt nur noch die Tür auf. Mit dem übrigen müssen sie sich selbst arrangieren.«

Besagter Küchenherd ist ein wunderschönes Stück. Eine Antiquität aus Chrom und weißem Email mit einer Wasserwanne an der Seite: Heizung und Warmwasser in einem. Das ist beinahe Luxus.

»Das ist ein Sammlerstück. Es gehörte meinen Großeltern.«

Bevor Mac und Renie aufbrechen, reden wir noch ein bißchen über die Wege im Gebirge. Und ich erfahre, daß sie vorhaben, für ein paar Wochen zu ihrer anderen Ranch in Britisch Kolumbien zu gehen, wo Renies Eltern wohnen.

»Ein wunderschöner Ort, mitten im Gebirge. Wir gehen jeden Tag fort, manchmal mit Kunden, und machen Biwak. Renies Vater ist ein alter Cowboy, der immer in den Rockies gewohnt hat.«

Bei diesem Gespräch über den Familienbesitz hat Mac, als ich ihm das Abenteuer meiner ersten Nacht in den Bergen erzählte, erwidert:

»Lloyd, mein Schwiegervater, würde niemals eine Stute auf eine Expedition mitnehmen. Er sagt, daß sie immer zu ihrer Heimatweide zurückkehren.«

Am nächsten Morgen um Punkt neun Uhr höre ich Motorengeräusch. Es ist Mike, der Cowboy, der gerade das Gatter aufgemacht hat, um mit seinem Lieferwagen hereinzufahren. Hinten drauf steht eins der vierrädrigen Dinger, die aussehen wie ein Motorrad, mit allen Vorteilen der Stabilität.

»Was machst du denn mit dem Ding da?«

»Damit fahre ich ins Gebirge, wenn ich alle Gatter überprüfen muß. Mit dem Pferd würde mich das zuviel Zeit kosten.«

Gut, damit ist klar, daß ich nicht hinter ihm herreiten kann. Sein Hund ist hinten auf dem Laster. Tweed wird also hierbleiben und auf mich warten müssen. Ich werde sie in dem Holzhaus lassen, wo das ganze Gepäck liegt.

So weiß sie, daß ich nicht weggegangen bin, oder zumindest, daß ich wiederkomme. Ich stelle ihr eine Schüssel mit frischem Wasser und einen Teller mit Hundekuchen hin, obwohl ich weiß, daß sie sie vor meiner Rückkehr nicht anrühren wird.

Und wir machen uns mit dem Lieferwagen auf den Weg. Auf der Höhe des Dutch River wenden wir uns nach Westen in Richtung Berge. Etwa zehn Kilometer weit geht es über eine ausgefahrene Straße, dann, genau vor einem Viehgitter, parkt Mike sein Fahrzeug an einer Bodenerhebung.

»Hier kommt man mit dem Auto nicht weiter«, erklärt er.

Er lädt sein vierrädriges Motorrad von der Ladefläche ab, läßt es durch einen Tritt auf den Automatikstarter an und schon fahren wir über den schlechten, steinigen und von Reifenspuren durchfurchten Weg.

Er erklärt:

»Ich schließe meinen Hund im Führerhaus des Lasters ein, wenn ich nicht zu Pferd unterwegs bin, weil das für ihn zu anstrengend wäre; er würde versuchen, mir nachzulaufen, und ich muß viele Kilometer zurücklegen, wenn ich vor Mittag zurücksein will.«

»Aber was tust du eigentlich genau? Du überprüfst nur die Gatter?«

»Ich muß die Einfriedungen kontrollieren und nachsehen, was das Vieh macht.«

Mike hatte mir vorher gesagt, daß es wahrscheinlich ziemlich kühl werden würde, trotz des strahlenden Sonnenscheins und der völligen Windstille im Tal.

Und ich bin auch froh, daß ich das Wärmste, was ich in meiner wandernden Garderobe mitführe, angezogen habe, einen dicken Rollkragenpullover und eine wasserdichte Windjacke, die schon im feuchten schottischen Klima ihren Dienst getan hatte.

Unterwegs hält Mike sein merkwürdiges Motorrad mehrmals an, um die ganze Herde, die in mehrere Gruppen versprengt ist, zu überprüfen.

»Man findet sie aufgrund der Spuren, die sie hinterlassen«, schreit er mir durch Wind und Motorengeheul über die Schulter zu. »Dort, siehst du?«

Er weist auf eine völlig kahle Stelle im Wald. Wir folgen den Spuren, die die in Freiheit lebenden Tiere zurückgelassen haben. Sie sind nicht weit. Über einen kleinen Umkreis verstreut stehen sie da und grasen.

»Ich will mir vor allem eine ansehen«, sagt er. »Sie hat sich während des Viehauftriebs verletzt, aber inzwischen geht es ihr schon viel besser.«

Der Weg ist so schlecht, daß ich absteigen muß, während Mike versucht, seine Geländemaschine über einen großen Erdhügel zu schieben, der den Weg versperrt.

Seit der letzten Rinderherde sind wir ziemlich hoch hinaufgekommen. Diesmal fahren wir über den Paß, von wo aus Mike mir in der Ferne die Richtung zeigt, die ich am nächsten Morgen einschlagen muß.

»Siehst du dort den anderen Berghang? Das ist Britisch Kolumbien. Wir fahren bis zur Grenze, um nachzusehen, ob das Gatter offengeblieben ist. Neulich sind Leute dort Moto-Cross gefahren und sie wollten den Weg über den Paß nehmen, um in die andere Provinz zu kommen. Ich habe das Tor lieber offen gelassen, damit sie sich nicht verletzen, wenn sie zurückgerast kommen!

Für die Herde ist das zwar nicht das Ideale, aber innerhalb von zwei Tagen würde sie nicht so hoch hinaufziehen. Und ich überwache sie ja auch immer.«

Oben treffen wir Schnee an. Ganz plötzlich. Mike hatte nach unserem Aufbruch auf halber Höhe genau den Himmel betrachtet, und er wußte, daß wir in einen Wettersturz geraten würden. Gerade als wir ein kleines Tal zum breiten Gipfelplateau hinauffahren, werden wir vom Schneesturm erfaßt. Es sind kleine, aber viele Schneeflocken. Wegen des Windes, der sie uns entgegenbläst und der rasenden Geschwindigkeit unserer Maschine kann man kaum noch atmen.

Unten im Tal ist es ganz sommerlich, trotz des dunklen Himmels, der von Westen heraufzieht. Oben auf der Höhe befinden wir uns in der Wolke, die von der kleinen Farm aus so weit weg aussah. Das Gatter der Einfriedung ist offen geblieben.

»Das Dumme ist, daß sie sie nie hinter sich zumachen«, flucht Mike leise vor sich hin.

Auf dem Weg bergab schlagen wir noch einmal eine andere Richtung ein. Mike will sich der Position eines Teils der Herde versichern, die er zwei Tage vorher weit abseits von den anderen gesehen hatte. Der Weg wird schlammig und wir überqueren den Wildbach in der entgegengesetzten Richtung.

Das Motorrad versinkt bis zur Hälfte darin, doch es schafft seinen Weg über die runden Steine des Flußbettes. Ich umklammere während der holpernden Überfahrt meinen Fotoapparat. Mein Zoom ist eher an den

Rhythmus meines Sattelpferdes gewöhnt, als an die Sprünge einer Maschine, die Hindernisse so grob angeht.

Vor uns sind Spuren von Paarhufern, gut sichtbar in dem nassen Erdreich. Wir folgen ihnen und kommen rasch zu der Gruppe isolierter Kälber.

»Gut, alles in Ordnung. Wir können weiterfahren.«

Unsere Oberbekleidung ist von dem Schneesturm auf dem Gipfel völlig durchnäßt. Und meine Weste, die schon zuviel hat mitmachen müssen, saugt jetzt alle Feuchtigkeit auf. Mich fröstelt. »Wir fahren gleich wieder zurück«, sagt Mike. »Wir sind ungefähr eine Viertelstunde vom Lieferwagen entfernt. Ich wollte dir doch die Abkürzung zeigen, wenn du morgen schneller vorankommen willst.«

Ich drehe mich also oft um, um mir die Landschaft von der Seite her einzuprägen, von der ich sie morgen sehen werde. Wenn man eine Strecke in umgekehrter Richtung fährt, merkt man sich nicht dieselben Anhaltspunkte. Oben auf dem Paß habe ich die Exkremente von Bären gesehen.

Ich wage es nicht, Mike um Bestätigung zu bitten. Das würde nichts ändern. Morgen darf ich auch keine Angst haben, wenn ich durch dieses Gebiet ziehe; ich würde dabei nur riskieren, daß sie mir den Blick trübt und ich den Weg verfehle, der mich auf die andere Seite bringen soll.

Tweed wedelt leicht mit dem Schwanz, als sie mich im Türspalt sieht. Ich weiß, daß es schwer für sie ist, wenn wir getrennt sind. Aber es ist auch wichtig, daß sie solche Situationen, die ich nicht ändern kann, akzeptiert, für unser beider Wohl. Sie hat nichts gefressen, und erst, als sie sieht, daß ich mich an den Tisch gesetzt habe, um meine Tagesnotizen zu machen, interessiert sie sich für ihren Napf. Sie verschlingt alles.

Ich füttere sie mit einem Vollwertfutter für Hunde, dem besten, das es in Kanada gibt. Es enthält alle Vitamine und ausgewogene Nährstoffe, die für das Leben, das ich ihr zumute, unentbehrlich sind. Sie ist großartig in Form. Bis sie ein Jahr alt war, in Frankreich, hatte ich sie mit Nahrung erster Qualität gefüttert: nicht zu fettes Fleisch, Gemüse mit einem Zusatz von Eisen und Kalzium, weil diese großen Hunde ganz plötzlich wachsen und ihnen in dieser schwierigen Zeit, die man nicht vorhersehen kann, das Wichtigste nicht fehlen darf; sonst können sie später an einer Schwäche der Beine leiden.

Ich erinnere mich noch an die Worte eines Tierarztes, zu dem ich sie als Welpe gebracht hatte, um sie impfen zu lassen:

»Ein Afghane! Ihnen verdanken wir zum großen Teil, daß der Berufsstand lebt; diese Hunde gehen überall kaputt.«

Das hängt also wohl von dem Leben ab, das sie führen. Das physische und psychische Gleichgewicht meiner Hündin ist großartig.

Sie ist eine hervorragende Reisegefährtin.

Auf der Suche nach einem Weg über die Berge

Am nächsten Morgen, auf dem Weg zum Paß, versuche ich, mich nur mit Hilfe der Umgebung zurechtzufinden. Meine Karte brauche ich nicht. Ich dachte es mir schon, aber Mike hat es mir bestätigt, nachdem er einen Blick darauf geworfen hat: Sie ist wirklich unvollständig. Und seit ihrer Veröffentlichung sind auch neue Wege entstanden.

Hoch oben ist die Landschaft völlig baumlos. Und wir sind ganz allein in diesem trostlosen Universum. Chicks zieht Boots, der jetzt als Packpferd dient, hinter sich her. Während der unerwarteten Ruhepause bei Mac und Renie habe ich das Abenteuer gewagt, Chicks zu reiten. Sie, die mir bei Syd und Donna das Privileg, auf ihrem Rücken zu sitzen, mit flammender Entrüstung verweigert hatte, hat mich jetzt in allen verlangten Gangarten getragen. Ganz brav und wie selbstverständlich ... Ich habe beschlossen, die Rollen zu vertauschen, um zu sehen, mit wem ich besser zurechtkomme. Tweed folgt dem Tandem wie gewohnt.

Weit weg auf der Höhe zeichnet sich eine vertraute, kräftige Silhouette ab. Es ist ein Elch. Er hat uns dank der Glocke, die jetzt Boots am Hals trägt, schon von weitem kommen hören und sieht zu uns herüber. Ich halte die Pferde an, um meinen Fotoapparat herauszunehmen. Doch er will nicht posieren und ich kann gerade einmal auf den Auslöser drücken, da ist er schon verschwunden!

Dann kommt der Abstieg auf der anderen Seite. Hier ist der Wald vom Feuer im letzten Jahr völlig zerstört. Ich erinnere mich an die Karte des Rangers und versuche, dem Lauf des Flusses, der hier entspringt, zu folgen. Es gibt keine Spur von Zivilisation. Ich habe wieder die Fäkalien von Bären gesehen. In dieser Höhe handelt es sich sicher um Grizzlys. Tweed setzt ihre Füße in die Spuren der Pferde. Sie ist jetzt gut auf uns eingespielt und weicht nicht vom Weg ab. An manchen Stellen ist der Berg abgetragen und es bleiben nur noch schwarze Reste. Ohne es zu wissen, beginnen wir den Abstieg zu Alicias Bergwerk.

Unten im Tal treffen wir wieder auf eine Schotterstraße, die nicht oft benutzt zu werden scheint. Ich gestatte uns eine Pause. Und nach einer Stunde kommt ein Fahrzeug vorbei. Es sind Holzfäller, die nach ihrem Arbeitstag in den Wäldern nach Elkford zurückkehren. Sie erklären mir den Standort des Dörfchens, das in den Karten noch nicht eingezeichnet ist. Es ist erst vor zehn Jahren gebaut worden.

Als ich in der Richtung weiterziehe, die mir die Holzfäller angegeben haben, treffe ich auf Alicia. Sie ist Schrankenwärterin des Bergwerks, bei dem ich gelandet bin. Ich frage sie, wo ich kampieren kann. Ich brauche einen sichereren Platz als mein Zelt, weil meine Regelblutung kommt. Ich will im Grizzly-Gebiet keinerlei Risiko eingehen. Alicia schlägt mir sofort vor, zu ihr zu kommen, und sie bestätigt, was man im Volksglauben sagt, und daß in Churchill bezüglich der Vorliebe der Bären für Menstruationsblut gewisse Erfahrungen gemacht wurden.

»Die meisten Überfälle auf Camper waren so zu erklären: Die Mädchen waren unpäßlich gewesen! Ich werde nie begreifen, wie man sich ins Gebirge wagen kann, ohne die einfachsten Grundregeln zu beachten«, fährt Alicia fort.

Ich dagegen hatte davon gehört, daß man in Churchill dieselbe Erfahrung mit Polarbären gemacht hatte; für den Geruch menschlichen Blutes hatten Bären in der Gefangenschaft deutliches Interesse gezeigt. Es stimmt zwar, daß die Sohlengänger im Norden sich hauptsächlich von Seehunden ernähren, wodurch ihr Interesse an fleischlicher Kost zu erklären ist. Trotzdem ergreife ich im Zweifelsfall lieber eine Vorsichtsmaßnahme zuviel als eine zu wenig, schon, weil ich nicht die Körperkräfte habe, um meinem Angreifer Widerstand leisten zu können.

Alicia erzählt mir voller Begeisterung von ihrer Mine. Sie erklärt, daß der Berg erst sondiert wird und man dann, wenn man meint, daß die Förderung sich lohnt, anfängt, ihn scheibenweise abzutragen und dabei die Kohle abzubauen.

Auf der Höhe errichtet man ein Dorf, das dann immer tiefer rutscht, je weniger der Berg wird. Wir sehen die riesigen Lastwagen, von denen die einen reine Kohle, die anderen Schutt, Steine und Erde transportieren. Diese werden dann irgendwo in der Landschaft abgeladen und nach und nach baut man so einen neuen, gewissermaßen – zumindest am Anfang – künstlichen Berg auf. Oben pflanzt man dann Bäume an und schafft so einen neuen Aufenthaltsort für die Tiere, die durch die Arbeiten des Menschen vertrieben wurden. Das ist dann wieder derselbe Berg, nur steht er neben seinem ursprünglichen Standort und enthält keine Kohle mehr.

»Der Staat schreibt uns dieses Verfahren nicht vor. Unsere Gesellschaft geht von sich aus nach dieser Politik des Bewahrens vor.«

Ein Zeichen von Weitsicht, durch die man diese »Welt der Überfülle« schützen will, die schon der junge Entdecker David Thompson im 18. Jahrhundert geschildert hat. Dieser Pionier des Westens war mehr als ein einfacher Trapper, er war ein Visionär. Er sah die Landschaft der Rocky Mountains und erklärte schon damals, daß diese Wildnis nicht so bald zivilisiert werden würde. Heute hat sich die Zivilisation tatsächlich im Westen und in den Großen Ebenen auf beiden Seiten des riesigen Gebirges etabliert, das selbst unberührt geblieben ist. Man hat hier immer das Gefühl, daß es unmöglich ist, trotz aller Mittel unseres 20. Jahrhunderts, seine Ausdehnung zu erfassen und seine Übermacht irgendwie zu brechen.

»Auf dem Berghang da drüben lebt ein Grizzly. Komm, schauen wir mal! Manchmal sehe ich ihn durch das Fernglas herumlaufen.«

Alicia und ihr Mann Haydn sind sehr überrascht, daß ich keinem einzigen dieser furchtbaren Sohlengänger unterwegs begegnet bin.

»Du hast Glück gehabt. Vor allem mit deinem Hund; sie hassen nämlich Hunde!«

Sie finden es auch sehr unvorsichtig, daß ich ohne eine Waffe mit Magnumkaliber herumlaufe.

»Ins Gebirge geht man nie ohne Gewehr. Man kann nie wissen, was passiert!«

Verdammt! Es wird immer vertrackter. Und ich dachte, die Legende von der »Bestie des Gévaudan« würde sich mit dem Marsch durch ihr Territorium in Luft auflösen, dabei passiert genau das Gegenteil. Je weiter ich vordringe, um so mehr werde ich mir darüber klar, daß diese Berge tatsächlich von einem »Monster« bewohnt werden, einem Wesen, das mit Persönlichkeit und Intelligenz begabt und vom Menschen völlig unabhängig ist.

»Haydn kann dich auf dem Weg am Verbrannten Fluß begleiten. Er sagt, daß es dort umgestürzte Bäume gibt und daß der Weg schwierig zu passieren ist. Er wird wohl Warren, seinen Freund, der ihn immer auf Ausritten begleitet, mitnehmen«, meint Alicia.

Der Weg am Verbrannten Fluß führt über den Berg von einem Tal ins andere. Wir sehen uns meine Karte an und Haydn schüttelt nachdenklich den Kopf:

»Sie ist ungenau . . .«

Wir wollen Warren um seine Meinung fragen. Auch er hat von den beim letzten Sturm umgestürzten Bäumen gehört. Es ist offensichtlich, daß die beiden Freunde mich ein Stück Wegs begleiten wollen, und alle möglichen Gründe dafür anführen, weshalb ihre Anwesenheit für mich nützlich sein könnte:

»Wir zeigen dir den Weg und nehmen eine Motorsäge mit, für den Fall, daß wir nicht weiterkommen . . .«

»Gut, in Ordnung.«

Ich weiß, daß die beiden nicht nur eine Motorsäge, sondern auch ihre Gewehre mitnehmen werden. Ihre Geschichten von den bösen Bären fangen langsam an, mir Angst zu machen . . . Vor allem, da sie mir, wie alle Freunde, die ich seit meinem Aufbruch in die Berge unterwegs getroffen habe, von der Stelle, wo wir hindurch müssen, sagen:

»Das ist die Gegend, wo sich die Riesenbären im Sommer mit wilden Kirschen vollfressen.«

Früh am Morgen macht sich also unser Zug, bestehend aus vier Pferden, drei Menschen und zwei Hunden, auf den Weg. Von der Welt der Cowboys ist hier nicht mehr viel übrig. Die Überschreitung der ersten Bergkette hat mich wirklich in eine andere Welt eintreten lassen. Hier leben die Menschen vom Holz und von den Kohlebergwerken.

Die Waldlandschaft, durch die wir hindurchreiten, ist im Frühjahr an mehreren Stellen von der ungewöhnlichen starken Schneeschmelze zerstört worden. Meine beiden Begleiter machen mich auf die Schluchten aufmerksam, die dadurch in die Landschaft gegraben wurden. Der letzte Sturm war genau in der Zeit, wo der Wald normalerweise zu neuem Leben erwacht.

Warren reitet an der Spitze des Zuges und er hat mir angeboten, Boots an der Leine zu führen. Ich bin froh, daß ich nur die Stute reiten muß; der Wallach zieht in letzter Zeit immer mehr an der Leine. Ich weiß, daß er

Chicks nicht allein lassen würde, aber er ist noch zu jung, als daß ich ihn frei hinter der Stute herlaufen lassen könnte. So zieht er also seit einiger Zeit . . .

Wir haben Glück; jemand ist vor uns diesen Weg gegangen und hat die Stämme, die quer darüberlagen, weggeräumt.

Um so besser, denn schließlich haben Warren und Haydn die Motorsäge doch nicht mitgenommen:

»Wenn wir sie brauchen, können wir immer noch zurückreiten!«

Gut. Tweed und ihre winzige Begleiterin laufen hinter oder vor der Karawane her und suchen sich immer genau den richtigen Moment aus, um zwischen den Beinen der Pferde hindurchzuschlüpfen. Der schmale Weg zieht sich zwischen einem steilen Berghang und einer tiefen Schlucht hin.

Wir gelangen in eine Gegend, wo jede Vegetation aufhört. Der Fels verwittert und wird zum Geröll. Die Pferde kommen sehr gut mit diesem unsicheren Grund zurecht. Wir folgen einem gut sichtbaren Pfad, wahrscheinlich ziehen hier regelmäßig Tiere vorüber. Diese Wege, die von Elchen und Bergziegen stammen, sind sehr angenehm, wenn sie in der Richtung verlaufen, die man einhalten möchte, auf ihnen kann man das unwegsame Gelände umgehen, auf dem die Pferde langsamer und schwieriger vorwärtskommen.

Offensichtlich ist Warren schon einmal hier entlanggeritten. Aber es gelingt mir nicht, zu erfahren, wann und unter welchen Umständen. Ist ja auch nicht wichtig; Haydn hat mir gesagt, daß man auf seinen ungewöhnlichen Orientierungssinn zählen kann. Wir sind also nicht völlig im Niemandsland. Haydn erklärt mir auch, daß unser Begleiter jene seltene Gabe besitzt, sich zurechtzufinden, indem er die Richtung »erriecht«.

Wir kommen zum Gipfel. Bis hierher hat Warren seine besondere Begabung noch nicht zeigen müssen. Er erkennt die Stelle wieder, an der wir vorbeikommen. Vom Paß aus sind mehrere Täler zu sehen. Das, aus dem wir kommen, das, zu dem wir hinabsteigen wollen und die, die in der Ferne in einem seltsamen, stahlfarbenen Licht aufeinanderfolgen. Dort hinten muß es stark geregnet haben. Der Nachmittag ist bereits fortgeschritten. Wir halten uns also nicht lange damit auf, die Landschaft zu bewundern. Warren meint, daß noch einige Stunden Marsch vor uns liegen:

»Zwei oder drei. Aber falls Unvorhergesehenes passieren sollte ...«

Wir schlagen den schmalen Pfad ein, der sich nach unten schlängelt. Und ein bißchen später treffen wir auf eine winzige Blockhütte.

»Ja, das ist es! Wir sind auf dem richtigen Weg.«

Die alte Trapperhütte ist offensichtlich eine Wegmarke für diesen Verbindungsweg zwischen zwei Tälern, der von Eingeweihten benutzt wird und der doch einsam und vergessen ist.

Um sich zurechtzufinden, legt Warren den Kopf leicht nach hinten und sieht nach den Berggipfeln. So verharrt er schweigend ein paar Sekunden, dann wendet er sich wieder uns zu:

»Kein Problem, alles in Ordnung.«

Er hat seit seinem zwölften Lebensjahr zusammen mit seinem Vater in den Wäldern gelebt. Letzterer ist übrigens nach Meinung meiner beiden Begleiter der geeignete Mann, wenn man eine Information über einen bestimmten Weg braucht:

»Er kann dir sagen, ob dieser oder jener Weg gangbar ist. Er kennt sie fast alle zwischen Alberta und Britisch Kolumbien.«

Als wir im Tal angelangt sind, wirkt Warren etwas besorgt. Er sagt nichts und wir reiten hinter ihm her, als wir, zugleich mit ihm, eine große Wasserfläche bemerken, die den schmalen Pfad, dem wir folgen, völlig überdeckt.

»Das ist ein Biber; er hat einen Damm gebaut.«

Die Füße im Wasser, gehen wir trotzdem Richtung Westen weiter.

»Ja, ich glaube, das ist es«, fügt Warren hinzu, nachdem wir eine Weile weitergeritten sind.

Aber um sicherzugehen, besteht er darauf, die Umgebung abzusuchen.

»Bleibt hier, ich bin nicht lange weg.«

Er macht kehrt und reitet davon. Seinem Pferd steht das Wasser bis zur halben Fessel. Die Hündinnen beschließen gemeinsam, ihm zu folgen.

Nach etwa fünfzehn Minuten kommt er zurück:

»Da geht's nicht weiter. Wir gehen in die andere Richtung, in dieselbe wie vorhin. Aber wir müssen wieder den Hang hinaufklettern und uns das Tal von oben ansehen.«

Vier Stunden lang reiten wir so im Kreis. Immer in westlicher Richtung, doch ohne einen Durchgang zu finden, der uns weiterbringt. Ganz ruhig kehrt Warren jedesmal um und ruft sein gewohntes:

»Kein Problem. Wenn es hier nicht langgeht, dann geht es eben in der anderen Richtung. Wir haben Zeit genug und auch Vorräte für heute abend.«

Wir sind wieder in eine Geröllandschaft hinaufgestiegen und durch einen Teil des Waldes hinabgeritten. Überall liegen die Exkremente von Bären. Wir folgen den Trampelpfaden der Tiere, die, wie sich herausstellt, jedesmal in die falsche Richtung führen.

Warren, die Augen bald auf den Boden geheftet, bald in die Ferne gerichtet, spricht nicht viel. Die Pferde werden langsam müde nach diesem langen Tag, auch die Hunde trotten etwas langsamer vor sich hin. Mit gesenktem Kopf, teilweise neben den Pferden gehend, teilweise auf ihnen reitend, folgen wir Warren, der unbeirrbar den Durchgang sucht, gleichmäßig, ernst, ohne den Mut zu verlieren.

Als die Sonne zu sinken beginnt, reiten wir durch einen anderen, sehr dichten Abschnitt des Waldes. Und Warren zeigt mit dem Finger nach vorn und ruft aus:

»Da, da ist es! Wir sind da!«

Nach einigen Minuten können wir sehen, wie sich das Laub lichtet, und je weiter wir vorwärtskommen, um so heller wird der Wald: Wir erreichen die Schotterstraße, den einzigen befahrbaren Weg in dem Tal, das wir suchten.

Wir legen den Pferden die Fußfesseln an und errichten das Lager. Ein großes Feuer wird entfacht, an dem sich die Hunde niederlegen.

Wir machen uns das Abendessen: Bratkartoffeln mit Schinken und Speck . . . Ein Festessen.

Am nächsten Morgen Schlag zwei Uhr bellt Tweed wütend einem dicken Laster nach, der auf der Schotterstraße vorüberrast. Das sind die Wagen, die das Langholz transportieren. Die ersten Konvois.

Warren und Haydn haben mir gesagt, daß sie, bevor sie wieder in die Berge zurückreiten, versuchen werden, einen von ihnen anzuhalten und ihn zu bitten, die Nachricht von meiner zweitägigen Anwesenheit auf dieser Straße weiterzugeben. Sie haben mir erklärt, warum sie diese Vorsichtsmaßnahme treffen wollen:

»Auf dieser Straße machen sie ihr Geld; sie fahren sehr schnell.«

Und die Straße besteht in ihrer ganzen Länge nur aus Erde und Schottersteinen. Sie ist sehr eng, eingeklemmt zwischen Flußbett und

Berg. Unter diesen Bedingungen ist es mir natürlich lieber, wenn sie von meiner Existenz wissen.

»Wir werden den Weg mit Kerben und Bändern markieren. So, siehst du?«

Warren zeigt mir, wie man einen Weg im Wald kennzeichnet. Er schneidet mit dem Buschmesser einen Baum auf zwei Seiten ganz leicht ein, damit man die Markierung von allen Seiten sehen kann.

Die Achtzigtonner im Verlorenen Tal

Ich habe beschlossen, einen Umweg über den Nationalpark »Das Dach der Welt« zu machen und danach umzukehren, um die Pferde zu Syd und Donna zurückzubringen. Und vielleicht werde ich dann wieder über diesen Paß gehen.

Die Lastwagenfahrer auf der Straße sind gewarnt. Aber bevor ich an diesem Morgen aufbreche, denke ich, daß es sicherer ist, Tweed an die Leine zu nehmen. So wandern wir dicht hintereinander zwischen einem grünen Vorhang aus Bäumen und dem Berg oder dem tiefen Flußbett und dem felsigen Abhang. Es ist niemand auf der Schotterstraße.

Nach ein paar Stunden verordne ich uns eine Pause. Ich sitze an einen Baum gelehnt, die Pferde haben die Köpfe im Schatten, die Packtaschen sind abgenommen und die Sattelgurte gelockert und Tweed hat sich ausgestreckt ... da höre ich ein tiefes, fast ein bißchen aufgeregtes Brummen. Nach einem laut widerhallenden »Roaarrr ...« scheint es an Kraft zu verlieren, als ob es bezwungen würde. Und plötzlich taucht er in einer Staubwolke auf, ein riesiger, metallischer Rumpf.

Der Fahrer hat mich rechtzeitig bemerkt; er verlangsamt sein Fahrzeug und bringt es schließlich zum Stehen. Dann springt er von dem enormen Laster, der die ganze Breite der Schotterstraße einnimmt:

»Hello! Bist du die Französin, die aus den Bergen kommt?«

Ein Irrtum ist da kaum möglich. Es wird nicht viele Mädchen mit zwei Pferden und einem Hund auf dieser abgelegenen Holzhandelsstraße geben.

Er streckt mir die Hand entgegen und fährt fort:

»Ich bin Tom! Entzückt, dich kennenzulernen. Wir passen alle höllisch auf, seit wir wissen, daß du hier bist. Wir haben es heute morgen per CB-Funk gehört. Gehst du bis nach Galloway?«

»Galloway?«

»Ja, das ist das Holzfällerdorf. Da, wo man die Baumstämme lagert, wenn du so willst. Es ist Kilometer 0 dieser Straße. Hier bist du bei Kilometer 72.«

Ich versuche, das Dorf, dessen Name mir wirklich nichts sagt, auf meiner Karte zu finden.

»Ich glaub, ich hab's nicht drauf . . .«

Langsam habe ich die Nase von diesen Karten voll.

»Wundert mich nicht. Die Ausgabe ist wahrscheinlich zu alt. Zeig her. OK. Um dir eine Idee zu geben: Es liegt auf der Höhe vom Trans-Canada Highway.«

»Wenn das so ist, nein; ich biege nämlich vorher nach Westen ab. Ich folge nicht dem Highway, sondern gehe durch die Berge.«

»Ja, so hatte ich das auch verstanden«, sagt er. »Und deshalb sind die Holzfäller hier in der Gegend auch ganz aus dem Häuschen, seit sie gehört haben, daß du hier durchkommst!

Gut, ich muß weiter«, sagt er lachend. »Wir müssen auf dieser Straße alle genau die Zeit einhalten, sonst würden wir uns unterwegs begegnen. Bis bald. Ich fahre zweimal am Tag hier durch. Wir sehen uns sicher nochmal!«

Und er springt wieder an Bord seines mächtigen Lasters. Netter Junge. Ich bin beruhigt, daß man sie über CB-Funk auf mich aufmerksam gemacht hat. Dadurch werden unliebsame Überraschungen vermieden.

Und als wir weiterziehen, weiß ich auch, daß ich sie von weitem kommen höre.

Ich brauche die Sonne, die ihrem Kurs gen Westen folgt, nicht mehr, um zu wissen, daß wir heute in die richtige Richtung gehen. Ich kann meine ganze Aufmerksamkeit auf das ferne Brummen richten, das das Auftauchen eines dieser Riesen auf Rädern ankündigt.

Als ich dem nächsten begegne, bin ich endgültig beruhigt; dank ihrem Funksystem ist unsere Truppe, die allein schon die halbe Straße einnimmt, sicher.

Ich wette, daß während der drei Tage, die ich auf der täglichen Strecke der Lastwagenfahrer wandere, ihr Durchschnitt um einiges tiefer liegt als gewohnt. Ich habe im Laufe der Zeit Gelegenheit, mit fast allen von ihnen zu sprechen. Rick erklärt mir, daß die ersten Konvois um Mitternacht leer in Galloway losfahren. Um dann sechs Stunden später mit Baumstämmen beladen vom Norden zurückzukommen. Soviel Zeit braucht jeder Lastwagen, um bis zum Holzschlag zu kommen, seine Ladung aufzunehmen und die gewundene Straße entlang zum Holzfällerdorf zurückzufahren. »Meistens fahren wir die Strecke zweimal am Tag.«

Zwischen dem Flußbett und dem Abhang des Berges finde ich heute abend auch eine Stelle, wo ich das Zelt aufbauen kann und wo meine beiden Pferde ihr Bedürfnis nach Grasen stillen können. Seit wir unterwegs sind, hat sich ihre Kondition nicht verändert, obwohl an manchen Lagerplätzen das Gras rar ist.

Der Abend senkt sich herab, es wird kühl und feucht in diesem verlorenen Tal. Morgens erwache ich in Embryonalstellung. Die Nächte sind so kalt, daß ich mich unwillkürlich im Schlaf zusammenkauere. Und meine Beinmuskeln spüre ich dann den ganzen Tag über.

Nach zwei Stunden Marsch in eher schläfrigem Rhythmus scheinen die Pferde plötzlich wach zu werden. Chicks und Boots haben beide zugleich den Kopf nach rechts gedreht, zur anderen Seite des Wildbaches hinüber. Auch Tweed scheint stutzig geworden. Doch ich kann die Augen aufreißen, soviel ich will, ich kann nichts sehen, was mir das Interesse meiner Tiere zu rechtfertigen scheint.

Ein bißchen weiter bleiben sie dann stehen. In der Hecke, die die ersten Bäume bilden, bemerke ich Bewegung in den Blättern. Dann ist da ein Weg jenseits des Flußbettes zu erkennen. Und dann sehe ich das Objekt ihrer Neugier: eine Pferdeherde, die uns in schnellem Trab zu folgen scheint. Einige bleiben zurück und grasen, dann laufen sie dem Rest der Herde nach. Sie sehen nicht aus wie Wildpferde. Ihr Fell glänzt und ist bei fast allen rotbraun. Sie sind gut genährt, wenn nicht sogar fett. Es scheinen mindestens sechs, vielleicht sieben zu sein.

Schwierig, sie zu zählen, wegen der Bäume und des freien Raumes dazwischen. Nach einiger Zeit sehen wir sie nicht mehr. Wahrscheinlich sind sie in Richtung Berge abgebogen, denn meine Pferde zeigen keinerlei Interesse mehr.

Heute abend Camping auf einem verlassenen Touristenplatz am Wegrand. Wir folgen einer Seitenstraße, die von anderen Fahrzeugen als den holzbeladenen Achtzigtonnern benutzt zu werden scheint. Es gibt Campingtische, Feuerstellen, die mit einer eisernen Platte umgeben und von runden Steinen gestützt sind; eine Toilette für Damen und eine andere für

Herren, die offensichtlich ein Treffpunkt für die Stachelschweine der Gegend sind. Diese unter Naturschutz stehenden Tiere beschäftigen sich damit, das Holz aller von Menschen hergestellten Bauten anzuknabbern. Ihre Anwesenheit muß Hundehaltern mitgeteilt werden. Glücklicherweise interessiert sich Tweed nicht im geringsten für die stachligen Tiere.

Offenkundig gibt es noch jemand anderes außer den Lastwagenfahrern, der diesen Weg in dem vergessenen Tal benutzt: ein Truck kommt die Seitenstraße aus festgestampfter Erde entlang, der zu dem Campingplatz führt, wo ich heute übernachten will. Und der Fahrer steigt aus, um am Fluß, der an dieser Stelle ruhiger fließt, eine Flasche mit Wasser zu füllen. Dann kommt er auf uns zu:

»Nun, wie finden Sie unsere Berge? Nicht zu frisch heute abend?«

». . .?«

»Wissen Sie, daß Sie auch einen anderen Weg nehmen könnten, als den da? Auf der anderen Seite des Flusses ist die alte Straße, die früher von den Lastwagen benutzt wurde. Sie war zu gefährlich und ist deswegen aufgegeben worden.«

»Wie kann ich da hinüberkommen? Ich habe überhaupt keine Brücke gesehen.«

»Hier bei diesem Campingplatz ist der Fluß am flachsten. Sie können ihn überqueren. So macht es auch der Bärenjäger mit seinen Pferden.«

»Gibt es einen Bärenjäger hier?«

»Ja, und jetzt ist Jagdsaison. Er muß gerade mit Kunden in den Bergen sein. Ich habe seit ein paar Tagen niemanden bei seiner Hütte gesehen.«

»Wer sind Sie?«

»Ich? Ich arbeite im Wald, weiter oben.«

»Holzfäller?«

»Ja, wenn man so will.«

»Und wohin führt diese Straße auf der anderen Seite vom Fluß?«

»Sie mündet in diese hier, ungefähr bei Kilometer 20, wenn ich nicht irre.«

»Gibt es eine Brücke?«

»Ja, die alte Brücke. Vor ein paar Jahren fuhren alle da rüber.«

Ganz reizvoll, der Vorschlag dieses Burschen. Und doch ist da was an ihm, was mich zögern läßt; ich bitte ihn, ein paar Einzelheiten mehr dazu zu sagen. Er ist begeistert und zugleich fühle ich, daß er ausweicht.

Morgen werde ich mit einem Pferd nachsehen, ob der fragliche Weg wirklich benutzbar ist.

Immerhin stützte sich seine Erzählung auf Tatsachen: die Pferde auf der anderen Seite des Tales, der Bärenjäger, von dem auch schon einer der Lastwagenfahrer gesprochen hat. Aber keiner hat die alte Straße erwähnt, mit dem Hinweis, daß ich dort mit meinen Pferden sicherer wäre. Und wie dieser Typ da behauptet, haben sie sie doch alle noch vor ein paar Jahren benutzt.

Er sagt:

»Ja, gehen Sie morgen mit Ihren Pferden nachschauen. Dann sehen Sie gleich, ob Ihr Hund über den Fluß kommt. Kann er schwimmen, Ihr Hund? Sie werden die Hütte auf der anderen Seite sehen. Sie gehört dem Führer. Er wohnt nicht da, aber er benutzt sie, wenn er Touristen führt.«

Der gute Mann scheint sich im Hinterland auszukennen.

Vielleicht ist er ein Wilderer. Ich erzähle ihm von dem Weg, den ich auf meiner Karte ausfindig gemacht habe und den ich gern nehmen möchte; er fängt gerade ein bißchen südlich der alten Straße an. Dann führt er die Berge hoch, bis zu einem sehr hohen Gipfel im Westen. Aber auf der Karte hört er dann auf und führt nirgendwo hin. Gibt es einen Übergang in das andere Tal, das zum Nationalpark »Das Dach der Welt« führt?

Nie habe ich Genaues zu diesem Thema erfahren können. Nur Warren, mit dem ich darüber gesprochen habe und der sich telefonisch bei seinem Vater erkundigt hat, meinte, es bestünde die Gefahr, daß ich dort oben noch Schnee antreffen würde. Der Typ scheint sich seiner Sache sicher zu sein:

»Gar kein Problem! Sie können dem Fluß, den Sie da auf der Karte sehen, bergabwärts folgen und dann kommen Sie zum Fuß des Nationalparks.«

Am nächsten Morgen nach einer Nacht in zusammengekrümmter Stellung wache ich wieder ganz steif auf. Zum Teufel, die Nachtkälte ist wirklich beißend in dieser Höhe!

Ich mache die Pferde fertig, nachdem sie ihre allmorgendlichen zwei Stunden gegrast haben. Ich binde Boots an einen Baum und mache mich daran, mit Chicks den Fluß zu untersuchen. Der Übergang ist holprig, aber machbar. Auf der anderen Seite reite ich mit der Stute im Galopp über den weichen Boden zu der Hütte des Bärenjägers. Tweed ist bei Boots geblieben; so fühlt sich dieser nicht allzu verlassen.

Ich finde die Hütte, doch drinnen ist nur altes Geröll. Ich bezweifle, daß der Jäger hier mit seinen reichen amerikanischen Kunden Station macht, wie es doch mein Gesprächspartner gestern abend behauptet hat. Wir überqueren wieder den Fluß und kehren zum Rest der Mannschaft zurück, die brav am anderen Ufer wartet. Tweed hat sich neben Boots hingelegt und springt erfreut auf, als sie uns zurückkommen sieht.

Ich lobe die beiden, belade Boots mit den beiden Packtaschen und schon sind wir wieder auf dem Weg zum Fluß. Ich frage mich, ob Tweed nachkommen wird; das Wasser stand Chicks in der Mitte des Flusses bis zum Knie. Die Hündin sieht zu, wie ich mit den Pferden hineinsteige.

Sie sieht mich mit ihren schönen, goldfarbenen Augen an, wedelt mit dem Schwanz, aber weigert sich, ins Wasser zu gehen.

»Los, vorwärts, Tweed! Komm, wir gehen!«

Dieselbe Haltung, derselbe Blick, wenn auch ein bißchen schwankend. Doch sie weigert sich, zu gehorchen. Ich ermutige sie noch einmal mit der Stimme. Sie muß sich aufraffen; ich bin mit den Pferden schon halb drüben. Trotz deutlicher Anzeichen guten Willens will sie immer noch nicht ins Wasser gehen. Und doch ist es nicht das Wasser, das sie zurückhält. Sie hat nie Schwierigkeiten gemacht, wenn es darum ging, andere Wasserläufe zu überqueren.

»OK, Tweed, ich will es nicht mehr von dir verlangen.«

Ich lasse die Pferde so eng wie möglich wenden und wir kehren zu der Uferböschung zurück, die meine Hündin nicht verlassen wollte. Sie sieht uns mit aufrichtigen Freudenbezeigungen wiederkommen.

»Hat dir der Fluß hier nicht gefallen, mein Plüschtierchen?«

So gingen wir eben wieder zur Schotterstraße zurück und zugleich gebe ich die Idee von dem Weg über die Berge auf, der uns in der Vogelfluglinie zum »Dach der Welt« gebracht hätte.

Eineinhalb Tage später sollten wir Tweed danken für ihren ahnungsvollen Instinkt. Leider wird sie dann nicht mehr da sein, um unsere Anerkennung entgegenzunehmen. Die Brücke, von der dieser alte Dummkopf sprach und die die alte Straße mit der neuen hätte zusammenführen sollen, ist vor einigen Jahren zusammengebrochen. Aus diesem Grund war übrigens die alte Straße aufgegeben worden.

Überall in der Welt, auch in den schönsten Ecken, gibt es irgendwelche dummen Idioten, die alles besser wissen und die einen viel Zeit verlieren lassen.

Als wir am selben Morgen, an dem Tweed sich geweigert hat, den Stierfluß zu überqueren, auf der Schotterstraße weiterziehen, begegnen wir einem anderen Lastwagenfahrer, der Holz in die Zivilisation bringt, und er hält sein Fahrzeug für ein kurzes Schwätzchen an:

»Die alte Brücke? Die habe ich selbst vor sieben Jahren zum Einsturz gebracht. Und ich erinnere mich noch sehr gut daran! Mein Laster war hoch geladen und ich habe gespürt, wie die Brücke unter uns nachgab. Ich habe das Gaspedal voll durchgetreten und so bin ich gerade noch davongekommen!«

Ich habe nie in Erfahrung bringen können, wer das Individuum war, das mich beinahe mit den Pferden dorthin geschickt hätte. Als wir danach auf der Straße weiterziehen, wird Chicks, meine Stute, die gewöhnlich von olympischer Ruhe ist, aufgrund eines Zwischenfalls, bei dem sich Boots' Panik auf sie überträgt, beinahe Tweed AD PATRES schicken.

Wir gingen ruhig vor uns hin, als Boots, der hinten lief, sich plötzlich mit einem Vorderbein in seiner Leine verfängt. Er zieht an der Leine und ganz anders als sonst, wenn ich ihm beruhigend zuspreche, hört er diesmal nicht auf damit. In wenigen Sekunden überträgt er seine Panik auf die Stute, die vor ihm geht. Diese beginnt, auszuschlagen und mit den Hufen zu treten und sie klemmt Tweed, ohne es zu wollen, zwischen ihre Beine und den Bergabhang. Ich kann nichts machen. Alle beide sind völlig außer sich. Sie sind dabei, alles kaputtzutreten, und ich bin hilflos. Weil mein Hund unter ihren Hufen liegt, mische ich mich doch in den Kampf ein, um zu versuchen, diese verfluchte Leine loszumachen, die Tweed unter den Hufen festhält. Da weicht die Stute vor mir zurück und springt plötzlich zur anderen Straßenseite hinüber, wobei sie das Packpferd, das immer noch mit seinem Vorderfuß festhängt, und Tweed, die durch die Luft fliegt und noch einmal unter die mörderischen Füße des rasenden Pferdes gerät, mit sich zerrt.

Innerlich heule ich auf, und vielleicht tu ich es auch in Wirklichkeit. Meine Pferde sind zu Ungeheuern geworden, die meinen Hund vor meinen Augen umzubringen drohen. Tweed ist so entsetzt, daß sie keinen Ton mehr von sich gibt. Sie antwortet auf die Tritte, denen sie nicht ausweichen kann, mit immer schwächer werdendem Winseln. Das ist zuviel. Ich werfe mich brüllend auf die Pferde. Ich zerfleische sie mit meinen Nägeln, ich kneife sie mit aller Kraft meiner Hände und nichts tut sich, sie scheinen es nicht einmal zu spüren. Und plötzlich hören sie ganz außer Atem auf.

Ich mache sofort die Hündin los. Und sie rennt davon, auf den Wald zu, mit gesenktem Kopf, in der Haltung eines Tieres, das gerade einen unfairen Kampf hinter sich hat, läuft sie davon ... Und ich verstehe sie ja so gut, ich weiß, wie sehr sie gekränkt ist, ich weiß, daß sie einen heftigen Schock erlitten hat, und bis sie sich davon erholt hat, wird sie fliehen, ohne Gesetz, ohne Regel. Sie fühlt sich im Stich gelassen, verraten ... Ich rufe sie, sie wendet noch nicht einmal den Kopf. Ich werde sie verlieren. Sie weiß, daß ich sie rufe, irgendwo in ihrem Innern, doch es ist zu weit weg, zu weit weg in einer Welt, die nicht mehr existiert: Aus dem Selbsterhaltungstrieb heraus nimmt sie instinktmäßig das Nomadenleben wieder auf, das Leben ihrer Vettern, der Wölfe!

Und wieder kann ich nichts tun. Mit den heftig atmenden Pferden habe ich beide Hände voll zu tun, und damit noch nicht genug: Boots hat einen Packsack auf die Straße geschleudert. Dieser scheint in einem desolaten Zustand zu sein; der Sattelbogen sitzt völlig schief auf dem Rücken meines Pferdes, Chicks hat die Säcke und meinen Sattel samt Gurt abgerissen; er hängt fast unter ihrem Bauch, und ich merke, wie sie neu Atem schöpft, gerade genug, um sich erneut in den Kampf gegen diese neue Quelle des Schreckens zu stürzen ... Tweed ist bereits im Wald verschwunden, trotz meines unaufhörlichen Rufens.

Nachdem ich Sattel und Sattelbogen auf den jeweiligen Pferderücken mehr schlecht als recht an ihren Platz zurückgebracht habe, binde ich die Tiere an den Bäumen fest, die die Straße säumen. Wie soll ich meine Hündin wiederfinden? Ich glaube nicht, daß ich sie zu Fuß einholen kann; sie ist sicher schon weit. In gewissem Sinne bin ich durch ihre Flucht auch beruhigt. Wenn sie eine sehr ernsthafte Verletzung gehabt hätte, hätte sie nicht so schnell laufen können. Nach ein paar Minuten finde ich eine Stelle, wo die Pferde in aller Ruhe auf mich warten können. Ich lege ihnen wieder die Gurte an und lehne das Gepäck, das über die Straße verstreut ist, in etwa zehn Meter Entfernung von ihnen an die Bäume.

Ich bin gerade damit fertig, als ein Wagen mit Touristen vorbeikommt.

Ich stelle mich mitten auf die Straße und halte sie an. Drinnen sitzen zwei junge Männer, die offensichtlich zu einem Angelwochenende unterwegs sind. Ich erkläre ihnen meine Lage in unzusammenhängenden Sätzen. Ich habe auch tatsächlich keine Lust dazu, über den Zwischenfall, der sich soeben vor meinen Augen zugetragen hat, in allen Einzelheiten zu berichten. Vor allem weiß ich nicht, wo Tweed ist, ob sie mich noch mag, ob sie noch weiter mit mir kommen will. Sie müssen mich dorthin mitnehmen, wo ich hinmuß, in die Richtung, in der sie fuhren, ohne Fragen zu stellen, weil ich völlig unfähig bin, darauf zu antworten. Einer der beiden ist ausgestiegen. Mit all ihrem Gepäck war kein Platz mehr für uns drei.

Durch die Windschutzscheibe hindurch suche ich die Straße mit den Augen ab. Nichts da vorne, keine Spur, auch an den Seiten kein kleiner blonder Hund. Ich bin verrückt vor Angst, aber ich hüte mich, das vor mir selbst zuzugeben; wenn man seine ganze Energie braucht, darf man der Panik nicht nachgeben.

Plötzlich sehe ich am Ende der Straße endlich die Silhouette meiner Hündin. Sie läuft immer noch schnell, doch ihr Trott kommt mir leicht verändert vor. Als wir etwas näher heran sind, sehe ich, daß sie auf drei Beinen läuft. Das rechte Hinterbein hält sie hoch, doch es scheint, daß sie das beim Laufen nicht stört. Der Typ sagt mir, daß wir etwa drei Kilometer gefahren sind, seit er mich am Unfallort getroffen hat. Ich habe nicht so genau mitgezählt, aber als ich meinen Hund sehe, weiß ich, daß sie, wenn sie diese Entfernung so schnell zurückgelegt hat, keine inneren Blutungen hat.

Als wir näher an sie herankommen, wird sie ein wenig langsamer, dreht leicht den Kopf in unsere Richtung; sie ist nicht mehr das verschreckte Tier auf seiner rasenden Flucht. Die Strecke, die sie zurückgelegt hat, hat sie Abstand gewinnen und zur Besinnung kommen lassen. Das Auto fährt immer noch weiter. Ich öffne die Tür und springe fast noch im Fahren hinaus. Ich weiß nicht so recht, mit was für einer Stimme ich sie rufen soll. Und dann plötzlich, ohne daß ich die Zeit gehabt hätte, lange nachzudenken, rufe ich mit einer Stimme, die weder zu schmeichelnd noch zu autoritär klingt. Sie bleibt sofort stehen. Und dreht ihren schönen Kopf zu mir her. Da gehe ich zu ihr hin, sehe mir ihre Pfote an. Dann helfe ich ihr, mit mir in das Auto zu steigen. Und fahren wieder los, in die entgegengesetzte Richtung.

Wir haben jetzt einen anderen Rhythmus, extra für Tweed. Und die Pferde, die normalerweise albern und aufsässig sind, brauche ich nicht einmal zu ermahnen, damit sie sich anständig benehmen. Am Straßenrand packe ich alles wieder auf ihren Rücken. In der Zwischenzeit hat sich Tweed zehn Meter von den Pferden entfernt an den Straßenrand gelegt. Sie ist sogar ganz erschöpft eingeschlafen. Ich werde mir mit dem Aufladen Zeit lassen. Die Schäden sind beträchtlich, aber nicht irreparabel. Hier können wir nicht bleiben. Wir müssen weiter und eine breitere Stelle mit Wasser finden.

Die Hündin steht auf, sie hat Prellungen, aber sie kann laufen. Jedes Mal, wenn sie ihre schmerzende Pfote hochhebt, um sich nicht darauf zu stützen, verlangsame ich das Tempo. Die Pferde reagieren sofort auf meine Befehle. Dann setzt Tweed ihre Pfote ab und beginnt vorsichtig, auf allen vier Füßen zu laufen. Sie läuft voran und bestimmt so die Marschgeschwindigkeit. Zwei Kilometer weiter finde ich eine Stelle für das heutige Lager. Die Pferde werden sofort angebunden; heute müssen sie ein bißchen warten, bis sie grasen dürfen.

Ich baue das Zelt auf und lege Tweed hinein. Da kann sie sich in aller Ruhe erholen. Heute abend werde ich Wache halten.

Am nächsten Morgen ist sie etwas steif, doch ich bestehe darauf, daß sie aufsteht. Ich verlange auch, daß sie etwas frißt. Ein energiereiches Frühstück, das die Suppe ersetzt, die sie gestern abend nicht wollte. Sie lehnt es nicht ab, es sieht also ganz gut aus. Sie geht in eine Ecke zum Urinieren, dann kehrt sie, ohne den Pferden auch nur einen Blick zuzuwerfen, einfach ins Zelt zurück. Sie hat jetzt das Kommando!

Als ich das vertraute Brummen eines großen Transporters höre, hoffe ich inständig, daß er anhält. Seit dem Unfall gestern abend habe ich ein schreckliches Bedürfnis danach, mit jemandem zu reden.

Es ist Rick.

»Hallo, Französin!« ruft er mir mit einem breiten Lächeln zu.

Ich erzähle ihm die Geschichte.

»Ok. Warte hier auf mich. Ich brauchte höchstens drei Stunden. Dann nehme ich dich mit nach Candbrook. Das ist nicht mehr als hundert Kilometer von hier. Da gibt es einen Tierarzt. Er soll sie sich zumindest ansehen.«

»Aber das wird dich viel Zeit kosten.«

Ich denke bereits an die wahnsinnigen Arbeitsstunden, die diese Jungs an ihrem Lenkrad verbringen.

»Mach dir darüber keine Gedanken. Für solche Sachen haben wir immer Zeit.«

Bevor er weiterfährt, weist er mich auf eine Weide zwei Kilometer südlich von meinem Lagerplatz hin. Ich beschließe, zuerst zu Fuß dorthin zu gehen, um die Zeit totzuschlagen. Meine Tiere sollen hier auf mich warten.

An dem Ort ist nichts auszusetzen und es gibt genug Platz für meine beiden Pferde. Ich gehe zum Lager zurück und packe die Pferde, wobei ich den Packsattel wie eine Trage auf Chicks befestige.

Gerade als ich das ganze ausprobieren will, ist Rick schon mit seinem großen Laster zurück. Er lädt Tweed auf den Vordersitz und fährt mir voraus. Ich folge dem riesigen, mit Langholz beladenen Transporter in schnellem Trab.

Der Tierarzt ist ganz sicher: Die Hündin hat keine Quetschungen. Ich frage ihn, ob er sie ein paar Tage dabehalten kann. Sie ist so steif und ich bezweifle, ob ich sie laufen lassen kann. Außerdem bin ich nicht weit vom »Dach der Welt« entfernt. Es wäre sinnlos, ihr diesen unnötigen Marsch aufzuerlegen. Vor allem, da ich beschlossen habe, daß dort die letzte Etappe meiner Reise sein soll. Seit zwei Monaten sind wir unterwegs. Und bis jetzt habe ich trotz aller Vorhersagen die Grizzlys und die Gefahren des Waldes vermeiden können. Wollen wir das Glück nicht weiter versuchen. Ich habe erlebt, was ich wollte, und ohne mein »schwarzes Tier« völlig vernichtet zu haben, habe ich ihm doch eine gehörige Tracht Prügel erteilt.

Und meine Hündin ist mir so ans Herz gewachsen, die einzige Freundin, die ich in meiner Einsamkeit hatte. Ich weiß, wenn ich sie verliere, sterbe ich. So wie man sterben kann, wenn man jemanden verliert, der fast Teil von einem selbst geworden ist. Ich weiß, daß ich es für sie getan hätte, wenn ich in den Bergen eine schlimme Situation bis zum Ende hätte durchstehen müssen. Denn die Dinge nur um ihrer selbst willen tun, was kann einem das schon bringen?

Wem hätte ich mich anvertrauen können, wenn nicht ihr, in den

Momenten der tiefen Einsamkeit, ich hätte ebenso wie die Leute, von denen ich reden hörte, die ruhelos im Wald umherlaufen, vor Angst vor diesen unendlichen Weiten, wo die Zivilisation nicht existiert, verrückt werden können.

Wenn ich den Weg verlor, fand ich ihn wieder, weil ich nicht allein war. Meine Hündin war mehr als meine Leibwächterin, sie hat mich auch geistig beschützt. In diesem unbekannten Universum, wo es nur sie, die Pferde und mich gab.

Die Afghanenhündin hat verstanden. Als ich ihr gesagt habe, daß sie hierbleiben würde, daß ich wiederkommen und sie abholen würde, ist sie schließlich mit dem Tierarzt gegangen, hinkend und mit eingeklemmtem Schwanz.

Rick bringt mich zur Weide mit den Pferden zurück. Die Lastwagen sind von innen noch viel eindrucksvoller, als wenn man sie von außen sieht. Vor allem über die Holzbrücken zu fahren, ist ein besonderes Erlebnis. Wenn der Fahrer eine falsche Bewegung macht, reichen die fünf Zentimeter, die den Brummer auf jeder Seite von dem lächerlichen Geländer vor dem Abgrund trennen, nicht aus, um diese unglückliche Geste wieder gutzumachen. Und wenn man dann darüberfährt, kann man in aller Ruhe den Steilhang zum Flußbett hinab bewundern.

Während ich mit meinen Pferden den letzten Abschnitt auf der Schotterstraße zurücklege, kurz bevor ich im Westen den Einschnitt in der Gebirgskette angehe, über den ich zum nächsten Kamm in der Wildnis von Britisch Kolumbien gelangen kann, denke ich an Bob.

Während dieser einsamen Reise hatte ich Zeit, mich mit mir selbst auseinanderzusetzen, genau das, was ich brauchte, um Abstand zu finden. Denn eins der letzten Dinge, an die ich dachte, als ich diese Reise unternahm, war, daß ich jemanden kennenlernen würde.

Ich war losgezogen, um allein zu sein, und ich habe in der Einsamkeit eine außergewöhnliche Bereicherung erfahren. So wie ich es gelernt habe, während dieser drei Jahre unterwegs, werde ich versuchen, auf mich selbst zu lauschen.

Dieses Jahr, vor meinem Aufbruch in den Westen, haben wir beide zusammen die Baumstämme geschlagen, mit denen wir unser Haus bauen wollen, ein großes Haus aus Holz an einem einsamen See. Nach

Bobs Unfall und einigen Monaten der Unbeweglichkeit hatte er wieder langsam seine körperliche Tätigkeit aufnehmen können. Und vor allem: Er war entschlossen, dieses Haus zu bauen. Für ihn gibt es kein besseres Leben als das in den Wäldern oder das in den Bergen. Das Haus muß nur im Norden und in angenehmer Entfernung von der Zivilisation sein.

Eine sehr eigene Art von Leben. Ich muß es mir gut überlegen. Aber es nützt alles nichts, ich habe jetzt nur ein einziges Bedürfnis: ihn wiederzusehen.

Unterwegs zum »Dach der Welt« wird mir das klar, und es trifft mich wie ein Schlag. Es ist ein Lichtblitz.

Die Berge vom »Dach der Welt«

Nach zwei geruhsamen Marschtagen komme ich mit den Pferden zur Ranch vom »Dach der Welt«, die der Familie von Renie Blades gehört: Mac und Renie, die ich am Fuß der Rockies in Alberta kennengelernt hatte.

Ich wußte, daß sie sich im Sommer hin und wieder dort aufhielten. Aber ich dachte nicht, daß ich das Glück haben würde, sie anzutreffen, wenn ich einfach so aufs Geratewohl hinkam.

Ich freue mich aufrichtig. Und ich freue mich auch, Lloyd, Renies Vater, kennenzulernen, von dem ich schon so viel gehört hatte, und auch Rowena, ihre Mutter, und ihre Geschwister. Lloyd ist wirklich eine Persönlichkeit. Wie der Vater von Warren kann er einen Berg, über den er einmal in seinem Leben geritten ist, an den Zacken, die sich vor dem Himmel abzeichnen, wiedererkennen.

»Ich könnte mit dem Fallschirm über den Bergen abspringen, und ich würde sowohl im amerikanischen als auch im kanadischen Teil zu 80 Prozent einen Weg wiedererkennen, den ich schon einmal gemacht habe. Ich habe jeden Tag meines Lebens auf dem Pferderücken zugebracht; ich habe die Pferde für die Arbeit in den Bergen oder auf der Ranch abgerichtet, habe Hunderte von Anfängern mitgenommen, um ihnen wenigstens einmal im Leben die Gelegenheit zu geben, diese majestätische Landschaft zu bewundern.«

Lloyd ist auch in der Geschichte des Pferdes, seiner verschiedenen Rassen und der Nutzung durch den Menschen seit lang zurückliegenden Zeiten bewandert. Er könnte stundenlang reden, ohne daß man müde wird, ihm zuzuhören. Er erzählt mir, was er einmal mit Leuten, die er in die Rockies mitgenommen hat, erlebt hat.

»Es waren neunzig Pferde, fünfzig davon waren Packpferde. So zogen wir drei Wochen umher, ohne je in Kontakt mit der Zivilisation zu kommen.«

Das war aber eine ganz schön große Gesellschaft.
Wir betrachten die Karte.
»Du hast gut daran getan, daß du nicht den Weg am Ziegenfluß entlang genommen hast, hier, im Norden des Parks. Zunächst wärst du gar nicht hier herübergekommen, da oben liegt nämlich noch Schnee. Außerdem hört der Weg dann auf, wie du hier auf der Karte siehst, es gibt keinen Weg über diese Berge.«
Ich danke meiner Tweed, die es uns, ohne zu wollen, erspart hat, in eine schlimme Lage zu geraten.
Mac kommt zu uns her:
»Wir reiten morgen mit ein paar Leuten in die Berge. Wenn du Lust hast, kannst du mit uns kommen.«

Wir haben Tweed beim Tierarzt abgeholt und sie ist immer noch ein bißchen lädiert. Ich zögere. Mac gelingt es, mich zu überreden:
»Auf alle Fälle kannst du deinen Hund nicht mitnehmen. Wir können mit den Kunden kein Risiko eingehen, wegen der Bären.«
Und Lloyd fügt hinzu:
»Sie kann hierbleiben. Du läßt alle deine Sachen da und so weiß sie, daß du zurückkommst.«
Denn ich werde mit Boots reiten und Chicks auf der Ranch lassen.
»Stuten machen immer Probleme, wenn man sie zusammen mit den anderen weiden läßt«, meint Lloyd.
Später verstehe ich, warum. Jede Nacht läßt man die Pferde der Ranch in den Bergen zum Grasen völlig frei herumlaufen.
»Sie bleiben in der Nähe des Lagers. Außer, wenn eine Stute dabei ist . . . Sie laufen hinter ihr her nach Hause.«
»Also gut. Ich komme mit euch. Wann brechen wir auf?«
»Morgen früh.«
Ich zeige Tweed, wo sie wohnen wird. Ihr ist nichts lieber, als sich ein bißchen auszuruhen. Und hier kann sie herumlaufen, es gibt keinen Autoverkehr, da die Ranch fünf Kilometer von der Straße weg liegt.
Das einzige, was ich nicht bemerkt habe, bevor ich mit Mac und Renie, ihren Kindern und ihren Kunden aufbreche, ist die Tatsache, daß die Hühner frei herumlaufen. Wahrscheinlich ist dies einer der Gründe gewe-

sen, warum Tweed sich sagte, ein bißchen Ausruhen auf der Ranch, na ja . . ., kann nicht schaden, nach einem so aufregenden Sommer . . .

Ausnahmsweise kann Lloyd diesmal nicht die Gruppe anführen. Aber er wird beim Aufbruch dabeisein. Um zu helfen, die fünf Packpferde zu beladen.

Das Packen ist sehr interessant. Man legt große Säcke auf den Pferderücken und befestigt sie mit Seilen und Knoten, die sehr kompliziert aussehen, aber die Mac und sein Schwager Warren im Handumdrehen gebunden haben.

Da gibt es Essen für drei Tage und elf Personen. Die Tipis und die Schlafsäcke, die große Flasche Wein für den abendlichen Apéritif und in Kühltaschen gefrorene Steaks, die von Macs und Renies Farm in den FOOTHILLS kommen. Dazu die bemerkenswerten kulinarischen Qualitäten von Renie; diese drei Tage werden traumhaft sein für die Neulinge in der Reitkunst, ein wunderschöner Ausflug, auch wenn er für Mac und Renie und ihre Kinder »alltäglich« ist; für mich bedeutet das ein Ende meiner Reise, wie ich es mir nicht besser hätte erträumen können.

Die Landschaft ist außergewöhnlich schön. In Alberta hatte Mac mir von diesen Bergen erzählt, die »ganz verschieden sind von denen, die du unterwegs sehen wirst.«

Diane, Linda und ihre Söhne John und James sind sozusagen noch nie auf einem Pferd gesessen. Doch da ihre Pferde alles von alleine tun, machen sie sich keine Sorgen. Und gleich am Anfang des Ritts stellt Linda fest:

»Großartig, was diese Tiere leisten können.«

Das sagt sie nach einem halbtägigen Aufstieg zum Gipfel des Berges auf einem Pfad, wo die Pferde mehr als einmal ihre Trittsicherheit bewiesen haben, als sie über Geröllhalden, dann lockere Erde und erneut über unterschiedliches Felsgestein gingen und dabei trotz ihrer breiten Packsäcke mit Steilhängen und engen Passagen fertig wurden.

Je mehr wir aufsteigen, um so weiter dehnt sich die Landschaft vor unseren Augen aus. Und der Erste See, von dem wir aufgebrochen sind, ist nur noch eine längliche Form von tiefem Smaragdgrün, die sanft unter der strahlenden Sonne glitzert.

Oben erfrischen sich die Pferde mit offensichtlichem Vergnügen an den vereinzelten Schneeflecken.

»Ich zeige dir mal, wo wir ein Grizzlyweibchen gesehen haben, als wir vor einer Woche die Strecke abgeritten sind«, sagt Mac zu mir.

»Wie hat sie sich euch gegenüber verhalten?«

»Sie hat sich auf die Hinterbeine aufgestellt. In Abwehrhaltung. Aber sie hat sich nicht gerührt, hat uns nur beobachtet, wie wir vorbeiritten. Sie hatte sicher ihre Jungen in der Nähe, denn sie wirkte nicht besonders erfreut über unser Eindringen.«

Wir schlagen das Lager oben auf der Höhe auf. In einer windgeschützten Senke, wo ein kleiner, fast unbeweglicher See so unsterblich aussieht wie die restliche Landschaft.

Am nächsten Morgen, als ich am Gipfel Fotos machen will, zieht eine Wolke heran, die mich völlig blind macht, ein Windstoß und Boots, der an der Leine zieht, weil er seine Kameraden einholen will, die sich bereits dem nächsten Abhang zuwenden, und ich verliere meinen Hut.

Der kleine Satz, den Randy in Ontario vor jetzt zwei Jahren auf seine Vorderseite geschrieben hatte, kommt mir sofort in den Sinn: »May your trip end fulfilled«. Möge deine Reise mit Erfüllung enden.

Ich habe nicht versucht, den Hut wiederzufinden. Die lange Karawane gleicht einem Zug von Ameisen in dieser grandiosen Landschaft. Und zum Glück ist die Wolke jetzt vorübergezogen, ich wollte nämlich gerade in die entgegengesetzte Richtung losreiten.

Syd hat mir am Telefon gesagt, daß ich die Pferde einfach bei Lloyd und Rowena lassen soll. Er muß seinen Hengst zu einem Wettbewerb bringen, der ganz in der Nähe ihrer Ranch stattfindet.

»Ich kann sie dann dort abholen.«

Da haben Chicks und Boots eine lange Rückreise vor sich. Syd hat Angebote erhalten, um Chicks und Boots zu verkaufen. Aber eigentlich möchte er sie lieber behalten. Um sie wieder auf einer der unendlichen Weiden, die die Farm am Ende der großen Prärien umgeben, grasen zu lassen.

Auf der Ranch vom »Dach der Welt« ist Chicks sehr froh, als ich Boots wieder zu ihr auf die Weide lasse. Aber sie sieht nicht so aus, als ob sie sich allein gelangweilt hätte. Auf der großen Weide hat sie wohl ihre Zeit damit verbracht, zu grasen und von der Ferne aus den Betrieb auf der Ranch zu beobachten.

»Wie hat sich Tweed benommen, während ich weg war?«

»Dein Hund? Er hat alle Hühner aufgefressen ...«, sagt Lloyd mit ernster Miene. Dann lacht er: »Ich bin ganz froh darüber. Ich wußte nicht, was ich mit diesen Hühnern machen sollte! Sie sind in Quecksilber getreten; man kann weder sie noch ihre Eier essen. So hat sich das Thema wenigstens erledigt!«

Ich sehe Tweed an, die sich am Boden entlang auf mich zu schlängelt.

»Hast du die Hühner gefressen? ...«

Sie zittert noch mehr.

»Na weißt du, Plüschtierchen, du bist ganz schön hart im Nehmen! Normalerweise überlebt man es nicht, wenn man Quecksilber frißt ...«

Als ich Chicks und Boots auf ihrer riesigen Weide störe, um ihnen Aufwiedersehen zu sagen, wenden sie leicht den Hals, so als ob sie fragen wollten: »Ja, was gibt's?« Vor allem Chicks hat so einen süffisanten Ausdruck an sich. Boots macht es ihr nach. Trotzdem sieht er mich eindringlich an, heute sogar mehr als sonst. Ich rufe ihn wieder:

»Komm her zu mir, mein Alterchen ...«

Dann bleibt er stehen, den Kopf immer mir zugewandt. Er wartet. Ich gehe auf ihn zu. Auch die Stute ist stehengeblieben. Und wir sehen uns alle drei an. Bis sie sich dazu entscheidet, wieder wegzulaufen, und es ist selbstverständlich für sie, daß Boots ihr nachkommt! Sie ruft ihn in einer geheimen Sprache, zu der der Mensch keinen Zugang hat. Er sieht mich noch einmal an und folgt dann seiner Gefährtin, wobei er die Luft mit dem Schwanz peitscht, um die Fliegen zu vertreiben.

»So long«, meine Pferde. Jetzt habt ihr noch drei Wochen lang Zeit, auf der Wiese, zu der Lloyd euch gebracht hat, das schöne Gras zu fressen. Und dann kommen Syd und Donna, um euch abzuholen.

Die Rückkehr zur Farm von Syd und Donna ist wie eine Heimkehr. Indem ich sie wiedersehe, komme ich auch in eine intakte Welt voller Liebe zurück. Ich werde mit Tweed ein paar Tage hierbleiben. Ein paar friedliche Tage, bevor ich zu Bob zurückkehre. Danach werden so viele Kilometer zwischen uns liegen: die ganzen riesigen Prärien und ein großer Teil des ontarischen Waldes ...

Unter den zahlreichen Hunden auf der Farm, von denen die meisten dazu bestimmt sind, die Koyoten zu vertreiben, gibt es einen, oder vielmehr eine, die anders ist als die anderen: ein Welpe von etwa acht Monaten.

»Wir haben sie Tuffie genannt«, sagt Donna, »weil die anderen ihr immer so übel mitgespielt haben. Sie war die jüngste aus dem letzten Wurf unserer Dingos ... vielleicht sogar von Koyoten!«

Tuffie ist ein kleines Phänomen. Zunächst liebt sie kleine Menschenkinder. Wenn sie das Baby von Tim, Syds und Donnas Sohn, und Terry sieht, schmilzt sie dahin; sie spielt mit ihm, geht trotz ihrer spitzen Welpenzähne ganz sanft mit ihm um. Tuffie-tuff, das ist mir vielleicht eine! Außerdem hegt sie große Bewunderung für Tweed. Vom ersten Tag an, als sie sie gesehen hat, ist sie ständig an der Seite der Afghanenhündin geblieben. Immer und überall. Tweed ist auf der Veranda und Tuffie legt sich ebenfalls dorthin, in genau derselben Stellung, und läßt ihre Spielkameraden im Stich, die eigentlich nie wirkliche Kameraden für sie gewesen sind. Denn seit sie geboren ist, wird sie von allen gemieden.

Am Abend vor unserer Abreise zum Flugzeug, das uns nach Ontario bringen soll, kommt Tuffie zu mir. So, als ob sie keinen Widerspruch dulden würde, stellt sie beide Vorderpfoten auf meine Knie, als ich gerade mit Schreiben beschäftigt bin; es ist klar, daß sie mich bittet, sie mitzunehmen.

»Donna? Darf ich Tuffie mitnehmen?«

»Bei dir wissen wir wenigstens, daß sie in guten Händen ist«, antwortet Syd.

Und Tweed muß ihren Käfig im Zug, der uns zum Flughafen von Vancouver bringt, mit Tuffie teilen. Dort werde ich einen anderen Käfig kaufen, speziell für die Größe meines kleinen Wolfs.

Und der Direktflug Vancouver–Toronto über vier Stunden hat zwei Passagiere mehr im Frachtraum: eine Afghanenhündin von asiatischem Ursprung, die gerade die kanadischen Rocky Mountains zu Fuß überquert hat und eine kleine, schüchterne, aber zu einem neuen Leben entschlossene Hündin, halb Australierin, halb Koyote.

Alle beide werden während dieser vier Stunden ganz gemütlich reisen. Ich betrachte aus meinem Fenster die Landschaft. Ich kann es kaum glauben: All das habe ich zu Pferd gemacht? Gegen Ende der Nacht haben wir die Berge überflogen. Dann fliegen wir über die großen Prärien; die Wolken führen einen seltsamen Tanz auf; sie sehen aus wie merkwürdig geformte Gebirge. Die natürliche Beleuchtung scheint von einem Genie erdacht, so wunderschön ist sie. Ich nehme einen ganzen Film auf. Und genau der wird dann beim Entwickeln verloren gehen. So als ob das alles wirklich nur ein Traum gewesen wäre.

Neben mir sitzt ein junger Mann, der nach Toronto zurückfliegt, nachdem er eine Zeitlang in seinem Elternhaus im Norden von Vancouver verbracht hat:

»Mitten im Grizzlygebiet! Wir müssen unsere Abfalleimer immer gleich ausleeren, wenn wir nicht angegriffen werden wollen ...«

Vier Stunden sind schnell vorüber. Ich habe kaum Zeit, nachzudenken, da bin ich schon angekommen.

Als ich das Flugzeug verlasse und zur Gepäckausgabe gehe, stelle ich fest, daß die Hunde sogar schon vor mir angekommen sind. Im Innern der Kisten bewegt sich nichts. Ich stürze hin und da sehe ich zwei feuchte Schnauzen und vier ganz zufriedene Augen.

Das Blockhaus und das Leben in den Wäldern des Nordens

In der Menge mache ich Bob ausfindig. Auch durch seine Augen. Jedesmal, wenn wir uns wiedersehen, ist sein Bart länger oder kürzer; sein Gesicht ist niemals dasselbe, nur an den Augen kann ich ihn wirklich wiedererkennen.

Unsere Hütte im Wald liegt acht Autostunden weit im Norden. Auf dem Stück Land am See sind bereits die Fundamente gelegt. Die Baumstämme ruhen daneben.

Und Bob stellt mir Emmett vor, den alten zweisprachigen Trapper, einen gebürtigen Franzosen.

Der französische Akzent, den Emmett spricht, erinnert mich an irgendeine Region in Frankreich, aber ich weiß nicht mehr, welche. Er hat sein Leben in den Wäldern verbracht. Er wird uns beim Bauen helfen.

»Ein Blockhaus? Überhaupt keine Schwierigkeit! Wie wollt ihr es haben?«

»Zwei Etagen, Blick auf den See . . .«

»Gut, und wie seid ihr motorisiert?«

Bob zeigt auf den kleinen Traktor.

»Was wollt ihr mehr?« sagt Emmett. »Mein ganzes Leben lang habe ich Blockhäuser gebaut, mitten im Wald, für die Holzfäller; wir schlugen die Baumstämme mit der Axt und um einen auf den anderen zu hieven, nahmen wir die Pferde. Zur Isolierung zwischen den Stämmen nahmen wir Moos aus dem Wald.«

Es ist schwierig, Emmett zu unterbrechen, wenn er mal am Reden ist.

Der Bau wird einige Tage in Anspruch nehmen, doch da wir spät damit angefangen haben, werden wir bis Mitte Oktober, wenn wir uns in unseren eigenen vier Wänden einrichten, in dem Pionierscamp wohnen, das Bob hergerichtet hat, das heißt, in dem Zelt, am einsamen See, mit der Küche aus Plastik, die alle kulinarischen Utensilien, die Bob so wichtig sind, wie Herd, Kühlschrank, Tisch, Stühle, Petroleumlampe enthält, gleich daneben ... all das mitten in der Wildnis von Ontario. In jenem Teil, den ich nicht kennengelernt habe, als ich zu Pferd durch diese Provinz kam.

Und Savoyane? Ihr ist das alles egal. Sie amüsiert sich mit ihren Kameraden auf der Weide, bei Cathy. Gut, am Anfang ist sie zwar ganz schön getreten worden ... Aber bestimmt hat sie sich behaupten können.

Cathy hat jetzt zwölf Pferde. Und Savy Baby hat es gut in dieser Herde, die sich auf dem viele Hektar großen Gelände austoben kann.

Der Winter kommt. Emmett und seine Frau werden ihre Trappertätigkeit wieder aufnehmen.

Unsere Nachbarn auf der anderen Seite des zugefrorenen Sees stammen aus Québec. Anita und Ray. Er ist Goldsucher. Er wird mir beibringen, wie man verschiedene Gesteinsarten erkennt, um die Goldadern zu entdecken.

Emmett kam im Frühjahr wieder, um die zweite Etage des Blockhauses fertigzubauen.

»Der Winter war nicht so lang, wie die Biber vorhergesehen haben!«

Ich erinnere mich, daß er im Spätherbst gesagt hatte:

»Dieses Jahr wird die kalte Jahreszeit sehr streng werden; die Biber haben eine Menge Zweige neben ihrem Bau gehamstert.«

»Sag mal, Emmett, warum seid ihr beide, du und Paton, Trapper? Warum wollt ihr nicht lieber versuchen, das Leben all der Tiere, die uns hier umgeben, zu bewahren?«

Ich verstehe diese Haltung nicht. Vor allem, da diese unsere Freunde im waldigen Norden Ontarios doch vernünftige Leute sind.

»Der Mensch ist der natürliche Feind bestimmter Arten. Nimm nur einmal den Biber: Wenn nicht ein bestimmter Prozentsatz seiner Population jährlich dezimiert wird, bricht unter den Bibern eine Epidemie aus. Und diese kann übrigens auf den Menschen übertragen werden. Die Ärzte kennen sie nicht, weil sie nicht gewohnt sind, sie zu behandeln. Aber ich selbst habe vor ein paar Jahren einen Jungen, den die Krankheit erwischt hatte, retten können. Ich habe dem Doktor gesagt, worum es sich handelte, wie er ihn behandeln mußte. Am Anfang hat der Schurke mir nicht glauben wollen und dann, als er es nicht schaffte, den Jungen aus dem Delirium zu holen, hat er schließlich auf mich gehört – und wir haben ihn durchgebracht!

Der Biber, Dominique, das ist das eigentliche Wahrzeichen Kanadas! Nicht das Ahornblatt, das sie auf die Fahne gesetzt haben, sondern der Biber!«

Dieses Jahr hat das Ministerium für Bergwerke und Bodenschätze fünfundsiebzigtausend Braunbären erfaßt. Sie werden immer weniger. Im Frühjahr und Herbst werden zu viele gejagt. Das Ministerium sucht eine Lösung für dieses Problem und versucht, die Jagd auf die verschiedenen Arten wie Elche, Bären, Hirsche und auch den Fischfang, durch Vorschriften zu regeln.

März 1987
Das große Haus aus Holz blickt auf einen einsamen See. Das Fenster, an dem ich schreibe, geht nach Nordwesten hinaus.

Jenseits des Sees liegt eine Unmenge anderer Seen. Wenn man sie mit dem Boot, dem Motorschlitten oder den Schneeschuhen besichtigt, bekommt man einen ganz kleinen Eindruck von der Unendlichkeit dieses unberührten Landes. Wo man auf tagelangen Märschen auf kein Zeichen unserer Zivilisation trifft.

Gestern abend haben wir die Angelruten am anderen Ende unseres Sees eingeholt. Außergewöhnlich sternenklare Nacht. Sehr eigentümlich auch: Der bestirnte Himmel bildete eine Mikrowelt, genau über uns. Wie ein strahlender Sockel, dessen Ränder man hätte berühren können, wenn man etwas näher hingegangen wäre. Die Seen sind immer noch zugefroren. Trotz des milden Wetters, das die ersten Frühlingstage ankündigt. Und das Eis wird von einer bestimmten Tageszeit an zu Wasser. Trotzdem gibt es noch immer eine gut sechzig Zentimeter dicke Schicht, die Spaziergänge über die zugefrorenen Gewässer ganz und gar sicher macht.

Heute gehen wir auf Erkundigungsfahrt Richtung Norden, durch den Wald und über die verschiedenen Seen. Der Wald liegt immer noch im Halbschlaf. Aber man spürt schon, daß er aus seinem tiefen Winterschlaf erwacht. Ein Hauch von lichterem Grün scheint die Wipfel aufzuhellen. Und ein freundlicher Windhauch kräuselt das Unterholz.

Danksagung

Meinen Sponsoren und Freunden:

M. Chéhu und dem Team des CHEVAL-MAGAZINE;
Guy Chevrette, dem Minister für Freizeit, Jagd und Fischfang im Québec;
der Abteilung Tourismus im Québec, in Montréal;
der Union française in Montréal;
Mister Bob Bridge, dem Marketing-Direktor von Travel Manitoba, Winnipeg, und Mrs. Joyce Meyer, Schriftstellerin und Koordinationsdame des Touristenservice;
der Guilde europénne du raid und den Haras nationaux in Paris für die Bourse de l'Aventure, mit der sie meine Expedition unterstützt haben;
Randonnée Service für die Expeditionsausstattung;
Sellerie Forestier für das Sattelzeug;
Charles Danne, dem Erfinder des gleichnamigen Sattels;
Kodak für die Dotation Grands Reportages;
Ralston Purina für das Pferdefutter während des ersten Teils der Reise auf dem Trans-Canada Highway und im Winter in Manitoba;
Cargill Nutrena für den weiteren Verlauf der Expedition, etwas weiter westlich …
Jean-François Ballereau und Constance Rameau, meinen alten Freunden;
Véra Vomane, bei der ich mich nach dreijähriger Abwesenheit wunderbar anders und doch unverändert gefühlt habe;
Syd und Donna Wyatt, Appaloosa-Pferde-Züchter in High River (Alberta, Kanada) und Eigentümer von Chicks und Boots, meinen Gefährten in den Rockies;
den Foto- und Videostudios Forest Inc. in Winnipeg (Manitoba, Kanada) für die Bilder vom Ende der Expedition in den Rocky Mountains.